대한민국은
무엇을 축적해왔는가

대한민국은 무엇을 축적해왔는가

1961-2024, 이 나라의 열 정권을 돌아보며

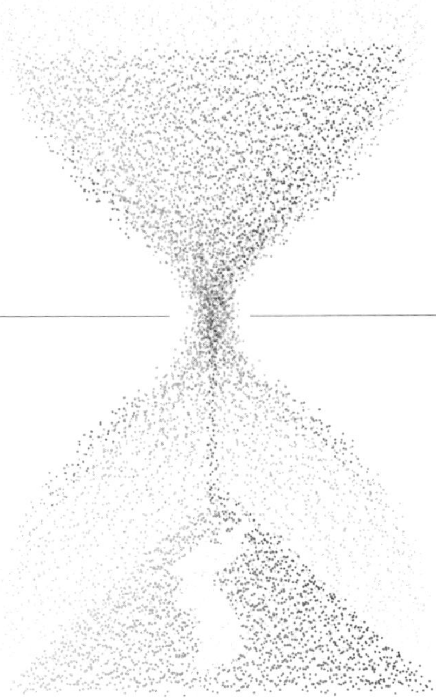

김진표 회고록

SIDEWAYS

추천의 말

경제규모 세계 10위권, 1인당 국민소득이 일본을 추월한 나라. 대한민국, 명실상부한 선진국이다. 반도체, 자동차, 조선, 철강, 2차전지 등 굵직굵직한 분야에서 글로벌 1등 내지 선두권을 지켜내고 있는 산업국이면서도, 전 세계에 K-열풍을 일으키고 있는 문화대국이기도 하다. 그뿐만이 아니다. 북한을 압도하는 군사력과 세계로 수출되는 첨단의 무기 체계를 갖춘 국가다. 우리는 이미 강대국의 조건을 갖춘 나라인 것이다.

대한민국이 이제 선진국을 넘어 강대국의 지위에 오르기 위해선 무엇을 해야 하는가? 지금보다 훨씬 더 전략적인 판단을 해야 하고, 국격에 걸맞은 실행력을 갖춰야 한다. 영국과 프랑스가 과거처럼 강한 제국이 아님에도 국제 사회의 여러 이슈를 선점하고 해결자로서 기능하고 있는 것은 그들 스스로 역사적 전통을 지켜내려는 노력과 함께 나름의 국가적인 노하우가 축적되어 있기 때문이다.

우리나라도 이제 과거 발전의 역사와 노하우를 다음 세대로 올바르게 전승해야 할 때를 맞았다. 이 책에는 우리 현대경제사의 가장 큰 사건인 금융실명제의 실무 주역이었고, 관료로서 그리고 정치인으로서 대한민국의 발전과 축적을 가장 가까이에서 지켜본 목격자이자 그 한복판의 실행자였던 김진표 전 국회의장의 생생한 회고와 성찰이 가득 담겨 있다. 대한민국의 다음 단계를 고민하는 모든 이들이 책에 담긴 그의 제언에 반드시 귀 기울여 보기를 권한다.

— 김동환 (삼프로TV 대표)

“왜 이리 정치인들이 작아졌느냐?” 이 책이 던진 여러 가지 물음 중 가장 깊이 와 닿았던 화두다. 16년간 1만 회가 넘는 정치 인터뷰를 한 앵커로서 평소 안타깝고 화가 나는 것도 이 부분이었기 때문이다. 당장의 정파적 이익, 공천 여부가 최고의 가치가 되어 협소한 정치를 하는 ‘작은’ 정치인들. 전부가 아니면 전무, 선 아니면 악, 내 편 아니면 모두가 적인 정치판. 그런 환경에서 선택할 수 있는 가장 쉬운 길은 한쪽 편에 딱 서는 것이다. 그러면 최소한 절반의 지지는 확보한다. 그럼에도 공직자의 본분을 잃지 않고 양측을 두루 살피며 어떻게든 협치를 위해 애쓰다 양측으로부터 욕을 먹는 정치인, 끝을 뻔히 아는 상황에서도 정치는 그 길을 가는 것이라며 우직하게 걸었던 정치인의 존재는 소중하다. 그게 바로 김진표였다. 그는 무모한 사람이었을까, 정치의 경지를 넓힌 사람이었을까? 이

회고록 속에 담긴 고민과 열정과 인사이트를 보며 '바보 정치인' 김진표의 그다음 걸음이 궁금해진다. 그리고 우직한 그 걸음에 뜨거운 응원의 박수를 보낸다.

— 김현정 (CBS《김현정의 뉴스쇼》 진행자, 프로듀서)

회고록을 내놓는 저자도, 추천의 글을 쓰는 이 사람도 지나온 시간이 놀랍기 그지없다. 같은 고교와 법대 선후배로 만났던 두 청년의 반세기 넘는 인연이 너무나도 깊고 넓다. 추천의 글 한 음절, 한 문장마다 마음 그득하게 차오르는 김·진·표에 대한 자랑스러움을 감출 길이 없다.

저자는 사회적 시장경제 정책으로 전후 독일을 일으켜 세운 아데나워 총리에 매료되어, 사법고시가 아닌 경제를 선택한 청년 법학도였다. 김대중 대통령이 준 '최고의 공무원'이라는 찬사를 늘 가슴속에 품고 살아온 진정한 공무원이었다. 자신을 알아봐준 노무현 대통령에 대한 신의를 지켜야 한다는 일념으로 선출직에 뛰어든 정치인이며, 5선 국회의원으로서 의회주의를 지켜내고자 고군분투했던 제21대 국회의장이다.

『대한민국은 무엇을 축적해왔는가』는 저자에게는 회고록이지만 독자에게는 현대사의 명암이 가감 없이 담긴 역사의 기록이다. 지나온 길을 성찰하며 대한민국이 축적해온 저력과 지혜를 공유하고, 현명하게 미래를 설계하자는 간곡한 보고서이기도 하다.

저자는 스스로의 인생을 "50년 동안 국가와 국민을 위해 쉼 없이 일할 수 있었던 행복한 삶"이라고 표현했다. '대한민국의 축적' 속에는 그가 걸어온 일평생의 발자취가 남겨져 있으리라 확신한다. 공무원의 길 30년, 정치인의 길 20년을 걸으며 열 개의 정권을 온몸으로 겪어온 대한민국 지도자, 김·진·표의 이야기에 귀 기울여주시길 바란다. 모든 이에게 일독을 권한다.

— 문희상 (제20대 후반기 국회의장, 김대중정치학교 교장)

김진표 제21대 국회의장과는 참여정부에서 국무위원으로 함께 일한 오랜 인연이 있다. 노무현 대통령은 그에게 경제부총리와 교육부총리라는 중책을 거듭하여 맡길 정도로 깊이 신뢰했다. 우리 경제의 선진도약과 교육혁신을 위해 불철주야 노력하던 그의 모습은 공직사회에 널리 큰 영감을 주었고, 귀감이 되었다. 국회의장으로 재임하는 동안에는 의회외교의 새 지평을 열었는데, 그 성과가 앞으로 우리 외교에서 큰 자산이 될 것으로 확신한다. 김진표 의장 공직 50년이 서사敍事된 이 회고록에서 우리는 다시 한 번 대한민국의 응축된 힘과 저력을 느낀다.

— 반기문 (제8대 유엔 사무총장)

어느덧 선진국의 문턱에 들어선 대한민국을 보고 있노라면, 우리의 출발이 어떠했고 어떤 과정을 통해서 이러한 단계에 이르렀는지를 종종 잊곤 한다. 기업인으로서 경영 일선에서 일생을 보낸 나와 달리, 저자는 총 50년의 시간을 공공의 영역에서 복무했다. 진보와 보수를 아우르는 진정한 중도파이자, 판단과 행동의 원칙이 한결같았던 의회주의자인 그의 경험은 첨예한 갈등으로 몸살을 앓는 지금 우리 사회를 위한 귀한 반석과도 같다. 저자는 이 책에서 그가 갓 공직에 입문했던 박정희 정권부터 국회의장으로 일했던 윤석열 정권까지, 열 번의 정권 동안 정치와 경제를 이끌었던 이들이 무엇을 성취했고 또 무엇을 놓쳤는지를 성실하게 복기했다. 지난 60여 년을 발판 삼아 대한민국의 내일을 묻기 위해서는 지금 우리가 딛고 있는 토대가 어떻게 쌓아 올려졌는지 명확하게 되짚어야 한다. 다시 출발선이다. 이 책을 그 출발선에 선 모든 이들에게 추천한다.

— 손경식 (CJ그룹 회장, 한국경영자총협회 회장)

박정희부터 김대중, 노무현을 거쳐 윤석열까지. 대한민국을 각양각색으로 이끌어온 열 번의 정권기에 대해 그들의 공과를 살피며 깊은 통찰이 가능한 사람이 있을까? 열 개의 정권이 거쳐가는 동안 정치의 중심부에서, 때로는 정책의 현장에서 대한민국의 국정을 목도하고 체화한 사람이 누가 있을까? 일선 공무원부터 국무위원, 국회의원, 정당의 원내대표, 나아가 입법부 수장의 시각에서 대한민국의 정치 현실을 조망하고 대안을 내놓을 수 있는 사람이 과연 있을까? 있다. 김진표 전 국회의장이다.

축적은 대한민국의 미래를 설계하는 데서 가장 중요한 자산이다. 성공한 경험의 축적은 또 다른 성공을 위한 디딤돌이다. 축적된 실패와 실수의 경험은 이를 반복하지 않기 위한 길잡이로 사용될 때 성공의 경험보다 더 유용한 쓰임을 지닐 수 있다. 열 번의 정권기에 축적한 성공과 실패의 경험, 각각의 이유와 그에 따른 영향, 이 모든 것을 반면교사로 삼아 앞으로 대한민국이 나아가야 할 길을 밝힌 책이다. 대한민국 백서라 해도 손색이 없을 거대한 기록을 완성한 김진표 의장께 경의를 표한다.

— 정세균 (제20대 전반기 국회의장, 노무현재단 이사장)

프롤로그

올해 5월을 끝으로 나는 제21대 국회의 국회의장직을 퇴임했다. 이로써 1973년 시작된 50여 년간의 공직생활을 모두 마무리하게 되었다. 나는 김대중 정부에서 재정경제부 차관, 정책기획수석과 국무조정실장, 노무현 정부에서 부총리 겸 재정경제부 장관과 교육인적자원부 장관을 지냈고, 문재인 정부에서 국정기획자문위원회 위원장으로 일했다. 2004년 제17대 국회의원을 시작으로 다섯 차례 의원직을 연임했으며 현 더불어민주당의 정책위의장과 원내대표 등에 선출되기도 했다.

후회는 없다. 나는 사심 없이 대한민국이 나에게 부여한 소명을 받아들였다. 대학생 시절 독일의 콘라트 아데나워Konrad Adenauer 총리를 알게 되고, 그처럼 해묵은 빈곤을 타파하고 조국의 경제번영을 위해 매진하겠다는 뜻을 세운 후 나는 공직자의 발을 처음 내디뎠다. 그 후 반세기에 걸친 세월을 언제 어디서든 나 자신의 공을 내세우지 않으려 노력했으며,

선택의 고비마다 눈앞의 유불리보다는 옳고 그름에 따라 판단하려 힘써왔다. 나는 물론 흠도 많았고, 한계도 많았으며, 실수도 수없이 저질렀던 사람이지만, 나 자신에게든 누구에게든 그저 한 점 부끄럽지 않은 삶을 살아오기 위해 최선을 다했다. 그것 하나만은 마음 깊이 자부할 수 있다.

돌아보면 더없이 벅차고 과분한 시간이었다. 50년 동안 쉼 없이 이 나라를 위해 살아올 수 있었던 한평생을 어찌 행복한 삶이라 하지 않을 수 있을까? 특히 김대중 전 대통령과 노무현 전 대통령을 모시고 국정을 이끌어갈 수 있었던 경험은 내 생애의 커다란 영광이자 기쁨이었다. 두 분은 내 삶의 변함없는 사표이자 한없는 존경의 대상이 되어주었다. 그들은 나의 목소리를 언제나 기탄없이 받아들였고, 한국경제에 관한 나의 의견을 진중하게 고민해주었다. 두 사람은 치열하게 공부하고 성찰하는 지도자였으며 우리가 앞으로도 되새길 만한 여러 미덕을 갖춘 큰 인물이었다.

이 책은 1961년부터 2024년까지 대한민국을 책임졌던 총 열 정권의 이야기를 다룬다. 우리는 그간 전 세계에서 유례없는 발전을 이루며 산업화와 민주화를 동시에 성취했다. 우리는 그처럼 기적적인 과정을 거친 후 선진국이 되었고, 일제강점과 한국전쟁이라는 그 황폐한 기반을 딛고 이젠 세계의 극빈국과 개발도상국에 도움을 주는 나라가 되었다. 우린 그동안 우리가 쌓아온 것들에 대하여 충분히 자부심을 가져도 된다. 다만 거기서 멈춰서는 안 된다. 대한민국의 지난 시간을 되돌아보고 철저하게 복기해둘 필요가 있다. 그래야만 미래에 우리가 밟아나갈 지혜로운 길이 열릴 수 있다.

우리는 빛나는 그 도약의 과정에서 우리에게 축적된 것이 있다는 사실을 안다. 그 축적이란 이념이나 진영을 초월하는 것이다. 설령 군인들이 다스린 정부였거나, 자신이 지지하지 않았던 정권의 정부였을지라도, 우리 사회는 그들의 국정 경험과 시간으로부터 무언가를 분명히 축적해왔다. 물론 그 축적이 항상 긍정적인 성격을 지녔던 건 아니었을 것이다. 어느 정권에서든 잘한 것이 있었고, 또 못한 것이 있었다. 현재의 우리는 둘을 면밀하게 분리한 뒤 잘했던 것에서는 배우는 일을 멈추지 않아야 하고, 못했던 것은 철저한 반면교사로 삼아 다시금 되풀이하지 않아야 한다. 그러한 거듭된 숙고와 반성은 한국사회의 또 다른 축적이 되어 우리를 앞으로 나아가게 할 것이다.

나는 우리 국가와 사회로부터 귀중한 기회를 받아서 금융실명제 시행, 토지공개념 3법의 토지초과이득세 도입, IMF 위기 극복, 재벌과 금융개혁, 한미 자유무역협정FTA 비준, 개발도상국 지원 사업 등을 그 한복판에서 총괄하고 이끌어보았다. 때로는 사회로부터 공로를 인정받고, 때로는 비판과 비난을 받았다. 그런 순간들엔 나 역시 인간인지라 감정의 소용돌이에 휘말렸던 게 사실이지만, 내게 그런 외부의 반응은 크게 중요하지 않았고 종국엔 그다지 개의치도 않았다. 난 오로지 대한민국의 축적에 조금이나마 기여하길 바랐을 뿐이고, 또한 시간이 지나면 어차피 모든 오해와 편견은 검불처럼 흩어질 것임을 믿었기 때문이다.

이 책에서는 그런 나의 경험을 바탕으로 역대 정권들에서 우리가 우리의 미래를 위해 반드시 되돌아보아야 할 내용을 정리했다. 그러므로 이 책은 우리 사회와 경제가 그간 맞닥뜨렸던 여러 첨예한 쟁점에 관한 이야기이며, 우리 공동체를 이끌었던 최고지도자 개개인에 관한 이야기이고,

바로 그 시점에 한국이 통과하고 있던 시대정신에 관한 이야기이기도 할 것이다. 여러 정권 내부에서 내가 직접 듣고 접한 이야기도 들어 있지만, 원고에선 자잘하거나 사적인 성격의 비사祕史들은 최소화했다. 그런 일들에 시선을 빼앗기기엔 지금 우리가 당면한 현실이 너무도 냉정하고 다급하기 때문이다. 무엇보다도 초저출생의 절박한 문제는 우리의 미래를 암흑처럼 만들고 있다. 윤석열 정권은 지금 크나큰 위기를 맞이하고 있으며, 의회정치는 내일을 향해서 한 발짝도 내딛지 못하는 중이다. 지금 이 순간 우리를 휘감은 국민연금 개혁 실패와 진영정치의 비극은 대한민국이 직면한 비상하고도 통탄할 상황을 보여준다. 모두 우리 자신이 걸어온 길을 제대로 들여다보고 성찰하지 않은 탓이다.

나는 이제 막 공직의 삶을 내려놓고, 한 사람의 자연인으로서 삶을 시작했다. 지금부터는 차분하게 내 삶을 돌아보는 한편, 그간 내가 쌓아온 경험과 생각들을 삶의 후배들에게 전하기 위해 최선을 다할 것이다. 그렇게 멈추지 않고 애를 쓰다가 언젠가 하나님께서 날 불러주시면 그날 "그동안 열심히 살게 해주셔서 감사합니다."라는 신앙고백을 할 수 있기를 소망할 뿐이다. 마지막으로 49년간 평생 내 곁을 지켜준 아내를 향해 끝없는 존경과 사랑을 고백하며, 이 책을 세상에 내보낸다.

2024년 5월

김진표

제1부

죽음과 잉크의 감각

1961-1979

박정희 정권

지금도 생생하게 기억이 나는 저녁, 사위四位는 이미 어둑해져가고 있었다. 그날은 가족 행사가 있어 퇴근하고 곧장 처가에 가기로 돼 있었다. 아내와 함께 집에서 출발하기 직전, 사업가인 친한 친구에게서 연락이 왔다. 이야기를 듣자 하니 자신이 운영하던 회사의 공장에 큰불이 나서 홀라당 다 타버렸다는 게 아닌가. 사업가답게 공장 하나를 통째로 날리고도 호방했던 그 친구는 "불나면 사업이 성한다고 하니… 위로주나 같이 마시자."라고 나를 불러냈다.

아무래도 그날은 처가에 가야 했지만 사업에 큰 타격을 입은 친구의 청을 거절하긴 너무 미안했다. 고민 끝에 아내에게 사정을 말하고 양해를 구한 뒤, 친구와 만나 그가 한바탕 쏟아내는 곡소리를 다 들어주다가 밤늦게야 처가에 도착했다. 자정을 넘기고 새벽녘이나 되었을까. 비몽사몽 술에 취해 잠들어 있던 나를 깨운 장모님과 아내의 표정이 굳어 있었다.

장모님은 내게 말씀하셨다.

"김 서방, 지난밤 대통령이 궁정동 안가에서 총에 맞아 돌아가셨다고 하네."

그날은 1979년 10월 26일이었다.

박정희 대통령의 암살 소식을 듣고 머릿속이 캄캄해지던 느낌이 아직도 선명하다. 그때 나를 압도했던 감정은 결국 죄책감이었다. 나는 "아, 제가 잘못했습니다."라는 혼잣말을 멈추지 못했다. 내가 친구와 노닥거리고 있을 때 대통령이 부하의 총탄에 맞아 죽었구나, 그러지 않았더라면 대통령이 이렇게 가시지 않았을 텐데…라는 어이없는 후회가 치밀어올랐다. 10월 27일 하루 동안 내가 잘못했다는 감정에 사로잡혀 아무것도 하지 못했다.

우리는 박정희 전 대통령을 어떻게 바라보고 있고, 어떻게 바라봐야 하는가. 우리 사회는 지금도 그가 집권했던 18년의 체제를 분석하고, 평가하고, 단죄하는 방식에 관해 갈등과 논쟁을 이어간다. 당연한 일이다. 어쩔 수 없는 일이기도 하다. 박정희의 공과功過는 앞으로도 우리가 끊임없이 맞닥뜨려야 할 커다란 산일 것이다. 그의 통치에는 비판받을 사안이 한두 개가 아니나, 대한민국의 선진화가 그에게서부터 시작되었다는 점을 부인할 수 없기 때문이다.

그리고 다시 1979년의 그 하루와 박정희의 죽음을 돌이켜 생각하면, 나는 박정희 개인의 비극이나 그것이 우리 현대사에 차지하는 비중보다도 암살 소식을 접한 뒤 새벽녘에 느꼈던 강렬한 죄책감과 부채 의식에 더 놀랄 때가 있다. 어쩌면 그것이 박정희가 우리 사회에 남긴 가장 커다란 화두가 아닐까 생각한다.

나뿐만 아니라 1979년 10월 26일 당시 국민 대다수가 박정희의 죽음 앞에서 슬픔과 충격, 때로는 기이한 죄의식을 느끼고 있었다. 그것을 마치 왕의 죽음에 슬퍼하는 백성들의 전근대적인 마음이라는 식으로 냉소해선 안 된다. 그러면 대한민국 현대사에서 박정희 체제가 지니고 있는 가장 중요하고 본질적인 지점을 놓치게 된다. 우리가 미래로 나아갈 때 필요한 깨우침, 그 18년간의 귀중한 축적을 놓치는 것과 같다. 그것은 지금 우리가 박정희를 넘어서는 데 적절한 방식이 아니다.

죽음의 감각에 관하여

1961년 5·16 쿠데타를 맞았던 그해 나는 중학교 2학년이었다. 1961년의 대한민국은 정말 빈곤했다. 우리 주위에는 가난의 그림자가 그야말로 넘실댔다. 모두가 다 함께 가난했으니 거기엔 나름의 평등과 우애, 활기 어린 친밀감의 정서가 존재하기도 했다. 그래도 그 시절은 무척이나 고되었다.

나는 초등학교에 다니던 내내 닭과 돼지를 키우는 일을 도맡았다. 봄부터 가을까지 수원 인근의 산과 들을 돌아다니며 풀을 베어다 축사로 날랐고, 식당을 돌아다니면서 잔반을 모았다. 어릴 때 나는 겨울이 싫었고, 그건 지금도 마찬가지다. 잔반통을 실은 리어카를 끌 땐 언 손이 떨어져 나가는 줄 알았다. 집에서 조금 떨어진 밭에서 농사도 몇 년간 지어보았고,

중학생 시절엔 새벽 5시에 일어나 우물의 물을 길어 필요한 이들에게 날라주는 '물지게 아르바이트'도 했다.

나만 그런 건 아니었고, 수원에 살던 주위의 거의 모든 친구가 다 마찬가지였다. 그러나 돌아보건대 그때 우리 사회의 구성원을 힘들게 했던 것은 그런 물질적인 결여가 아니었다. 지금도 1950년대와 1960년대를 묘사할 때 가난과 궁핍을 떠올리지만, 우리가 진정 주목하고 덧붙여야 하는 것은 죽음의 감각이다. 개개인이 모두 언제 죽을지도 모른다는 감각, 자신과 자기 가족을 지켜줄 수 있는 것은 아무것도 없다는 그 헐벗음의 감각, 이 사회의 누구에게서도 보호받지 못한다는 감각은 어쩌면 전쟁이 남긴 가장 심각한 후유증 같은 것이었다. 그러한 전쟁의 참화는 결국 이 땅에서 수십 년간 군부독재를 가능케 했던 직접적인 연원이었다. 내 가족 또한 전쟁의 비극을 그대로 겪었기에 나는 우리 곁에 떠돌던 죽음의 공기를 잘 알고 있다.

우리 할아버지는 황해도 연백에서 금광을 개발해서 운영했다. 꽤 잘살던 집안이었지만 둘째 아들이었던 아버지만 유일하게 중학교를 졸업할 수 있었다.

1945년 미군과 소련군이 한반도를 분할 통치하기 위해 만든 3·8선은 마치 사람의 귀처럼 볼록하게 튀어나온 황해도의 연백군을 지나갔다. 이승만 전 대통령은 그 지역을 경기도에 편입시켰다. 미국에서 교육받은 이승만은 민주적인 지방자치에 관심이 많았고, 경기도에 갓 소속된 연백군에서 최초로 기초적인 풀뿌리 민주주의를 실현하려 했다. 그래서 우리 가족이 살던 연백군의 운천면에서 처음으로 면장을 선출하게 되었다. 씨

족 마을인지라 주민의 삼분의 이가 넘었던 친족 어르신들은 내 아버지가 가장 똑똑하다며 면장으로 천거했다. 내가 네 살 때의 일이다.

그리고 도래한 1950년의 6월 25일 이른 아침. 아버지가 세수하고 창문을 내다보는데 뒷산에 큰불이 일렁였다. 오뉴월에 웬 불이냐며 다시 자세히 보니, 불이 아니라 무리 지어 산을 타고 내려오는 인민군의 빨간 군복이 마치 불줄기처럼 마을을 향해 번지고 있는 것이었다. 당시 면의 파출소장이었던 고모부와 아버지는 '너나 나나 잡히면 죽으니깐 일단 숨자'고 급히 전화 통화를 나눈 뒤 우리 집에 모였다. 부엌 한쪽에 높이 쌓아둔 땔감의 나뭇단 중 세 단을 빼내어 그 안에 숨은 뒤 다시 그 나무들을 덧대어 채우자마자 인민군이 몰아닥쳤다.

어머니와 집안 어른들이 아버지와 고모부 두 사람은 어젯밤에 이미 남쪽으로 내려갔다고 둘러대며 실랑이를 하던 와중에 인민군은 두 사람이 숨은 나뭇단을 총으로 찌르면서 하나씩 제쳤다. 단을 하나만 더 제치면 발각될 바로 그 순간, 소대장이 "시간대별로 점령할 할당이 있다. 이 집이 처음이니 여기까지 하고 서두르자."라며 다음 집으로 나서는 바람에 둘은 간신히 목숨을 건질 수 있었다. 두 사람은 집의 마루를 뜯고 방공호를 파서 9·28 수복 때까지 100일을 거기서 지냈다. 그리고 1·4 후퇴 때 중공군이 내려오자 아버지는 장남인 나만 데리고 인천으로 향했다. 가족 간의 생이별이었다.

인천까지도 위기의 연속이었다. 당시 피난 일행은 금광과 제련소를 오가는 배 세 척에 나눠 탔는데, 인천 해안은 이미 연합군이 점령한 상태였다. 정체불명의 배가 다가오자 연합군이 무전 신호를 보냈지만, 그걸 알리가 없던 우리를 향해 포탄이 쏟아졌고 기어이 배 한 척이 침몰하고 말았다. 아수라장이 되자 북으로 올라가자는 이들도 많았고, 실제로 몇은 다시 돌아가기도 했다. 아버지 역시 그 순간 정말 고민이 많았다고, 나는 훗날 들었다.

그러나 아버지는 남쪽으로 향하는 쪽을 선택했다. 가뜩이나 황해도는 남쪽과 가까운 지역이기에 조금만 부유하면 불온 집단으로 몰려 공산당에 의해 숙청되고 재산을 뺏기는 일이 잦았다. 지주 집안 출신인 아버지는 그런 분위기에서 본인이 살아남을 수 없다는 걸 잘 알았던 것이다. 얼마 뒤 연합군에게 우리의 배가 적군이 아니라 피난선임을 인지시키는 데 간신히 성공했다. 살아남은 것이다.

남쪽으로 내려온 뒤 아버지는 한동안 인천에 살며 금방 고향으로 돌아가서 가족들과 재회할 날을 기다렸다. 그러나 분단은 장기화되었고, 아버지와 나는 수원시 서둔동에 정착하게 됐다. 면장 경력을 인정받은 아버지는 수원에서 동장부터 시작해 서기관까지 근무하셨다.

이 모든 절박한 생사生死의 고비가 비단 내 아버지만의 것은 아니었다. 아버지와 나는 가족들과 영영 다시 만나지 못했지만, 다행히 살아남았다. 그 시절에 가족이 죽거나 실종된 사람들의 마음에는 무엇이 남았을까. 전란戰亂 동안 한반도에서 죽은 군인과 민간인은 200만 명이 넘는다. 부상자와 실종자까지 합하면 당시 남북한 전체 인구의 다섯 명 중 한 명은 인명 피해를 입었으며, 개인별로 보면 한 가족에 1명 이상이 피해를 입은 것으로 추정된다. 그런 나라가 한국이었다.

국가란 무엇인가

우리 가족의 경험, 내 아버지의 이야기를 서두에 밝힌 이유가 있다. 국가의 본질을 누가 묻는다면, 나는 나와 내 가족들의 현재와 미래를 맡길 수 있는 결사체라고 답할 것이다. 나처럼 1940년대에 태어난, 그것이 깨진 현실을 몸으로 겪었던 이들은 1950년대든 2020년대든 그 대답이 결코 달라지지 않는다는 것을 안다.

국가를 둘러싼 다양한 정치철학적 정의가 있다. 그렇지만 어떤 관점과 틀을 갖다 대든 국가의 사명은 국민의 생명과 재산을 보장할 능력을 갖추는 것이다. 거기서 자기 자식을 낳고 키울 수 있다는 믿음을 주고, 나와 내 가족, 내 자식의 미래를 맡길 수 있다는 안정적인 신뢰감을 주어야 한다. 이것이 언제나 첫 번째다.

그래야만 국가에 대한 귀속 의식이 생기고, 애국심이 생긴다. 나라가 기본적인 역할을 하지 못하면 공동체의 규범이 무너진다. 뒤에서도 이야기하겠지만, 현재 우리의 출산율과 처참한 사회적 재생산성에 관해 언급할 때 꼭 되새겨야 할 것이 바로 국가의 사명이다. 어느 정도 선진 사회에 진입한 나라에서 출산율이란 국가의 유능함 혹은 무능함의 척도이자, 나아가 국민이 조국에 대해 느끼는 신뢰의 지수나 다름없다. 그러니 현재 젊은 세대가 대한민국이 자신의 안정적인 삶을 보호하고 담보하는 일에 얼마나 무능하다고 인식하는지를 우리는 똑바로 들여다봐야 한다. 거기엔 변명의 여지가 없다. 바로 거기서부터 모든 대책이 출발해야 한다.

지금에야 명실상부 세계를 선도하는 국가이자, 2차 세계대전 이후 후발 주자로서 선진국의 반열에 올라선 유일무이한 나라이지만 오랜 식민지 경험과 전쟁으로 그야말로 모든 걸 새롭게 쌓아 올려야 했던 지난 과거는 그리 멀지 않은 기억이다. 모든 규범이 무너지고, 온갖 기반이 쑥대밭이 된 나라에서 우리는 어떻게 내일을 기약할 수 있었을까? 아버지의 손을 잡고 삼팔선을 넘어 아무 연고도 없는 수원에 정착해야 했던 네댓 살의 나는, 어떻게 무사히 자라나서 대한민국을 위해 일할 수 있었을까?

1961년의 군사 쿠데타가 없더라도, 우리는 지금과 같은 부강한 나라가 될 수 있었을까? 역사에 가정은 없고, 누구도 그 성공 여부를 쉽게 말할 수는 없을 것이다. 그렇지만 당시의 황폐했던 대한민국에 강력한 응집과 선도의 힘이 필요했다는 것만은 분명하다. 누군가는 앞장서서 국가를 위해 헌신해야 했고, 사회에 만연했던 죽음과 파괴의 정서를 극복한 뒤 흐트러진 공동체의 규범과 질서를 바로잡아야 했다.

쿠데타로 정권을 잡은 박정희가 그것을 했다. 적어도 우리 국민은 그를 그러한 인물로 받아들이고 지켜보며, 18년간 그의 존재를 용인했다. 이것을 그가 보여준 비민주적이고 폭압적인 행태를 한국 국민이 무작정 정당화했다는 식으로 바라봐선 곤란하다. 그는 국민 모두가 열망하던 공동체를 상징하는 인격적인 구현과도 같았다. 그때 대한민국은 박정희 한 사람이 이끌었으되, 우리 국민은 모두가 더 잘살 수 있다는 미래에 대한 새로운 희망을 품고 그가 선도한 새마을정신과 수출입국이란 범국민 운동에 참여하는 일에 주저하지 않았다.

그러한 국민의 희망과 뜨거운 에너지는 결코 추상적이거나 공허한 말의 차원이 아니었다. 나의 초등학교 시절을 이야기해보고 싶다. 유엔군으로 참전한 튀르키예의 군인들이 당시 10만 명이 넘었던 우리나라 전쟁고아를 위해 '앙카라 고아원'을 만들었다. 전국에서 모여들어 나이대도 들쑥날쑥한 학생 500여 명이 그곳에 모였다. 이 아이들을 기존 학교에 배정하려고 하니, 각 학교가 여러 이유로 받질 않았다. 교육청에서 고민을 거듭하다가 급히 만든 학교가 바로 내가 졸업한 서호초등학교다. 학생 수의 55% 정도가 앙카라 고아원 학생들이었고, 나머지 절반은 그 동네의 매산초, 세류초에 다니던 아이들에서 뽑아간 것이다. 나도 그렇게 전학을 가게 됐다. 당연한 일이었다. 우리 아버지가 동장이었기 때문이다.

당시 내 친구 중에는 아버지가 국가의 고위직으로 녹을 받는 이가 있었다. 그 아버지는 힘이 있었으니, 자식의 주소를 옮기는 편법을 써서 그 친구가 서호초에 배정되는 것을 피한 후 서울 중심부의 명문 초등학교로 옮겼다. 그로부터 50여 년이 지난 지금도 나는 그 친구와 여전히 우정을 나누고 있으며 그를 훌륭한 사람이라고 생각한다. 그렇지만 그때 우리 같은 사람은 가기 싫더라도 꼼짝없이 학교를 옮겨야 했고, 힘이 있는 사람은 그런 조치를 피할 수 있었다.

내가 초등학교 6학년 땐 한 반 학생이 98명이었다. 그나마 책상이라도 있는 것에 감지덕지했다. 5학년이나 넘어가니 책상이라도 있던 것이고, 4학년까진 땅바닥에 앉아서 공부해야 했던 형편이었기 때문이다. 그해의 담임 선생님은 이북 출신으로, 별명이 호랑이였다. 호랑이 선생님은 우리 98명을 한꺼번에 통솔하기 위해 늘 회초리를 가지고 다니면서 책상을 때렸다.

이분이 얼마나 헌신적이었는지를 돌이켜보면 지금도 놀랍다. 학생 하나하나 형편을 보면 자기 방이 있는 경우가 거의 없었다. 자기 책상 있는 학생은 더더욱 드물었다. 그런 형편을 아는 선생님은 우리에게 "밥 먹고 바로 자면 건강에도 안 좋으니 저녁 일찍 먹고 학교에 와서 같이 공부하자."라고 하셨다. 일종의 야간자율학습인데, 요즘으로 따지면 방과후 학교라고 할 수도 있을 것이다. 선생님은 우리와 같이 저녁 내내 교실을 지키면서 낮에 배운 내용을 외우게 하셨다. 그걸 완전히 외운 사람은 빨리 집에 갈 수 있었고, 그날 밤 열시나 열시 반까지 못 외우면 틀린 개수대로 발바닥을 맞았다.

선생님은 이것을 1년 동안 하루도 거르지 않고 하셨다. 누가 시킨 일도 아니었고, 정규수업만 해도 자신의 몫은 다한 셈이었지만 그는 기꺼이 저녁 시간을 학생들과 함께 보냈다. 이처럼 헌신적인 노력 덕분에 열악한 조건에서도 98명 중에 딱 절반인 무려 50명이 중학교에 진학했다. 집이 어려워서 못 가는 학생을 제외하곤 전원 1차에 합격한 것이다. 나는 당시 중학교에 진학하기 위해 치른 입학시험, 즉 연합고사에서 1등을 했다. 인천을 포함한 경기도 전체 수석이었다.

그 시절 시골 학교에서, 그런 교육환경 아래서도 경기도 1등이 나오는 것이 바로 진정한 공교육의 성취다. 교육의 질은 언제나 교사의 질을 넘지 못한다. 이것은 전 세계 어디에서나 통하는 위대한 격언일 것이다. 교사의 열의와 실력은 언제나 모든 것을 이긴다. 그때 우리 반엔 대학 교수의 자제도 한 명 있었는데, 그 부모님 역시 담임 선생이 돈도 받지 않고 헌신하는 것이 고마웠던 모양이었다. 교수님 댁에서 저 선생 저러다가 병나겠다 싶어 산 닭을 보자기로 싸 와서 '고아서 잡수세요' 하고 가져다주던 장면도 떠오른다. 우리가 다 같이 저녁에 공부할 때 그 장면을 보고 와, 하고 웃었다. 선생님도 머쓱하게 웃었다.

요컨대, 나의 담임이었던 호랑이 선생님과 박정희가 통하는 지점을 발견하기란 어렵지 않다. 어딘가의 기초적인 시스템이 전무한 상황에서 누군가는 앞장서서 책임감을 갖고 공동체를 열정적으로 이끌어야 한다. 호랑이 선생님이 그러했듯 말이다. 적어도 삼선개헌 이전의 박정희는 그런 역할을 일정하게 수행했다. 그 자신 힘차게 밀고 나가서 공동체 전체의 복리를 증진하는 역할을 했다고 볼 수 있으며, 그런 그의 모습은 국민에게 하나의 뜨거운 영감을 주었다. 민간에서는 정주영 현대 회장이 500원짜리 지폐 속 거북선으로 조선소를 지을 해외 차관을 따내고, 이병철 삼성 회장이 일본의 권고를 무시하고 반도체 산업을 추진하던 시절이었다. 강한 도전 정신과 성취 욕구가 한국 사회를 추동했다.

그러자 사람들의 마음속에 조금씩 자신감이 차오르기 시작했다. 마치 호랑이 선생님을 바라보던 초등학교 6학년의 나처럼 말이다. 대한민국은 비상한 시절이었고, 누군가는 자신을 몰아붙여서 나라를 앞으로 밀고 나가야 했다. 박정희가 그러했고, 사회 곳곳에서 말없이 노력했던 우리 국민 한 사람 한 사람 또한 그러했다.

그러나 그때 대한민국에는 가난보다 더 심각했던 문제가 있었다. 온 사회에 만연한 왜곡과 비리, 부정부패가 바로 그것이다. 앞서 소개한 내 친구의 위장전입 정도는 아예 문제로 인식되지 않을 만큼 사소한 것이었다. 시스템을 지탱하는 근대적 제도와 법은 마련되었으되, 그것이 실제 현실에 적용되는 것과는 별개였다. 그야말로 각자도생, 약육강식의 살벌한 세상이었다.

박정희 자신도 물론 부정부패에서 전연 자유로울 수 없었으나 동시에 그는 결과적으로 개발도상국 대한민국에 꼭 필요한 것을 추구할 수 있는 사람이었다. 박정희는 다른 독재자와 무엇이 달랐는가? 왜 우리 국민은 박정희가 곧 대한민국을 이끄는 사람이며, 어떤 의미에선 '한국이 곧 박정희, 박정희가 곧 한국'이라고 그 지도자를 우리나라와 전인격적으로 일치시킬 수 있었는가? 또 우리 국민은 어떻게 (적어도 어느 시점까지는) 그가 이 나라를 위해 스스로를 치열하게 헌신하는 공적인 인물이라고 인식할 수 있었던 것일까?

내가 1973년 행정고시에 합격하고 처음 부임한 곳은 당시 상공부 산하의 공업단지관리청이었다. 이 관리청은 당시 수출산업공업단지와 수출자유지역의 개발·운영 및 공업단지 산업의 진흥·개선 등의 사무를 관리하는 조직으로, 대통령이 역점을 두고 추진했던 수출 공업단지 사업을 총괄하고 있었다. 훗날 산업부 장관을 지낸 배상욱이 신임 공업단지관리청장으로 갓 부임해 있었는데, 그는 박정희의 성격을 나름대로 잘 파악하고 있었다. 그 자신이 벌써 상공부에서 박정희에게 수차례 보고를 한 경험이 있었기에 과거와 조금이라도 비슷하거나 타성에 젖은 보고서를 올리면 그가 격노하고 질책할 것을 알고 있었던 것이다.

어느 날 아침이었다. 배상욱 청장이 나를 찾았다. 조금 더 창의적이고 참신한 보고서를 만들기 위해 이번에 발령이 난 신입 중에 쓸 만한 인재가 없는지를 찾다가 내게 덜컥 그 일을 맡긴 것이었다. 그날부터 나는 관리청의 개발계장으로 일하며 매일 아침 구미공단, 마산·이리수출자유지역의 입주 현황과 공사진행 보고서를 작성했다. 새벽에 사무실 책상에 앉아 손에 잉크를 묻혀가며 일일이 도표와 그래프를 그린 보고서가 대통령에게 직보됐다. 내가 공무원으로서 처음 한 일이다.

박정희 대통령은 이런 식으로 모든 부처를 다 직접 쉬지 않고 순시했고, 말단 공무원 개인에게까지 보고를 받았다. 필요한 경우 사무관이나 과장 등 실무진까지 그 보고 자리에 배석해 질의응답이나 토론이 이뤄진 것은 잘 알려진 사실이다. 그만큼 실무자의 의견을 존중하는 분위기였다. 또 박정희는 반드시 현장에 가서 확인하고 지시하고 결과를 요구했다. 같은 부처의 브리핑을 정기적으로 받았으며, 이전에 보고하고 지시한 것을 이행하지 않으면 가차 없이 징벌하고 잘하면 특진시켰다. 철저한 '확인 사살' 행정이자 군대식 신상필벌 조직관리였다.

즉, 박정희 대통령이 나라를 위해 가장 중요하게 수행한 일은 모든 주요 사안을 대통령이 나서 일일이 챙김으로써 조직에 긴장감을 불어넣은 것이라 할 수 있었다. 그것은 결코 일회적이거나 전시적인 성격이 아니었다. 박정희는 훌륭한 관료들의 보조를 받아 이 나라의 경제정책 자체를 본인이 직접 관장했다. 경제정책 방향을 수출주도 공업화로 개편한 다음 해인 1965년부터 대통령 주재 아래 공무원·기업인·학자·업계 관계자가 참여하는 월간경제동향보고와 수출진흥확대회의가 매달 정기적으로 열렸다. 박정희 대통령이 죽기 전인 1979년 9월까지 월간경제동향보고는 무려 146회, 수출진흥확대회의는 147회 이뤄졌다. 개발 계획을 짜는 것은 외국의 도움을 받아서 할 수 있지만 계획을 실행까지 이어지도록 하는 것은 후진국으로서는 쉽지 않은 일이었다. 박정희 대통령은 그 두 회의를 통해 전문가의 정책을 군인의 실행력으로 추진할 수 있었다.

나는 내 공무원 시작과 함께했던 그 아침, 잉크의 감각을 잊지 못한다. 갓 공무원이 된 내가 자를 대고 흰 용지 위에 일일이 직접 도표를 그리면, 그것을 대통령이 두 눈으로 확인할 것이라는 사실에 가슴이 뛰었다. 그 순간만은 박정희 대통령이 공직사회에 주문한 것이 단 하나였다는 사실을 믿을 수 있었다. '내 나라를 반드시 잘살게 만들겠다는 의지를 갖고 일하라.' 여러 현장과 토론의 자리에서 그는 그것을 본인의 몸으로 보여주었으며, 그런 덕분에 경제발전의 주역인 관료를 독려하는 분위기가 넘쳐흐를 수 있었다. 다른 개발도상국에는 이런 공무원 조직, 이런 리더십이 없었다. 그리고 앞으로도 이야기하겠지만, 이러한 리더십은 최근 우리나라에서 정권을 잡은 이들이 놓치고 있는 치명적인 지점이라 볼 수 있다.

군인의 '쇄신'은 어떻게 전개되었는가

1970년대 공직사회의 주요 포스트에는 군 출신 인사들이 대거 자리 잡고 있었다. 정부의 최고 수장이 군인이니 당연한 일이다. 행정부 역시 군대식으로 운영됐고, 군대문화가 만연했다. 그 시절 나에게 '군 출신은 이렇게 일을 하는구나'라는 인상을 가장 강렬하게 남겨준 이는 고재일 국세청장이다.

국세청은 탄생 자체가 군사정권의 유산이다. 1966년 3월 3일(이후 이날은 '납세자의 날'이 됐다), 박정희 대통령은 경제개발 5개년 계획의 재정을 충당하기 위해 재무부 사세국을 떼어내 국세청으로 만들었다. 초대 청장은 군 출신으로 대통령 비서실 비서관을 지낸 이낙선이었다. 그는 5·16 군사 정변에 앞장선 공로로 국세청장이 됐다. 당시 이낙선 청장의 승용차 번호가 700번이었다는 이야기는 유명하다. 700은 국세청이 세수 목표액으로 삼은 700억 원을 뜻한다. 국세청이 사전에 세수 목표액을 배정해 지방청으로, 지방청에서 다시 각 세무서로 목표액을 강제 할당하던 시기였다.

고재일 청장은 1973년 임명된 3대 국세청장이다. 김종필 총리의 전속부관 출신으로, 꼼꼼하고 성실하며 관리능력이 뛰어난 사람이었다. 김종필이 자의 반 타의 반으로 정치 일선에서 잠시 물러났을 때 박정희 대통령에게 고재일을 추천하여 대통령 밑에서 총무비서관으로 일했는데, 그는 특유의 일처리 능력으로 박정희 대통령 눈에 들어 전매청장과 조달청장을 거친 뒤 국세청장으로 부임했다. 국세청 역사에서는 나름 중요한 위치에 자리한 인물이라고 할 수 있다.

대통령과 총리의 총애를 등에 업은 고재일 청장의 일성은 '쇄신'이었다. 1970년대 초반의 공직사회는 이중적이었다. 관료들 내부엔 조국 성장의 최전선을 이끌고 간다는 책임 의식과 자부심이 있었다. 경쟁이 치열했고, 유능한 인재를 승진시키려는 문화가 존재했다. 그 분위기가 경부고속도로를 건설하고, 산업화의 근간을 탄탄하게 정립했으며, 정부 주도의 중공업 정책을 실현해 국가 차원의 산업경쟁력을 증진하는 초석을 세웠다. 그러나 한편으론 후진국형 부패의 구조를 전혀 끊어내지 못했다. 예컨대 내가 있던 국세청에선 서울대 법대와 상대를 나온 이들이 승진하지 않고 주사로 있으면서 마치 하나의 세무 기업처럼 일하고 있었다. 그러다 보니 자연히 부정부패가 심했는데, 오죽했으면 정부에선 그 구성원들이 뇌물 수수 등을 통해 '자체적으로 돈을 마련할 수 있다'며 사무용품을 살 돈이나 난방비로 쓸 예산조차 국세청에 주지 않았다. 쇄신이 필요한 것은 당연했다.

그 쇄신은 참으로 '군인스럽게' 이루어졌다. 국세청의 사무관 이상 전원에게서 사표를 받은 뒤, 국정원·경찰·검찰·청와대 민정라인을 통해 확보한 첩보 자료를 토대로 부패와 비리가 있다고 '의심되는' 이들의 사표를 돌려주지 않는 방식으로 '목을 친' 것이다. 그때 날아간 세무서장만 30명이었고, 사무관은 100명 이상이었다. 지금으로서는 상상도 못할 인사 방식이었다.

비리(가 의심되는) 공무원을 척결한 것까지는 좋은데 국세청에 빈자리만 130여 개가 생기니 난리가 났다. 고재일 청장은 이 같은 상황을 김종필 총리에게 보고했고, 총리는 전 부처 장관이 모인 국무회의 석상에서 "오늘 중으로 각 부처에 대기하고 있는 고시 출신들은 모두 국세청으로 발령을 내라."라고 지시했다. 달성해야 할 목표가 있으면 앞뒤 없이 수단과 방법을 가리지 않는 군인식 통치였다. 나도 이 명령에 의해 공업단지관리청에서 갑자기 국세청으로 자리를 옮기게 됐다. 군부정권은 이렇게 말도 안 되는 이유로 공직사회의 인사권을 휘두르고, 상명하복식 문화를 주입해 경직적인 공무원 조직을 만드는 데 영향을 끼쳤다. 그러나 '나라를 부강하게 한다'라는 미명하에 이뤄진 그 같은 조치는 한편으론 그간 부패하고 나약했던 공직사회를 단번에 긴장시켰다.

군인답게 고재일 청장은 교육을 중시했다. 특히 그는 공무원 교육이 가장 중요하다고 생각했다. 당시 뚝섬에 있던 세무공무원교육원이 정부 방침에 따라 강제로 대전으로 이전하자, 세무 공무원들은 저마다 대전교육원의 교관으로 가지 않으려고 갖은 수를 썼다. 결국 서울·경기 등 1·2급지 인재들은 다 빠졌으며, 시골 3급지에 내려갔던 이들로 교관 명단이 채워졌다.

서슬 퍼렇던 고재일 청장이 이를 가만둘 리가 없었다. 인사결재안을 받아든 그는 국장 회의를 소집해 재떨이를 집어던지며 소리쳤다. "야 이놈들아, 니들이 사람이냐? 국세청장이 나라를 위해 우수한 교관을 모으라고 했더니 결과가 이거야? 그간 잘 먹고 잘살았으면 그에 보답할 생각을 해야지, 이따위 짓거리를 해?" 곧이어 군사작전을 방불케 하는 인사권이 발동됐다. 그날부로 서울청과 중부청(인천·강원과 경기도) 소속 고시 출신 근속 1년 미만 사무관들을 전원 대전교육원 교관으로 발령낸 것이다. 당시 나를 포함해 이유도 알지 못한 채 국세청장 앞에 불려간 사무관들에게 그는 직접 사령장을 주며 "가서 일 년만 열심히 하면 보직을 두 단계 상향시켜주겠다."라고 약속했다.

젊었던 나 역시 승진을 향한 욕심은 여느 공무원과 마찬가지였다. 고지식하게 그 말을 믿고 대전에 내려간 나는 정말 열심히 일했다. 그 덕에 중앙공무원교육원장은 물론이요, 교육부장들까지 "이놈은 관료로 대성할 놈이다."라는 말을 공개적으로 할 정도로 인정받았다. 그래서 내가 약속대로 2계급 보직 상향을 했느냐 하면, 전혀 그렇지 않다. 오히려 중부산세무서 조사과장으로 하향 전보, 지방 좌천을 당했다.

사정은 이랬다. 당시 교육원장이었던 이는 헌병 대위 출신으로, 5·16 군사정변 이후 감사원 특채로 들어왔다가 교육원장직에 앉은 인물이다. 집에 재산이 많은데다 그 자신도 부동산 투기를 조직적으로 해서 엄청난 돈을 벌었다. 허우대도 헌칠해 인기가 많았기에 고향인 안성에서 출마를 결심했다. 문제는 박정희 대통령이 이미 경찰청장 출신인 이해구를 안성 지역구에 점 찍어놨다는 것이다. 무소속으로 출마한 교육원장의 상승세가 심상치 않아지자, 박 대통령은 고재일 청장을 통해 "출마하지 못하게 하라."라고 엄포를 놓은 모양이다. 그러나 기세 좋은 교육원장이 끝까지 출마를 고집하니 고 청장은 교육원장의 수하에 있던 사무관들을 다음날 바로 지방으로 좌천시켜버렸다. '니 밑에 있는 놈들이 고초를 겪어도 기어코 출마할래?'라는 의도가 담긴 인사 조치였다. 당시 정치에서 절차적 정의 같은 것을 바라는 건 그만큼 무의미한 일이었다.

조국으로 불러들인 경제 · 과학 전문가

박정희 정권의 성공 요인은 유능한 인재를 국가조직으로 불러 모은 정책에서도 찾을 수 있다. 이것이 얼마나 중요한 일이었는가를, 나는 훗날 재무부 대외경제심의관으로 재임하던 1992년, 경제협력개발기구OECD의 원조공여국가모임DAC 워크숍에 참가해서 깨닫게 된다. 당시 나는 정부 주도로 시장경제를 단시간에 성공적으로 안착시킨 대한민국의 성공 비결에 대해 강연해달라는 요청을 받았다. 구소련이 몰락한 뒤 소련의 실질적 지배하에 있던 이슬람권 국가들을 서방세계의 시장경제 체제로 유도하기 위한 워크숍이었다.

30분간 진행된 한국의 경제성장과 정부의 역할에 대한 키노트 스피치 이후, 질의응답 시간의 열기는 대단했다. 참석자 모두 각국의 경제부총리, 경제장관, 경제관료였으니 정부 주도 경제발전에 대한 관심이 높은 것은 어쩌면 당연했다. 내가 미처 예상하지 못했던 부분은, 그들이 한국개발연구원KDI과 한국과학기술원KAIST에 지대한 관심을 보였다는 것이다. 아는 대로 주섬주섬 대답해주고 강연을 끝냈는데 주최 측에서 찾아왔다. 사흘 뒤 KDI와 카이스트의 창설 과정과 그것이 한국 경제발전에 어떤 기여를 했는가에 관해서만 추가 강연을 해줄 수 있겠냐는 얘기였다. 결국 나와 함께 간 수출입은행 부장과 며칠 밤을 새우며 다시 자료를 만들어 추가 강연까지 마칠 수 있었다.

이 강연을 통해 나는 박정희 대통령을 다시 생각하게 됐다. 당시 육군사관학교는, 물론 어설픈데다가 일제의 잔재가 있었지만, 미국에서 도입된 교육훈련과 조직관리 능력, 즉 현대 미국식 경영학을 최초로 학습하고 실천한 집단이었다. 박정희는 이 관점에서 나라를 운영했다. 그래서 유능한 인재를 불러 모아야 한다고 생각한 것이다. 당시 우리나라의 인적 자원은 다 미국에서 양성됐는데, 이들이 한국으로 돌아오질 않는 게 문제였다. 머지않아 미국이 경제 원조 등을 중단할 것이라는 우려가 커지던 시기였다. 외국에서 공부한 우수한 인재를 하루빨리 한국으로 데려와야 하는 다급한 상황이었다. 이 문제를 해결하기 위해 박정희 정권이 만든 것이 바로 KDI와 카이스트다.

KDI는 1971년 3월 설립될 당시 박정희 자신이 사재까지 털어 넣을 정도로 애정과 기대를 보인 조직이었다. 김만제 초대 원장은 직접 미국으로 가 박사학위를 딴 수석연구원 10명을 데려왔다. 그냥 오지 않으니 파격적인 조건도 제시했다. KDI 수석연구원 최고 1호봉 월급은 국립대 교수의 4배로 책정됐고, 출퇴근용 자동차와 함께 아파트도 무상으로 임대해주었다. KDI와 카이스트의 초대 학자들을 불러들일 목적으로 지은 아파트가 바로 서울 반포 1차 아파트다.

이후 KDI는 미국의 무상원조 중단, 1972년 8·3 사채동결 조치, 1973년 중화학공업 선언, 1·2차 석유파동 등 한국 경제의 중요한 고비 때마다 비전을 제시했다. 경제개발 5개년 계획에도 참여했다. 카이스트도 마찬가지다. 박정희 정권은 막대한 연봉과 후한 근무조건으로 외국에 있는 과학자들을 대거 귀국시켰다. 이들은 산업실태조사단을 조직해 전국의 공장 및 시설에 파견되어, 국내 산업의 여건을 파악하고 석유화학공업·제철업·전자공업 등 한국 경제를 이끌어갈 기간산업의 건설에 기여했다.

중남미의 많은 나라에서 군인들이 '혁명'의 이름으로 쿠데타를 일으켰지만, 경제를 살리고 나라를 재건한 곳은 아무 데도 없다. 박정희와 그들이 다른 점이 바로 여기에 있다. 나는 우수한 전문가와 공무원 조직을 양성한 이 정책이 대한민국의 발전을 급속히 앞당겼다고 확신한다.

사교육과 주택, 그리고 반세기가 지난 지금

반면 지금 생각해보면 도저히 이해할 수 없는, 박정희 정권의 너무나도 아쉬운 실정은 바로 교육과 주택 정책이다. 박정희는 이 둘을 거의 완전히 시장에 맡겼다. 국가 주도로 경제성장을 일으켜놓고 나라의 근간이자 전 국민의 필수재인 교육과 주택은 왜 제대로 움켜쥐지 않았던 것일까.

미국과 유럽의 주요국을 포함한 대다수 나라는 국민의 교육 수준 제고라는 임무를 절대 민간에 맡기지 않는다. 예컨대 미국의 경우, 사기업이 학생을 데려다가 가르치는 경우가 거의 없다. 대신 우수하고 유능한 교육업체와 기관들이 좋은 교육기법을 앞다퉈 개발하면 중앙정부나 주 정부가 돈을 주고 그 자료와 시스템을 도입한다. 말하자면 뛰어난 교육기관들은 B2B 사업을 하지, B2C 사업을 하지는 않는다. 교육에서 고객Customer과의 접촉은 나라만 하는 게 옳다.

앞서 말했듯 나는 수원중학교에 입학할 때 경기·인천 연합고사에서 1등을 했다. 이후 서울 경복고등학교에 수석 입학했고 서울대학교 법과대학에 합격, 행정고시도 통과할 수 있었다. 모두가 공교육의 훌륭한 선생님들의 가르침 덕분이었다. 그때는 마땅한 학원이라는 것도 없었다. 종로학원, 대성학원, 양영학원 등 B2C를 하는 유명 대형 입시학원은 모두 1960년대 중반 이후에야 등장했다. 교육이 신분 상승의 유일한 사다리이던 시절, 과열된 입시 경쟁은 학원을 매개로 계속해서 심해졌다.

결국 1964년 '무즙 파동'으로 대표되는 중·고등학교 입시의 지나친 열기가 사회문제로 떠오르자 박정희 정권은 중학교 입시를 없애고 평준화 정책을 밀어붙였다. 나름으로는 교육개혁을 한 것이겠으나 효과가 없었다. 오히려 자원의 최적배분 원칙에 따라 사교육의 수요만 늘어났다. 생각해보면 당연한 결과다. 중학교 입시를 없앤들, 고등학교 입시와 대학입시가 남아 있는데 경쟁이 사라질 리가 만무하다. 애초에 입시와 경쟁 자체가 좋은 것인지 혹은 나쁜 것인지, 그 제도적 장치와 철학이 어떠해야 하는지에 관한 근원적인 성찰이 없었다. 근본적인 구조에 대한 처방이 아니라 그저 대증적인 처방이었던 셈이다.

정부는 초등학교 1학년부터 대학교 혹은 대학원 졸업까지 길게는 20년을 내다보고 교육계획을 세워야 한다. 일관된 교육철학을 바탕으로 어떤 인재를 양성할 것인지 조감하고, 우리나라 산업인력 분포는 어떠한지, 현재 수요는 얼마고 앞으로 어떻게 바뀔지 추계해 그에 맞춰 대학의 규모와 직업교육의 형태, 인센티브, 평생교육 및 재교육 제도 등을 종합적으로 설계해야 한다. 그러나 박정희 정권이 교육시스템을 설계할 때는 이런 고려가 없었다. 그저 그때그때 필요한 수요를 시장에서 자연발생적으로 충당하게 방조했고, 이는 치열한 사교육 경쟁으로 치닫는 지름길이 됐다. 그렇게 50년이 지난 지금 교육의 모습은 어떠한가? 2022년 기준 사교육

비는 총 26조 원에 달한다. 서울 기준으로 1인당 월평균 사교육비가 71만 원인데, 평균이라는 점을 감안하면 실제는 훨씬 높을 것이다. 사교육 참여율 역시 78.3%에 달한다.

주거정책은 가장 철학 없이 중구난방으로 운영해온 대표적인 정책 중 하나다. 모든 정권이 그 중요성 때문에 뭔가 하기는 해야 하는데, 뭘 해야 할지 몰라 수십 년간 비슷한 내용에 명칭만 다른 주택 정책을 중첩해 운영해왔다. 그때마다 수혜 범위, 혜택 정도가 달라지니 국민 입장에선 주거 관련 정책에 불신이 생길 수밖에 없었고, 신뢰가 중요한 부동산 시장에서 정부의 정책은 효과를 발휘하기 어려울 수밖에 없었던 것이다.

그리고 이는 박정희 정권이 분양 위주로 부동산 정책을 추진하여 첫 단추를 잘못 끼운 업보다. 분양에 당첨된 소수의 사람이 큰 이득을 얻는 '로또분양'이 판을 치고, 이에 따라 투기세력이 득세하며 부동산 소유 여부가 경제적 계급을 가르는 지경까지 이르렀다. 이희일 경제수석비서관을 중심으로 1970년대 후반 들어서야 뒤늦게 토지개혁을 추진했으나 좌초했고, 1979년 '8·8 부동산 조치'로 사상 첫 부동산 종합대책을 마련했다 한들 이미 너무 늦어버린 상태였다. 싱가포르의 독재자 리콴유李光耀가 공공임대주택 중심으로 주택 정책을 펼친 것과 대조되는 지점이다. 대만의 장제스蔣介石 또한 일찍이 부족한 땅과 집값을 고민하며 그 나라의 모든 공무원을 국가가 지은 아파트에 직급별로 배치한 바 있다.

십여 년간 부동산 가격이 폭등할 대로 폭등한 상황에서 뒤늦게 주택과 토지의 공공성을 강조한다고 해도 누가 순순히 따르겠는가? 안정적인 주거환경과 인프라는 우리 국민 모두의 걱정거리이자 지금의 저출생 현상과 맞닿은 기본적인 쟁점인데, 우린 이에 관한 고민 자체를 너무 늦게 시작했다. 애초에 박정희에겐 이에 관한 철학 자체가 전무했고, 부동산의 공적 성격을 전문가들과 토론할 생각을 하지 않았다. 이후 지난 30년간 공공임대주택이 전국에 186만 가구가 공급됐으나 국민이 선호하는 보편적 주거유형으로 자리 잡지는 못했다. 부동산 투기가 전 사회적으로 자리매김한 상황에서 도심 접근성이 떨어지는 외곽에 짓거나 소규모 주택 위주로 건설했기 때문이다. 그나마도 충분히 공급되지 않아 전체 2200만 가구의 8.6% 수준에 그친다. 일반적인 선진 국가의 임대주택 비율이 약 20% 안팎인 것을 감안하면 턱없이 부족한 숫자다.

나는 공공임대주택이 마치 빈민가와 슬럼가의 상징처럼 되어버린 우리나라의 현실을 개탄하지 않을 수 없다. 이래서는 안 된다. 이제라도 주택의 공공성을 제고할 수 있는 과감한 정책이 필요하다. 내가 오래전부터 주장하고 이제는 여야 정치권에서도 한목소리를 내는 게 바로 올림픽대로의 지하화다. 압구정에서 반포까지의 도로를 전부 지하화하고, 최대 100미터까지 강 쪽으로 아파트 위치를 끌어내려 용적률을 높여 공공임대 아파트를 짓는 일은 불가능하지 않다.

아니, 이런 식의 전면적인 프로젝트는 꼭 가능하게 만들어야 한다. 우리는 왜 대한민국 최고의 정주 여건을 갖춘 그곳에 공공주택을 짓고, 임대주택을 향한 뿌리 깊은 낙인을 지우며 주택 정책 전반의 공공성을 높일 방안을 서둘러 강구하지 않는가? 뉴욕 맨해튼 중심부의 많은 임대 아파트를 보라. 아무도 거기에 사는 사람을 빈민이라고 여기거나 경시하지 않는다. 그저 세계의 인재들이 거기 살 만한 이유가 있어서 거주할 뿐이다. 우리도 이러한 도시의 콘셉트를 국가 차원에서 적극적으로 지향해야 한다.

나는 막강한 권한으로 나라를 좌지우지하고 사람들의 인권조차 함부로 유린하던 박정희 정권이 도대체 왜 교육과 주택을 공공영역에 전연 잡아두지 못했는가를 물을 수밖에 없다. 그 후과後果가 지금 와서 너무나도 크기 때문이다. 우리는 박정희 정권이 사교육과 부동산 문제에서 손을 놓아버린 대가를 단단히 치르고 있다. 국가는 강력한 선진국이 되었지만, 그 국가의 국민은 의식주와 교육 문제 앞에서 쩔쩔매며 지갑을 털어야 하는 역설적인 일이 벌어졌다. 그러니 대다수 국민이 국가란 결사체에 대해 전혀 안정감을 느낄 수 없는 것이며, 그것이 수치화된 게 합계출산율 0.72라는 충격적인 숫자이다. 2024년 1월 국토연구원이 발간한 『저출산 원인 진단과 부동산 정책방향』 보고서에 따르면 첫째 아이 출산에 가장 큰 영향을 미치는 요인으로 집값, 둘째 아이 출산에는 사교육비가 꼽혔다. 박정희 정권이 미래를 내다보고 이 두 가지만 잘 설계했더라면 50년이 지난 지금 대한민국의 상황은 상당히 달랐을 것이다.

아데나워라는 이상, 박정희라는 현실

앞서 박정희 정권에 관하여 다소 긍정적으로 서술하기도 했지만, 그것은 그 시절 박정희라는 인물을 통해 우리 사회가 18년간 축적했던 바를 면밀하게 살피자는 뜻이지 그를 단순히 예찬하려는 것은 아니다. 나는

1965년 경복고등학교 3학년에 다니던 시절, 굴욕에 가까웠던 한일회담 반대 시위대의 선두에 섰다가 경찰이 휘두른 곤봉에 허벅다리를 심하게 맞고 길바닥에 쓰러졌다. 상처가 화농성근육염으로 번져버려 몇 달을 고생했고 그 영향으로 대학 입시에 실패하여 재수를 해야 했다. 이후 서울법대에 재학할 때도 그의 장기집권 획책에 반대하며 시위에 참여하는 일을 멈추지 않았다. 나는 젊은 시절 박정희 정권에 분노했고, 그가 이 땅에 뿌려놓은 피에 지금도 분노한다.

박정희는 우리 사회에 어떤 존재로 기억되어야 할까? 젊은 시절, 나는 독일이 동서로 나뉘던 때 초대 서독 총리로 일했던 콘라트 아데나워에 매료되었다. 나는 그가 독일 초대 총리로 재직하면서 펼친 경제정책에 반했다. 제2차 세계대전이 끝나고 독일이 분단된 상황에서 그는 철저한 나치 청산 및 유럽과의 화해협력 정책을 통해 미래의 독일을 위한 기초를 닦았다. 특히 1950년대 이후 독일의 현실에 맞는 독특한 경제발전 모델을 채택했는데 그 결과가 '라인강의 기적'이라 불린 독일 경제 부흥이다.

아데나워 총리와 루트비히 에르하르트Ludwig Wilhelm Erhard 경제장관이 주축이 되어 이뤄낸 이 전후 재건 모델은 한마디로 '사회적 시장경제'였다. 이는 나치 하에서 파괴된 시장을 복원하려는 강력한 의지가 담긴 시장형성 정책이라고 평가할 수 있다. 시장경제를 경제질서의 중심 골격으로 하되, 사회적 형평성과 국민 통합을 유지하기 위한 국가의 적극적 역할이 필요하다는 게 핵심이다. 아데나워의 사상과 그가 이뤄낸 전후 독일의 경제성장을 보며 나는 박정희 대통령과 국가 주도 경제개발계획을 다시금 생각해보게 됐다. 전쟁으로 폐허가 된 조국이 경제성장의 궤도에 올라 거세게 내달리는 것을 목도하고 경탄하면서도 난 그 너머를 바라보고 싶었다.

박정희 대통령은 경제개발을 외치며 개인의 자유와 시장 질서를 통제할 강력한 힘을 대통령과 정부 조직에 부여했다. 효율성을 높이기 위해서다. 분명 아데나워가 택한 방법과 같았고, 내가 앞에서 묘사했던 박정희 정권의 긍정적인 측면과도 연결되는 지점이었다. 그러나 중요한 차이도 발견할 수 있다. 시장경제의 건강성과 힘을 믿은 아데나워와 달리 박정희 대통령은 그러지 못했다. 군과 경찰과 중앙정보부로 하여금 사회질서를 통제하게 하고, 정부가 시장을 감시해 모든 움직임을 주도했다. 국가의 힘을 더 믿은 것이다.

그는 1961년 5월 16일, “은인자중하던 군부는 드디어 오늘 아침 미명을 기해서 일제히 행동을 개시해, 국가의 행정·입법·사법 삼권을 완전히 장악하고, 이어 군사혁명위원회를 조직했습니다.”로 시작하는 혁명선언문을 남기며 쿠데타로 정권을 잡았다. “군부가 궐기한 것은 부패하고 무능한 현 정권과 기성 정치인들에게 이 이상 더 국가와 민족의 운명을 맡겨둘 수 없다고 단정하고, 백척간두에서 방황하는 조국의 위기를 극복하기 위한 것”이라는 게 그의 주장이었다. 그렇다. 그의 진단처럼 우리는 분명 부패해 있었으며, 전쟁과 빈곤이 남긴 죽음의 감각이 우리 사회를 지배하고 있었다.

박정희는 지독한 국가주의자였다. 그랬기에 국가 차원에서 우수한 인재를 모으고, 유능한 조직을 꾸려 선진 대한민국의 기틀을 마련하는 일에 성공할 수 있었다. 아데나워를 꿈꾸며, 매일 새벽 손에 잉크를 묻히면서 그에게 올라가는 보고서를 쓰던 나 역시 그가 꾸린 조직의 한 사람이었다. 총칼로 권력을 잡았어도, 국가는 총칼로 운영되는 것이 아니다. 국가는 계획과, 회의와, 보고와, 저 모든 경제현장에서 벌어지는 역동적인 의사소통을 통해서 운영되고 발전한다. 어디서든 모두가 자신이 경제발전의 중요한 일원이라는 믿음 아래서만 국가는 힘차게 앞으로 나아갈 수 있다.

그러나 시간이 흐르며 박정희는 자신의 통치력을 과신하기 시작했다. 자원 배분이 왜곡되고 정경 유착이 일어나는 일은 그때부터 본격화됐다. 1961년, 그는 스스로 국가가 무엇보다도 중요하다는 마음으로 쿠데타를 일으키고 권력을 잡았지만, 어느 순간 스스로를 국가 자체라고 일치시키기 시작했다. 그의 몰락은 그런 착각에서 비롯됐다.

제2부

테크노크라트의 시대

1980-1988

전두환 정권

영원할 것 같았던 박정희의 세상이 끝나고 1980년대가 시작되었다. 2024년의 꽃 피는 봄, 나는 곧 자리를 비울 국회의장 공관에서 1980년대를 돌아보았다. 전두환을 생각하고, 1980년의 광주를 생각한다. 공직에 머물렀던 나의 50년 세월을 돌이키며 우리가 맞이할 내일을 생각해본다.

이 시점에 전두환 정권에서의 대한민국을 회고하려니, 내게는 군부의 통치에서 벗어나 민주주의로 나아가기 위해 피를 흘리는 대한민국의 참혹한 여정이 엿보인다. 20년 가까웠던 군인의 독재는 또 다른 군인이 정권을 차지하며 막을 내렸다. 그것은 하나의 거대한 비극이지만, 우리는 이 시기에도 대한민국이 축적한 하나의 귀중한 성과를 발견할 수 있다. 훌륭한 테크노크라트가 우리 공동체에 얼마나 귀중한 존재인지를 발견할 수 있었다는 게 그것이다.

우리는 어떤 정치체제와 경제체제에서 살아가는가? 민주주의와 시장

경제를 기반으로 살아간다. 자본주의적인 시장경제는 조금 더 나은 삶을 원하고, 조금 더 좋은 가정을 꾸리며 자식을 잘 키우려는 인간의 이기심을 긍정적으로 수용한 토대에서 만들어진 질서다. 잘살기 위해 노력하는 과정에서 인간의 창의가 발휘된다. 관료들은 이를 '경제하는 의지'라고 부른다. 이 경제하려는 의지를 꺾어버리면 나라의 성장동력이 사라진다. 새로운 성장동력이 끊임없이 등장하는 경제가 건강한 경제이고, 건강한 경제가 건강한 나라의 가장 기본이 되는 토대다. 그건 이 나라에 어떤 정권이 들어서든 앞으로도 절대 잊지 말아야 할 원리일 것이다.

그런데 건강한 경제를 위해선 변화하는 환경에 맞춰 체질을 개선하고 끊임없이 앞으로 나아가는 일이 필수적이다. 예컨대 미국의 거대 테크기업들은 수십 년을 두고 존속하지만, 수행하는 주요 사업은 계속 바뀐다. 회사 구조를 투명하게 운영하고 외부자금을 조달하며 성장한다. 나는 수십 년간 국내 대기업도 그 거대하고 경직된 내부 조직을 벤처형 경쟁구조로 바꾸어야 한다고 지속적으로 촉구하며 강조해왔다. 이것이 자본주의 질서에서 가장 필요한 형태의 경쟁이고, 미래 기업이 나아가야 할 방향이다.

다시 국가에 관해서 이야기해보자. 혁신하고 경쟁하고 앞으로 나아가는 것은 민간의 기업뿐만이 아니라 공적인 정부 영역을 작동케 하는 기본적인 동력이 되어야 한다. 또 그것은 개발도상국만의 과업이 아니다. 선진국도 끊임없이 경쟁해야 앞으로 나아간다. 부진즉퇴不進則退, 앞으로 나아가지 않으면 퇴보하는 것이 경제의 속성이기 때문이다. 전두환 정권은 취약한 정치적 정당성을 보강하고자 경제의 성과를 위해 최선을 다했다.

그 이유가 무엇이었든 간에 부진즉퇴의 정신을 달성했고, 우리 경제는 그로 인해 한 발짝 전진할 수 있었다.

그러한 과업을 이룬 것이 최고지도자의 몫만은 아니다. 우리는 모든 것을 철권으로 다스렸던 박정희의 시대를 떠나보냈다. 다시 군인 대통령 시대를 맞이했을지언정, 이제 박정희 통치기와 같은 일인 치하의 정치는 존속할 수가 없었다. 유능한 경제관료 몇몇을 전적으로 신뢰하고 그들에게 다소나마 의지하던 박정희를 근거리에서 지켜보며, 전두환은 아마 이것을 직감했을지도 모르겠다. 그는 뛰어난 경제관료를 알아보고, 그들에게 전권을 맡겼으며, 결국 성공했다. 관료들은 민주화를 위해 앞장서서 나서진 못했지만, 전두환에게 국민이 갖고 있던 '경제하려는 의지', 건강하고 튼튼한 경제에 대한 열망을 전달하는 일에 심혈을 기울였다. 그것이 일정 부분 1987년의 민주적 성취에 분명히 기여했다고 봐도 좋을 것이다.

물론 우리는 국가를 쥐락펴락했던 국가보위비상대책위원회, 즉 '국보위'와 1980년의 광주, 삼청교육대, 언론탄압과 보도지침, 수많은 고문과 조작 사건을 기억하고 있기에 전두환과 당시 정부 관료를 평가하는 일에 냉정해질 수밖에 없다. 그럼에도 국가와 최고지도자의 '일체화'는 조금씩 무너질 수밖에 없었으며, 그 균열을 뛰어난 관료들이 비집고 들어가서 우리 사회의 체질을 바꿔왔다는 인식도 중요하다. 민주주의는 그렇게 우리만의 아프고 지난持難한 방식으로, 우리 곁에 조금씩 다가오고 있었다.

'서울의 봄' 그 이후

2023년 1300만 관객을 끌어모았던 영화 〈서울의 봄〉을 나도 극장에서 감상했다. 박정희 사후 두 달이 채 지나지 않은 시점에서 발발한 12·12 쿠데타의 그 긴박한 하룻밤을 묘사한 이 영화는, 시종일관 보안사령관 전두광(전두환)과 수도경비사령관 이태신(장태완)의 대결적인 구도를 그려낸다. 실제로 군사 반란의 과정 자체가 그러했다. 극소수의 인물들이 "성공하면 혁명, 실패하면 반역"이라 외치면서 목숨을 걸었던 시대였던 것이다. 과연 박정희와 군인 시대의 연장선상이라고 하지 않을 수 없다.

당시 재무부의 세제국에서 근무했던 나에게는 그 밤에 대해 별다른 기억이 없다. 공직사회도 일반 국민들과 다름없는 수준의 정보를 가졌을 뿐이었으니 어쩔 수 없었다. 나를 포함해서 다들 또 하나의 쿠데타로구나, 그렇게 생각하고 받아들였던 게 기억난다.

이후 〈서울의 봄〉 김성수 감독의 인터뷰를 보니, 그는 열아홉 고등학생이었던 1979년 12월 12일 당시 육군참모총장 공관이 있던 서울 한남동 일대에서 울린 총성을 직접 들었다고 한다. 한남동에서 이태원으로 가는 도중, 군인들이 갑자기 통제를 시작했고 길가에는 장갑차가 지나갔다. 김성수 감독은 그로부터 십여 년 뒤에야 당시의 총성이 전두환의 일파에게 정승화 육군참모총장이 납치되던 순간의 것임을 알았고, '어떻게 나라의 운명이 이처럼 쉽게 바뀌나' 하는 생각이 훗날 영화제작으로까지 이어졌다고 말했다. 나라의 녹을 먹고 있었던 우리보다도 한 사람의 고등학생이 당시의 현장을 더 잘 파악할 수 있었고, 이후 그것을 영화로 풀어내기까지 한 것이다.

당시 정권을 장악한 국가보위비상대책위원회는 아주 신속하게 관료사회를 지휘했다. 군인들로서는 이미 한번 해본 일이었으니 아마도 더 쉬웠을 것이다. 정부 주요 부처에서는 빠르게 '숙청'이 이뤄졌다. 박정희 정권 시절 고재일 청장이 국세청에서 그러하였던 것처럼, 주요 부처 과장급 이상의 사표를 일괄 받아서 돌려주지 않는 방식으로 물갈이를 했다.

재무부에서는 은행 등 금융기관 전반을 다루는 이재국 엘리트들이 주요 타깃이었다. 당시 이헌재 금융정책심의관, 김중웅 금융정책과장(전 현대경제연구원장), 김인열 이재2과장, 이한구 이재3과장(전 새누리당 원내대표) 등이 옷을 벗었다. 숙청의 근거는 이들이 자신의 실력이 아닌 '백'으로 재무부 요직에 앉았다는 주장이었다. 이헌재 심의관은 진의종 전 국무총리의 사위였고, 김중웅 과장은 김정렴 전 청와대 비서실장의 사위였다. 김인열 과장은 김치열 전 법무부 장관의 친동생, 이한구 과장은 김용환 전 재무부 장관과 동서지간이라는 이유였다.

이런 식으로 장관 1명, 차관 6명, 청장 5명, 지사 3명, 교육감 3명 등 총 232명이 공직에서 물러났다. 얼토당토않은 이유라고도 할 수 있었지만, 당시 재무부가 지나친 학벌 위주의 기관이었다는 것은 부정할 수 없다. 재무부는 서울 법대나 서울 상대 아니고는 거의 들어갈 수 없었고, 백 프로 행정고시 출신들로 채워져 있었다. 심지어 이재국의 경우 경기고등학교를 나오지 않으면 갈 수 없다고 정평이 날 정도였다. 특정 부처 구성원들의 학벌을 고등학교까지 따지는 것은 도저히 정당하다고 할 수 없는 노릇이다. 그러니 국보위는 이로써 '정의사회 구현'을 할 수 있다고 외쳤고,

그것은 일정 부분 먹혀들 수 있었다.

장영자와 전두환, 그리고 김재익

그러나 제5공화국이 출범한 지 채 1년도 지나지 않아 이 구호가 무색해질 사건이 발생한다. 1982년 대한민국 역사상 가장 큰 규모의 금융사기 사건이 일어난 것이다. 당시 언론에서 '단군 이래 최대 사기 사건'이라 칭했던 '이철희-장영자 사건'이다. 우리는 이때부터 대한민국 최고지도자의 가족들이 심각한 부정부패에 맞물리는 것을 끊임없이 접해나가게 된다. 최고지도자의 권력이 관료들에게 조금씩 배분되어 나가듯, 부정부패 또한 그 한 사람에게서 가까운 친인척들을 향해 조금씩 퍼져나갔던 것이라 할 수 있을까.

장영자의 수법은 말하자면 폰지Ponzi 사기에 가까웠다. 주로 돈줄이 메말라 힘들어하는 건설회사를 찾아가 남편 이철희의 경력을 언급하며 현금을 빌려주고, 그 대가로 수배에 달하는 약속어음을 받았다. 이렇게 받은 어음을 할인해서 생긴 돈을 또 다른 회사에 빌려주고, 다시 어음을 받고, 이런 행위를 반복해 총 7111억 원의 어음을 챙겨 6404억 원을 할인해 사용했다.

장영자가 당시 그런 천문학적 규모의 어음 사기를 친 사건의 배경에는 중앙정보부 차장과 국회의원을 지낸 남편 이철희, 전두환 대통령의 처삼촌이었던 형부 이규광, 이철희의 절친 권정달 민주정의당 사무총장이라는 권력이 있었다. 대통령 인척과 여당 사무총장이 사기 범죄에 연루되자 '정의사회 구현'을 외치던 정권의 도덕성은 치명상을 입었다. 아니, 따지고 보면 도덕성이랄 것도 없는 정부였다. 통일주체국민회의가 장충체육관에서 뽑은 '체육관 대통령'의 리더십은 돈 봉투에서 나왔기 때문이다. 그 봉투는 여러 차명계좌를 통해 조성된 정치자금에서 나온 것이었으니, 돌아보면 정권 초기에 터진 이 대형 사기 사건은 전두환 정권의 정체성을 노골적으로 보여주는 한 장면에 불과하다.

전두환 대통령의 '통 큰 봉투 리더십'에 대해서는 워낙 많은 증언이 존재해서 새삼스러울 게 없다. 나 역시 주위에서 직접 에피소드를 들은 적 있다. 모 부처의 국장이 대통령의 명을 받아서 임무를 잘 수행했는데, 추석 명절에 대통령으로부터 직접 전화가 와서 '이러저러한 문제에 대해서 알고 싶으니 다른 사람한테는 이야기하지 말고 직접 자료 준비해서 보고하라'라고 했다는 것이다. 이번에도 열심히 준비해서 대통령실에 들어갔더니 보고는 듣는 둥 마는 둥 하곤 "그 건은 됐어. 너 이번에 고생 많았다."라고 봉투를 건네더란다. 봉투에는 지금으로 치면 약 1억 원 가까운 돈이 들어 있었다. "다른 사람들도 내가 다 챙겼으니 너 신경 쓸 필요 없다. 이건 너 혼자 써. 너희 집사람 뭘 사주든지."

다시 이철희-장영자 사건으로 돌아가보면, 장영자의 배경과 민정당, 그리고 전두환 대통령이 연결돼 있으니 그 돈은 곧 정권의 비자금이 아닌가 하는 의혹도 제기됐다. 후에 밝혀진 전두환의 천문학적인 비자금을 생각해본다면 전혀 근거 없는 의심도 아니었다. 이 의혹을 해소하기 위해 나선 이가 바로 그 유명한 김재익 경제수석비서관이다.

금융실명제의 도전과 예고된 좌절

전전긍긍하던 전두환 대통령에게 김재익 청와대 경제수석은 금융실명제를 건의했다. 무려 7000억 원대의 어음 사기가 가능했던 이유는 바로 가·차명계좌를 통해 이뤄지는 불명확한 금융거래가 별다른 제재도 없이 통용됐기 때문이다. 한시가 급했던 대통령이 그 제안을 받아들이며 강경식 재무부장관, 김재익 경제수석, 백원구 재무부 세제국장을 중심으로 한 비밀팀이 구성됐다. 직접세를 한 번도 다뤄보지 않은 백원구 국장 대신 실무를 하기 위해 당시 재무부 세제국의 소득세계장이었던 내가 실무자로 참여했다.

비밀팀의 작업장은 광화문 정부종합청사 옆 별관 장관실이었다. 극비로 진행하기 위해 나는 타자수도 없이 혼자서 금융실명제 기초 작업을 해야 했다. 매일 낮에는 본래의 업무를 보고, 직원들이 퇴근하는 저녁부터 초안 작업을 시작하면 밤을 꼬박 새우기 일쑤였다. 새벽 5시가 되면 백원구 세제실장이 와서 내 작업물을 확인하고, 6시 30분경 강경식 장관이 출근해 내용을 다듬어 청와대에 가지고 들어가 대통령과 논의한 뒤 다시 지시를 내리는 작업이 매일 반복됐다. 나는 작업물을 넘긴 꼭두새벽쯤 아내가 갖다준 속옷을 챙겨 청계해장국집 옆 목욕탕에서 눈을 좀 붙인 뒤 옷을 갈아입고 출근했다. 이쯤 되자 막판에는 강봉균 예산정책과장이 "자네 아무래도 수상해…."라며 의심의 눈초리를 거두지 않아 안절부절못했던 기억도 난다.

작업이 막바지에 이르렀을 무렵, 나는 이 법안의 실현 가능성에 대해 고민하지 않을 수 없었다. 금융실명제는 이 나라 경제의 근간을 뒤바꾸는 중대한 변화였다. 의미에 대해서 대통령이 제대로 이해하고 있는 것일까? 그러한 의문이 멈추질 않았다. 나는 강경식 장관과 백원구 국장에게 말했다. "장관님, 우리가 아무리 애쓴다고 해도, 이렇게만 가면 금융실명제가 도입되긴 힘들 겁니다. 지금 우리나라 현실을 보면 돈과 권력의 80~90퍼센트가 대통령의 지지기반인 대구·경북TK에 몰려 있습니다. 그들이 동의하지 않는 정책을 대통령이 혼자서 할 수 있겠습니까? 그 대책도 구상하셔야 합니다."

아니나 다를까, 이 대책은 집권 세력 내부의 격렬한 반발에 부딪혔다. 정권의 공신이었던 허화평 정무수석과 허삼수 사정수석, 김태호 행정수석은 물론 여당인 민정당의 권익현 사무총장까지 "우리나라는 재산을 공개하지 않는 것을 미덕으로 삼는다."라고 강조했다. 김준성 경제부총리 역시 반대 입장을 표했다. 재계도 입을 열었다. 조석래 효성그룹 회장은 "금융실명제는 햇볕을 싫어하는 자본 고유 생리에 반하는 정책이다."라고 주장했다.

무엇보다도 정치자금 조성에 타격이 큰 것이 문제였다. 청와대 내부에선 '이 법이 시행되면 기업이 비자금을 조성하는 것도, 정치자금을 수수하는 것도 불가능하다'고 대통령을 강하게 압박했다. 결국 1982년 1차 금융실명제 실시를 발표한 소위 '7·3선언' 이후 「금융실명거래에 관한 법률」이 제정됐으나, 실시 시기는 1986년 이후 대통령령이 정하는 때로 한다고 규정했다. 시행 연기의 형식을 취하긴 했으나, 사실상 철회였다.

실무 담당자였던 나는 법안을 기안하고, 각종 자료를 통해 문구를 수정하고, 실명제 도입 후 파생될 온갖 경우의 수를 연구해 대처 방안을 만들었지만, 금융실명제가 정치적 의도에 의해 사장되었다 해도 어찌해볼 도리가 없었다. 그러나 이때의 경험은 이후 김영삼 정부 때 2차 금융실명제를 준비하며 빛을 발하게 된다. 이에 관해선 뒤에서 자세히 이야기하자.

"경제혁명은 당신들이 다 했구만"

많은 이들이 전두환 대통령의 악행을 인정하고 욕하면서도 "그래도 먹고 살기는 그때가 좋았지"라는 후렴구를 습관처럼 곁들인다. 전두환이 이 정도의 평가를 받을 수 있는 가장 큰 공은 단연 전두환 정권의 '경제 대통령' 김재익 경제수석에게 있다.

미국 스탠퍼드대학교에서 경제학 박사학위를 받고 '한국의 천재'라 불리며 각국의 스카우트 제의까지 받던 김재익은 경제의 '경'도 모르던 전두환의 '경제 과외 선생' 역할을 하며 신뢰를 얻었다. 그의 정책적인 핵심은 '싱글 이스 뷰티풀Single is beautiful'이었다. 물가도 한 자릿수, 금리도 한 자릿수. 그러지 않으면 선진국이 될 수 없다는 주장이었다.

실제로 김재익 수석의 가장 큰 공은 물가 안정화다. 경제 안정화에 대한 신념이 확실했던 신현확 국무총리와 함께 그는 어려운 여건 가운데서도 안정화 정책을 일관되게 추진했다. 1970년대 후반부터 두 자릿수에 접어들다가 1980년 28.7%로 정점을 찍은 소비자 물가 상승률은 1982년 7.2%로 뚝 떨어졌고, 이후 3~4%대를 안정적으로 유지했다. 건국 이래 물가상승률 한 자릿수는 처음 있는 일이었다. 경제성장률 역시 (김재익 수석 개인의 공이라 볼 수는 없으나) 1980년 -1.6%였지만 이후 1981년 7.2%, 1982년 8.3%, 1983년에는 13.4%까지 올랐다. 안정된 물가에 고성장이라니 이상적인 경제환경이었다.

그밖에 대기업 중심의 차별적인 금융제도 및 세제 혜택 철폐, 독과점을 막기 위한 공정거래제도 채택, 중소기업 지원 및 벤처기업 육성 등의 정책도 김재익 수석이 추진했다. 현재 대한민국 경제정책의 밑바탕은 이때 그의 손에서 다 만들어졌다고 해도 과언이 아니다. 그는 경제뿐 아니라 정보통신 분야에서도 경기고 후배인 오명 당시 체신부 장관과 함께 큰 공을 세웠다. 육군사관학교를 18기로 졸업하고 서울대학교 전자공학과를 나온 오명 장관은 5공화국 경제과학비서관, 체신부 차·장관을 지내며 전자식 전화교환기TDX 개발 사업을 추진했다. 당시 전두환 대통령은 시큰둥했으나, 이 사업의 중요성을 알아본 김재익 수석이 적극적으로 지지하여 무탈히 진행할 수 있었고 이는 훗날 한국 정보화의 토대가 됐다.

그의 후배이자 뒤를 이은 경제관료의 한 사람으로서 고백하자면, 김재익 수석은 테크노크라트의 정점이자 판타지 같은 면이 있다. 뜻있는 경제관료가 일국 최고지도자의 신임을 얻어 마음껏 정책을 펴고 또 성공했다는 점에서 그러하다. 어느 정도로 신임을 얻었느냐 하면, 김재익의 정책에 반대한 이들은 후일 다 결말이 좋지 않았다. 신군부의 주역인 허화평과 허삼수가 청와대에서 축출된 것 역시 전두환의 전폭적으로 지지하고 신뢰한 김재익의 금융실명제를 반대했기 때문이다. 전두환은 이를 눈여겨보다가 후에 둘을 완전히 권력에서 배제해버렸다. 김재익이 아웅산

묘소 테러 사태로 목숨을 잃지 않았다면 우리 경제 체질을 어떤 방향으로 이끌고 갔을지 궁금하다. 역사에 가정은 없다지만 그의 이른 죽음이 아쉬울 따름이다.

김재익 수석과 콤비를 이룬 강경식 장관은 전형적인 경제기획원 관료다. 경제정책의 큰 그림을 그리는 데는 가히 대한민국 최고라고 불러도 좋은 인물이다. 특히 그는 토론식 정책 수립의 대가였는데, 후배들과 질의, 토론해서 상대방을 궁지에 몰아넣거나 자신이 궁지에 몰리는 걸 좋아하고 즐겼다. 탄탄한 논리로 자신을 공격하며 대드는 후배들을 훌륭하다고 추켜세우던, 당시로서는 조금 새로운 리더십을 갖춘 자였다. 훗날 IMF국제통화기금 환란의 책임자로 지목돼 투옥되기도 했으나 그는 이런 저런 면에서 배울 게 많은 선배였다.

이들이 없었다면 체육관에서 선출된 정통성 없는 대통령은 과연 얼마나 권좌를 유지할 수 있었을까? 내가 전두환 대통령이었다면 이들에게 몇 번이고 큰절했을 것이다. 그가 도덕적으로, 또 사법적으로 단죄된 뒤에도 여전히 그 시절을 그리워하고 옹호하는 이들이 많은 까닭은 모두 당시 경제관료들이 이뤄낸 성장에 빚지고 있기 때문이다.

전두환 대통령도 그 사실을 알고 있었던 것 같다. 비록 실패로 돌아갔지만, 1차 금융실명제 발표를 앞두고 전두환 대통령은 김재익 수석과 강경식 장관의 어깨를 두드리며 "혁명은 박정희 대통령이나 나 같은 군인들만 하는 줄 알았는데 경제혁명은 당신들이 다 했구만."이라고 치하했다고 한다. 강경식 장관에게 직접 들은 이야기다.

테크노크라트를 위한 변명

1980년대 경제성장을 이끈 테크노크라트가 육성된 시기는 1960년대부터다. 1950년대에 주로 미국에서 유학하고 돌아온 세대들이었다. 그들은 앞서 말한 박정희 대통령의 인재 정책으로 확보되었고, 산업개발위원회·경제동향보고·수출진흥회의 등 각종 국가개발회의에서 훈련됐다. 전두환 대통령은 이렇게 육성된 이들을 자신의 정부에서 십분 활용할 수 있었다.

자신이 잘 모르는 분야는 과감히 전문가에게 맡기고, 유능한 이들이 자신의 역량을 과감히 펼칠 수 있는 토양을 만들어주는 것도 지도자의 능력임을 부정할 수 없다. 5공화국에서 일해달라는 전두환의 거듭된 요청을 거절하던 김재익이 "각하, 제가 생각하는 경제정책은 인기도 없고 또 기존 세력들이 환영하지도 않습니다. 그러나 누군가는 이 일을 해내야만 합니다. 제가 드리는 조언대로 정책을 추진하면 엄청난 저항에 부딪힐 텐데 그래도 끝까지 제 말을 들어주실 수 있겠습니까?"라고 묻자 "여러 말 할 것 없어. 경제는 당신이 대통령이야."라고 맡긴 그 순간, 그 한마디 덕분에 전두환은 수많은 과오에도 불구하고 경제 호황의 업적을 분에 넘치게 누릴 수 있었다.

일각에서는 신군부에 부역했다는 이유로 김재익을 비판하거나 매도하기도 했다. 그는 '김일성 밑에서도 일할 놈'이라는 말까지 들었다고 한다. 이에 대한 김재익의 대답이 명언이다. 그는 "경제개방과 국제화는 독재를 어렵게 한다. 시장경제가 자리 잡으면 정치의 민주화는 자연히 따라온다.

내가 김일성을 설득해서 그 사람 생각을 바꿔놓을 수 있다는 확신이 있다면 그의 밑에서 일을 할 것이다."라고 단언했다. 이후 우리 역사를 되짚어 보면 그의 말이 아주 틀렸다고 할 수 없을 것이다. 그렇다면 그는 신군부에 부역함으로써 민주주의의 토대를 닦은 역설적인 성격의 관료라고도 표현할 수 있지 않을까.

나는 앞의 장에서 우리 공직사회가 1960년대와 1970년대까지 얼마나 왜곡되어 있었고, 비리에 취약했는지를 밝힌 바 있다. 박정희 군사정권을 거치며, 강압적이고 폭력적인 방식으로라도 그런 분위기는 조금씩 사라져갔다. 그것은 우리 사회를 위해 대단히 바람직한 일이었다. 특히 기재부 같은 곳에는 비로소 높은 자존심과 소명 의식이 깃들기 시작했고, 그곳의 관료들은 행정고시 재경직에 합격했다는 이유로 스스로 엘리트로서의 책임감을 강하게 느꼈다. 그때 우리는 흔히 공무원에게 돈과 명예와 권력은 결코 함께 할 수 없다고, 함께 할 경우 반드시 불행해진다고, 그렇다면 우리가 선택해야 하는 것은 당연히 명예라는 이야기를 공공연히 했다. 전통적인 유교문화의 영향도 있었을 것이다. 나라의 세금을 먹고 사는 이들이 취해야 할 윤리규범이나 생활규범이 박정희, 전두환 정권을 거치면서 공기 중에 조금씩 배어들기 시작한 것이다.

그러나 지금도 경제관료들은 욕을 많이 먹는다. 사회의 다른 제반 사항을 고려하지 않은 채 기계적인 경제성장만을 추구한다는 평가를 받기도 하고, 영혼 없는 정권의 도구라는 비아냥도 듣는다. '관료주의'로 대표되는 경직성, 비효율성, 부정부패 등 나쁜 이미지들이 경제정책을 좌우하는 경제관료들에 유독 덧씌워지는 경향도 있다. 과거에 만연했던 부패의 과오도 있고, 선출되지 않은 권력에 대한 본능적인 경계라고 이해할 수도 있겠다. 나 역시 기재부 출신 관료라는 배경 탓에 끊임없는 선입견과 루머에 시달렸다. 뒤에서도 이야기하겠지만, 특히 노무현 정권에서 한미 자유무역협정FTA, Free Trade Agreement을 추진할 당시엔 억울한 이야기가 많았다. 그러나 나는 자기변호를 할 생각이 단 한 번도 없었다. 대통령께 부담을 지워드리는 것은 공직자의 자세가 아니라 다짐하며 끝까지 입을 다물었을 뿐이다.

론스타 사태를 돌아보다

2003년의 론스타Lone Star 사태도 마찬가지다. 1997년 외환위기 당시 IMF는 부실한 금융기관 중 두 곳을 반드시 국제금융시장에 매각하라고 권고했다. IMF 입장에서는 한국의 금융이 '너무 한국식으로' 부패했기 때문에 글로벌 스탠더드에 맞는 은행이 필요하다는 것이었다. 이에 외환은행이 독일의 코메르츠방크에 매각됐다.

문제는 외환은행이 대출해준 현대건설, 현대전자 등이 줄줄이 부실 위험에 처하면서 시작됐다. 외환은행 부실화에 부담을 느낀 대주주 코메르츠방크가 지분을 팔겠다고 나선 것이다. 정부는 부랴부랴 국내·외 은행에 공고를 내고 매수 의사를 타진했으나 외환은행을 사겠다는 금융기관이 단 한 군데도 없었다. 외환은행의 부실을 이대로 뒀다가는 다시 외환위기가 올 것이라는 불안감이 국내외 금융시장에 팽배해졌다.

세계적인 파이낸싱의 관점에서 보면, 그들은 한국의 은행들과 재계의 유착을 어디까지 믿어야 할지를 도저히 가늠할 수 없었다. 그럴 수밖에 없었다. 금융기관 사람들이 그만두면 다들 주거래하던 재벌 회사로 갔던 게 엄연한 사실이었기 때문이다. 제일은행 출신들은 다 대우에 가 있었고, 외환은행 출신은 다 현대에 가 있었다. 은행권과 재계의 그런 인적 유착이 자연스럽게 통용되던 사회였고, 그래서 글로벌한 눈으로 봤을 땐 우리 금융권의 투명성과 건강성을 믿을 수가 없었던 것이다. 제일은행도 진통을 겪다가 1999년 결국은 우리 은행법상 자격이 있다고 보기 힘든 사모펀드에 팔렸다.

당시 현대건설의 부실을 모르는 관계자가 없었고, 그래서 외환은행의 매각은 더 어려웠다. 그때 나타난 곳이 바로 론스타였다. 금융위원회, 재경부, 금감원 등이 소집돼 이 문제를 논의하기 시작했다. 론스타가 국제적인 투기 회사라는 것을 모르는 사람 역시 아무도 없었다. 그렇다고 외환은행을 부도낼 수도 없는 노릇이었다. 명확한 금융기관에 팔면 가장 좋았겠으나, 사겠다는 곳이 없으니 달리 선택지도 없었다. 나라 경제의 큰 틀에서 결단해야 했다. 당시 론스타가 은행을 살 자격이 있는지를 두고서는 해석이 애매한 상황이었지만 우리 정부는 결국 론스타의 자격을 인정해주었다.

그때 재정경제부에서 이 일을 맡은 이가 당시 내 밑에서 일하던 금융정책국장 변양호다. 그는 뚝심 있게 이 일을 처리했으나 후에 론스타가 외환은행 매각으로 지나치게 돈을 많이 벌자 기소됐다. 법적으로 문제될 것이 없었으므로 무죄판결을 받긴 했으나 그에겐 분명히 힘든 시간이었을 것이다. 당시 경제부총리였던 나나 내 밑에서 은행제도과장을 했던 추경호 등을 두고는 이후에도 시민사회단체를 중심으로 책임을 묻는 목소리가 높았다. 사람들은 나를 모피아라고 비난했고, 마치 내가 국민의 수조 원 혈세를 해외에 유출한 것처럼 나를 비판했다.

여기서 나는 다시 말하고 싶다. 당시 외환은행을 론스타에 판다는 결정을 내리지 않았다면 더 큰 문제가 벌어졌으리란 게 명백했다. 시민사회 입장에서는 그 결정을 의심할 수밖에 없었다는 것을 이해한다. 국제투기자본에다가 외환은행의 어려운 시기를 이용해 팔아먹었다고 비판하는 것도, 물론 그렇게 비판할 수는 있다. 그렇지만 우리가 당시 처한 상황을 고려할 때, 실제로 이 문제를 해결하지 않으면 나라 경제가 휘청일 것만은 분명했다. 당시 경제당국을 비판하던 사람들이 제대로 짚지 못했던 것이 바로 이 부분이다.

만일 우리 정부가 아무도 살 사람이 없는 외환은행을 그대로 안고 갔다면 어땠을까? 론스타 외에는 그 누구도 외환은행을 살리겠다고 나서지 않는 상황에서 시간만 끌다가는 최악의 상황을 맞았을 가능성이 크다. 외환은행이 망해가서 추가자금투입이 필요했는데 모든 주주가 증자를 거부하고, 심지어 대주주 중 한 곳인 코메르츠방크는 증자는커녕 지분을 헐값에 팔아버릴 태세였다. 외환은행의 파산을 눈앞에 둔 상황이었던 것이다. 당시 신용카드 사태로 외환카드의 부실 또한 심각했기에 이는 외환은행의 뱅크런, 펀드들의 무차별적인 자산 매각과 이탈, 증시 폭락을 거쳐 결국 금융대란으로 이어졌을 것이라는 게 중론이다. 그때까진 우리 금융산업 및 관련 법령이 선진화되어 있지 못했던 것도 맞고 이후 결과적으로는 외환은행이 되살아나 론스타가 큰 이익을 거둔 것도 부정할 순 없지만, 과연 그 당시의 한국경제가 맞닥뜨려야 했던 절박한 위기감을 언론이나 시민단체의 전문가가 얼마나 인식하고 있었는지에는 의문이 든다.

전 국민에게 큰 영향을 미치는 경제정책을 다루다 보니 필연적으로 정책의 결과에 따라 그 의도까지 의심받는 자리가 바로 경제 테크노크라트의 자리다. 정책의 결과에 대해 비판하고 법적 책임을 가리는 것은 중요하지만, 해당 시점의 상황을 정확하게 파악하지 않고 정책 전체를 도매금으로 넘겨 악마화하면 그 어떤 관료도 힘들고 민감한 일에 손을 대려고 하지 않을 것이다. 말 그대로 복지부동 성향만 더욱 강해질 것이 뻔하다.

세상에 욕먹지 않고 해결되는 일이 있던가? 옳은 일이라면 욕을 먹더라도 반드시 결단해야 한다. 최선만 선택할 수 있다면 좋겠지만, 세상일은 그렇게 호락호락하지도 단순하지도 않다. 때때로 최악의 상황을 피하기 위해 차선이 아니라 차악을 선택할 수밖에 없는 경우도 있는 것이다.

국민연금의 도입, 그리고 40년이 지난 지금

전 국민의 노후보장 수단인 국민연금이 도입될 수 있었던 것도 당시 테크노크라트의 의지 덕분이다. 1986년 4월 유럽 4개국 순방을 마치고 귀국하던 비행기에서 사공일 경제수석은 대통령에게 국민연금 도입을 건의했다. 유럽 국민들은 국민연금 덕분에 노후를 걱정하지 않고 생을 보낸다는 얘기를 하면서 설득했다.

당초 전두환 정권의 경제관료들은 여러 차례 국민연금 도입을 건의했으나 대통령이 '시기상조'라고 반대해온 터였다. 한데 그때 사공일 수석의 보고를 받은 전두환은 즉시 김만제 부총리에게 도입을 검토하라고 지시했다. 유럽 순방에서 성과를 거둬 흡족해진 틈을 타서 마지막 순간까지 건의한 게 주효했던 것이다. 이에 1986년 국민연금 법안이 만들어졌고, 1988년 노태우 정권에서부터 실시할 수 있었다.

그런데 최근에는 이처럼 '일을 되게 만드는' 관료 혹은 정치인이 설 자리가 계속 사라지고 있다. 최고 통치권자에게 "인기 없는 정책이지만 반드시 해야 하는 정책인데 그래도 믿고 맡기시겠습니까?"라고 물을 수 있는 이가 있는가? 국가를 위해 옳다고 믿는 방향과 신념을 주장하고, 설득하고, 관철할 강단을 가진 이들이 있는가? 욕먹을 각오로 나라 전체를 위해 정책을 이끌고 결정을 할 이들은 어디 있는가?

나는 도입된 해로부터 약 40년이 지난 제21대 국회의 국민연금 개혁을 둘러싼 논쟁을 안타깝게 지켜보고 있다. 연금개혁은 크게 모수개혁과 구조개혁으로 나눌 수 있다. 모수개혁은 소득대체율, 보험요율 등 얼마를 내고 얼마를 받을 것이냐를 조정하는 것이다. 구조개혁은 국민연금·기초연금·퇴직연금·공무원연금 등 여러 종류의 연금을 종합해 노후소득 보장 구조를 전반적으로 다시 설계하는 것이다. 이해당사자들의 부담이 즉각 반영되는 모수개혁만 합의하면, 구조개혁은 전문가들이 시간을 들여 찬찬히 합의해가며 결론을 도출할 수 있다. 그렇기에 모수개혁이 중요하다.

21대 국회에서 여야는 무려 17년 만에 이렇게 어려운 모수개혁 합의에 다다랐다. 국민연금 보험요율을 9%에서 13%로 4%포인트 올리고, 소득대체율은 44%로 잠정 합의했다. 국회 연금개혁특별위원회가 18개월 동안 각종 공론화 작업을 거쳐 힘들게 도달한 결과였다.

나는 보험요율 합의를 역사적인 사건이라고 본다. 돈을 더 많이 내는 것을 좋아하는 국민은 그 누구도 없다. 국민연금 보험료의 절반을 부담하는 기업 역시 싫어한다. 그렇기에 정치적으로 부담이 될 수밖에 없다. 여태까지 보험요율을 올리지 못한 이유도 전 국민적으로 '인기 없는' 정책이었던 탓인데, 노사勞使를 포함한 국민연금 이해당사자 계층 모두가 대승적인 결단을 내린 것이다. 저출산 고령화의 심화로 국민연금 기금고갈 시점이 2060년에서 2055년으로 앞당겨졌다는 절박한 상황 앞에 공감대가 이뤄졌다. 이번에 여야가 합의할 수 있었던 소득대체율 44%와 보험요율 13% 안으로는 기금고갈 시점이 2070년 이후로 연장된다. 그사이에 구조개혁을 성공적으로 추진한다면 우리 연금은 안정적인 길을 갈 수 있었다.

2024년 5월, 그 중요한 개혁을 가로막은 것은 대통령실이었다. 윤석열 대통령은 "구조개혁이 빠진 모수개혁은 받을 수 없다."라고 발표했다. 22대 국회에서 차분하게 논의하자는 말이 덧붙었다. 사실상 어려운 합의를 겨우 이뤄낸 21대 국회에서는 아무것도 하지 않겠다는 선언이었다. 이는 참으로 말도 안 되는 주장이다. 현 보험료 수준이 국제기준(OECD 평균 18.2%)으로 과도하게 낮기 때문에 보험요율을 어느 정도 인상해 놓아야 기초연금 및 직역연금 등 후속 구조개혁을 위한 여건을 조성할 수 있다. 모수개혁도 어려워서 17년간 못 했는데, 직역연금과 통합 등 복잡한 이해관계가 얽혀 있는 구조개혁을 반드시 동시에 포함해서 추진하자는 것은 문제를 해결하지 말자는 뜻과 같았다.

대통령은 이런 주장을 할 수도 있다. 연금 전문가가 아니기 때문이다. 그렇다면 주변 경제정책 라인에서 직을 걸고 반드시 설득했어야 할 사안이다. 물론 그런 책임감 있는 테크노크라트는 아무도 없었던 것 같다. 그 결과는 17년 만의 합의를 무위로 돌리고, 예정된 기금 고갈의 길로 되돌아가는 것이다. 애초에 연금개혁은 윤석열 정부의 국정과제였는데, 그는 이 중대한 문제를 이런 식으로 중단시켜버렸다. 22대 국회 4년 동안 구조개혁과 모수개혁을 한번에 합의할 수 있을 것이라고 기대하는 사람은 아무도 없다. 윤석열 대통령조차도 믿지 않을 것이다. 대통령실의 참모들, 정권의 관료들은 국민 노후 생활을 튼튼하게 보장할 천재일우의 기회를 놓친 것에 대해 깊이 반성해야 한다.

"우리에게 필요한 건, 역사의식을 가진 유능한 테크노크라트"

역대 정권에는 김재익이 아니더라도 훌륭한 테크노크라트들이 적잖게 존재했다. 모두 저마다의 한계가 있었겠지만 그들이 각자 한국경제에 기여한 바는 평가받아야 한다고 본다. 박정희 정권에서 재무부 장관과 경제기획원 장관을 지내며 '한강 기적의 주역'으로 불리는 남덕우는 부가가치세 도입, 증권시장 개혁, 중화학공업 육성 등을 주도하며 대한민국 산업화를 이끌었다. 전두환에게 김재익이 있었다면, 박정희에게는 남덕우가 있었다. 박정희가 "우리나라의 경제대통령은 남덕우"라고 말했던 것은 유명하다.

남덕우와 함께 1960년대 재무부 장관과 상공부 장관을 지내고 1970년대엔 대한민국에서 역대 최장기간 대통령 비서실장으로 재임했던 김정렴 또한 박정희 정권을 지탱했던 중요한 인물이었다. 1960년대부터 정통 경제관료로 여덟 차례나 장관직을 역임하고 이후 김대중 정권에서 경제부총리를 지냈던 진념은 금융과 거시경제, 예산을 두루 잘 다룰 수 있는 인물이었다. 또 뒷장에서 말할 노태우 정권의 문희갑 경제수석 역시 우리 테크노크라트의 대표적인 인물로 빼놓을 수 없다. 앞으로 언급할 김종인, 사공일, 조순 등도 한국경제의 조타수 역할을 맡은 유능한 경제관료들이었다.

군사정권에서 관료뿐만 아니라 교수를 국정 운영에 적극적으로 참여시킨 것도 주목할 필요가 있다. 제1차 경제개발 5개년 계획은 서울대 박희범 교수, 백영훈 중앙대 교수, 고려대 이창렬 교수 등이 경제정책판단관이라는 임무를 받고 초안을 작성하며 주도적인 영향력을 행사했다. 이들은 국가주도형 경제개발론자로 분류된다. 대체로 재벌에 대해 비판적이었으며, 주요 산업의 국유화와 자립경제 확립을 경제정책의 기본목표로 설정해 미국으로부터 사회주의 성향을 가진 인물로 주목받은 사람들이었다.

노태우 정권에서 재무부 장관을 지내고 김대중 정권에서 재정경제부 장관을 지내며 1997년 외환위기의 여파에 따른 구조조정을 이끌었던 이규성도 참으로 유능하고 훌륭했다. 그는 자기와 정치적 출발이 다른 김대중 대통령을 모시고 그를 잘 설득해가면서 IMF 극복의 모든 과정을 총괄했다. 나 또한 그의 뛰어난 통찰력과 리더십을 재정경제부에서 두 눈으로 확인할 수 있었다.

최근 우리의 정치 리더십을 살펴보면, 각 분야의 테크노크라트에 대한 반감이 주류적 정서가 되어 있는 게 분명하다. 그래서 유능한 이들을 제대로 활용하지 않고 그들에게 귀를 기울이지 않는 경향이 짙다. 전문가에 포섭된 지도자는 무능하지만, 전문가를 무시하는 지도자는 더 위험하다. 소셜네트워크의 발달로 너무 많은 정보가 유통되며 공직사회뿐 아니라 전문가 집단 자체를 경시하는 문화가 퍼진 영향도 있다. 관료사회뿐만 아니라 정치권과 언론계, 법조계 등 전문가 집단의 자긍심과 소명 의식이 사라지고 무기력함이 번지고 있다는 사실은 매우 안타깝고 우려스럽다.

노무현 대통령은 자서전에서 이렇게 고백했다. "우리나라에 필요한 것은 역사의식을 가진 유능한 테크노크라트다." 역사를 꿰뚫은 혜안이라 하지 않을 수 없다. 그처럼 역사의식을 가진 유능한 테크노크라트의 말에 귀 기울이는 리더십은 언제나 중요하다. 전두환은 그것을 해낼 수 있었고, 그가 집권했던 여덟 해는 바로 그 지점에서 우리 사회의 축적에 일정한 기여를 했다고 봐도 무방하다.

제3부

이념 너머의 보통 사람들

1988~1993

노태우 정권

나의 국회의장 임기가 거의 끝나가던 2024년 봄, 훈 마넷Hun Manet 캄보디아 총리가 국회를 방문했다. 그는 훈 센 전 총리의 아들로서 미국과 영국의 유수의 학교에서 경제학 박사를 하고, 아버지의 뒤를 이어 캄보디아 총리에 오른 인물이다. 나는 2002년 캄보디아에 대외경제협력기금EDCF 지원을 통해 전자정부시스템 설치와 공무원 연수를 도우며 그의 아버지 훈 센과 인연을 맺고, 지난 20여 년간 경제 고문을 맡아주었다.

훈 마넷 총리는 이런저런 이야기 끝에 얼마 전 캄보디아에 투자한 200여 기업들의 성공사례를 듣는 비즈니스 포럼을 주도했다며, 해외 기업과 외국 자본을 유치하는 일에 관해 조언을 구했다. 나는 그에게 말했다.

“저도 개도국에 투자한 한국 기업의 이야기를 많이 들어보는데, 예상치 못한 애로사항이 참 많이 나옵니다. 역사와 환경이 다르고 이질적인 문화에선 그런 일이 발생할 수밖에 없지요. 그럴 땐 무엇보다도 신속하게 해결되는 것이 중요해요. 투자 기업 입장에선 돈이 좀 들더라도 빨리 해결되면 사업에 지장이 없는데, 관官 단계에서 기약 없이 늘어지는 게 가장 큰 문제라고 하더군요. 그것을 국가적인 차원에서 근본적으로 해결하는 게 무엇보다도 중요하다 봅니다."

이 말을 듣고 잠시 뜸을 들이던 그는 이렇게 대답했다.

"잘 알겠습니다, 의장님. 그런데 제 생각엔 그런 애로사항의 원인은 여러 부처에 복합적으로 걸쳐 있는 것 아니겠습니까? 그걸 해결하려면 한 부서에서 담당하기엔 좀 그렇고, 여러 부처가 나누어서 담당케 하고 총리실은 태스크포스TF를 만들어 전체가 잘 돌아가게 조절하는 게 어떨까 싶습니다."

훈 마넷 총리의 답변은 서구에서 합리적인 교육을 받은 자로서 훌륭한 대답이었지만, 캄보디아 현실을 생각하면 탁상공론과 같은 이야기였다. 캄보디아에서 함께 온 참모들이 많은 자리에서 직접적으로 말하기 어려웠지만, 그 나라의 가장 큰 문제는 부패한 공무원 조직이기 때문이다. 일반직 공무원만 부패한 게 아니라, 장관들까지 전면적으로 부패해 있었다. 우리나라가 20년간 그렇게 많이 지원을 해주었는데도 그것이 국가의 경제적 부흥으로 연결되지 못한 이유가 바로 그것이다.

나는 훈 마넷에게 알제리의 이야기를 들려주었다.

"제가 국회의장 자격으로 알제리의 대통령에게 같은 취지의 이야기를 한 적이 있습니다. 삼성과 현대가 알제리에서 발전소를 네 개씩 수주했다고 하더군요. 그러니깐 총 여덟 개의 발전소가 준공 단계에 들어섰는데, 공교롭게도 그 여덟 개 모두에 클레임이 걸려 있더군요. 저는 그게 딱

관료들 때문이란 생각이 들었습니다. 제가 이 이야기를 간접적으로 돌려 말했더니, 알제리 대통령이 이렇게 말했습니다. '의장께서는 외교적인 예의를 갖추어 말씀해주셨지만, 자신이 알제리의 관료주의를 잘 안다'라고요. 그분은 이 문제를 해결하기 위해서는 자신이 직접 개입하지 않고서는 안 되니 한국 쪽의 대사와 본인 비서실장 사이의 핫라인을 연결하도록 하겠다고 했어요. 그런 노력 덕분에 지금은 문제가 잘 해결되었습니다. 총리께서도 부디 알제리의 사례를 참고하시기를 조언해드리고 싶습니다."

원래 모든 공무는 복잡하다. 어느 한 부처가 명확하게 파악해서 해결할 수 있는 건 애초에 애로사항으로 볼 수도 없다. 중앙정부나 지방자치단체의 관료들이 민간의 사업을 막으려면 어떤 식으로든 막을 수 있는 것 또한 분명한 현실이다. 개발도상국은 주로 공무원 개인이 착복하는 게 문제라고 한다면, 선진국의 경우엔 중간관리자들의 정치적 목적이나 충성도의 문제 때문에 아주 교묘하게 훼방을 놓거나 연기할 수도 있다. 예나 지금이나 국가의 힘은 그만큼 강력한 것이다.

그렇다. 나는 지금 어느 국가를 이끄는 강력한 지도자에 관하여 이야기하고 있다. 우리는 박정희와 전두환 정권을 거치면서 개도국 수준의 가장 기초적인 부정부패를 벗어날 수 있었고, 공직사회의 기강은 어느 정도 철저히 확립되었으며, 훌륭한 관료들이 나라를 이끌 수 있다는 것을 보여주었다. 두 사람은 무도한 방식으로 나라의 정권을 빼앗아 독재를 이어갔지만 국가 최고지도자가 직접 관심을 갖고 풀어내지 않으면 제대로 추진될 수 없는 사안을 성공적으로 풀어냈다. 그것이 선진 사회의 눈으로 비춰봤을 땐 '비합리적'이고 절차적 정당성이 철저하게 결여된 방식이란 것을 부정할 순 없다. 그러나 그들이 그 시대에 발휘해야 하는 리더십을 충실히 이행했던 측면이 있었음도 완전히 부정할 순 없을 것이다.

역대 의장이 뽑은 의회주의 대통령은

박정희의 시대가 끝났다. 박정희 집권기의 사족처럼 달라붙어 8년간의 군부 통치를 연장했던 전두환의 시대도 끝났다. 끝날 수밖에 없었던 시대였다. 우리에게도 헌정憲政에 기반을 둔 합리성과 정당성의 시기가 찾아와야 했으며, 우리 사회도 시민들이 선거로 자신들의 지도자를 직접 선출하는 민주주의로 나아가야 했기 때문이다. 1987년의 단일화 실패로 다시금 군인이 대통령이 되는 것까진 막을 수 없었지만, 그럼에도 우린 민주주의를 향해 한 걸음씩 나아가고 있었다.

그리하여 '정치의 시대'가 도래했다. 국회의원이 거수기가 아니라 진정 시민의 의사를 대의하고, 토론하고, 타협해야 하는 시대가 왔다. 이제 박정희나 전두환처럼 한 사람의 권력자가 나라의 중대사를 좌지우지할 수는 없었다. 노태우 대통령은 1988년 '보통 사람들의 위대한 시대'라는 구호를 내걸고 정권을 차지했다. 보통 사람들이 자신들의 정치적 의사를 표출하고 행정부 수반을 견제하기 위하여 마련된 제도적 장치가 바로 국회다.

내가 국회의장이 되고 얼마 지나지 않아, 역대 의장 여덟 분을 모시고 공관에서 저녁 식사를 했다. "오늘은 제가 아무 말씀도 안 드리고 선배님들 이야기 많이 듣고 배우겠습니다. 자유롭게 얘기 나누시죠."라고 운을 떼니 대번에 요즘 정치에 대한 개탄이 이어졌다. 정치는 점점 더 나빠지고, 진영논리의 폐해가 극에 달했으며, 정치인 한 사람 한 사람이 너무 작아져서 조막만 한 이해관계로 싸우고, 나라의 미래를 위한 큰 결단의 정치를 할 줄 모른다, 여도 야도 사람이 없다, 어쩌다가 이렇게 됐는지 모르겠다…. 거듭 이야기가 이어진 끝에 한 분이 질문을 던졌다.

"그럼 우리가 각자 의장을 지낼 때를 생각해봅시다. 그중에서 언제가 가장 의회정치가 만발하고 민주주의가 발전했다고 봐야 할까요?"

격렬한 토론이 벌어졌다. 한 시간이 넘도록 여러 예시와 근거들을 나누면서 진지하게 토론한 끝에 나온 결론은, 최고의 의회주의적 지도자는 바로 김대중 대통령이라는 것이었다. 각론에선 의견이 갈렸지만, 역대 의장들은 각각의 출신 정당과 배경을 다 떠나서 김대중이라고 입을 모았다. 임기 내내 여소야대 국회를 상대하면서도 IMF 극복을 비롯한 여러 성과를 거뒀다는 게 그 총론적인 이유였다. 그러니 노벨상을 받을 만했다는 얘기도 나왔고, 똑같이 여소야대 국회를 마주하고 있는 윤석열 대통령이 배워야 한다는 얘기도 나왔다.

김대중 대통령에 대한 이야기가 마무리되자 다른 분이 "그럼 두 번째는 누구야?"라고 다시 물었다. 전직 국회의장들이 잠시 생각에 잠긴 뒤 만장일치로 꼽은 인물은 다름 아닌 노태우 대통령이었다.

나는 그 토론을 지켜보면서 노태우의 시대를 다시금 숙고하지 않을 수 없었다. 노태우 또한 자신이 저지른 죄과가 크고, 그와 그 가족들이 착복한 비자금은 도저히 용납할 수 없는 구시대적 행태였다. 그럼에도 그는 그 시대가 필요로 하는 리더십을 나름으로는 발휘했다고 볼 수 있다. 이제부턴 그에 관한 이야기를 해보려고 한다. 노태우는 자신의 말마따나 조금씩 '보통 사람들'을 위한 길을 열어놓았던 것이다.

힘을 쓰지 않아서 강해진 대통령

1987년 6월 29일 당시 민정당 대통령 후보였던 노태우는 대통령 직선제, 국민 대통합, 언론자유, 지방자치제 실시 등을 담은 '6·29 선언'을 발표한다. 이어 호헌 철폐가 이뤄졌다. 개정된 87년 헌법에 따라 치러진 대통령 직선제에서 노태우는 대통령에 당선됐다. 군사정권이 종식된 제6공화국의 첫 번째 대통령이었다.

그는 분명 군사정권의 태동에 기여한 군인 출신이지만, 감히 군사정권을 더 이어나갈 시도를 하지 않고 민주화를 안정적으로 정착시켰다. 태생이 대구·경북 지역의 상류사회 출신으로 귀족적인 면모가 있던 그는 자신에게 주어진 역할이 '민주사회로의 안정적인 이양'이라는 점을 잘 받아들였던 것 같다. 생전 노태우 대통령은 자신이 '체육관 대통령'이 아닌 국민이 뽑은 대통령이라는 사실을 자랑스러워했다고 한다.

선배 국회의장들께서 노태우의 가장 큰 업적으로 꼽은 점은 바로 국민통합이었다. 대통령 선거 이듬해 치러진 총선에서 야권이 대승을 거두자 노태우 대통령은 김대중·김영삼·김종필 세 야당 총재들과 꾸준히 만났다. 심지어 원외정당이었던 민중당과도 영수회담을 가졌다. 지금으로 치면 윤석열 대통령이 정의당이나 녹색당 대표와 만난 셈이다.

무엇보다도 높은 점수를 받은 부분은 국회를 대하는 방식이었다. 그는 대통령으로서 권력 행사를 자제하는 방식으로 의회정치를 존중했다. 그 뒤에는 여당인 민정당의 원내총무 김윤환과 훗날 국회의장을 지내신 제1 야당 평민당의 원내총무 김원기가 있었다. 두 사람은 노태우와 김대중의 대리인인 동시에 그들 자신이 원내 정당의 대표로서 절묘한 협치를 보여줬다.

대통령 선거 이듬해인 1988년 국회의원 선거에서 야권이 대승을 거두며 헌정사상 최초의 여소야대 국회가 펼쳐졌다. 민주화 이후 처음 구성된 국회였기 때문에 광주 민주화운동에 대한 진상규명, 5공화국 청산, 노태우 대통령 중간평가 등 민감하고 어려운 과제가 산적해 있었다. 이 가운데 여당으로서는 가장 시급한 것이 바로 '중간평가'였다.

1987년 12월 대선 당시 노태우 후보는 집권 2년 뒤 재평가받겠다는 중간평가를 공약으로 걸고 승리했다. 당시 야 3당(평민·통일민주·공화)은 '5공비리특위' '광주특위'를 발족시켜 청문회를 여는 등 대대적인 5공 청산에 들어갔다. 청산 정국의 끝이 보이지 않는 상황에서 '중간평가' 시점이 다가왔다. 평가 결과에 따라 자칫하면 임기를 다 채우지 못할 수도 있었다. 이에 김윤환과 김원기는 수차례 만나 협상을 했다. 가장 힘든 부분은 5·18 때 특전사령관이자 당시 여권의 실세였던 정호용 민정당 의원의 퇴진이었다. 김원기 전 국회의장이 훗날 밝힌 바에 따르면 노태우 대통령은 김대중 총재에게, 김윤환 원내총무는 김원기 본인에게 각각 정호용을 살리기 위해 읍소했다고 한다. 노태우·김윤환·정호용 세 사람은 경북고 동기동창이었다. 김원기 전 의장은 "김윤환에게 '대통령의 성공과 친구의 거취 둘 중 하나를 선택하라'라고 했더니 결국 정호용 퇴진 요구를 받아들였다."라고 회고했다.

치열했던 협상 끝에 비밀각서가 만들어졌다. A4 6장에 △전두환·최규하 전 대통령 국회 증언 △5공 핵심인사 정호용·이원조 공직 사퇴 △「5·18 민주화운동특별법」 제정 △언론 통폐합의 책임을 묻기 위해 허문도·이상재 중 1인 사법 처리 △공무원 노조 결성 허용 △지방자치제 실시 등의 내용이 담겼다. 사실상 야당이 요구한 내용이 거의 다 반영된 각서였다. 김윤환 원내총무와 노태우 대통령은 "양당은 깊이 숙고한 끝에 현시점은 '중간평가'를 실시할 시기가 아니라는 데 합의한다."라는 한 문장을 챙겼다. 그들에게 가장 중요한 한 문장이었다.

이 각서 내용은 실제로 거의 다 실현되었다. 5공 청산 정국은 1989년 12월 31일 전두환 전 대통령의 국회 증언을 끝으로 일단락됐다. 야당은 5공 실세를 퇴진시켰고, 광주의 명예회복과 보상조치를 얻었다. 여당은 대통령의 임기 보장과 정치적 난제를 해결했다.

바라보는 시각에 따라 이 같은 합의가 야합으로 보일지도 모르겠다. 그러나 각자 원하는 바만 주장하고 절대로 타협하지 않는 정치로 무엇을 이룰 수 있단 말인가? 각자 원하는 것 열 가지가 있다면, 그 중 공통적인 다섯 가지부터 합의하고 나머지는 대화와 타협으로 주고받으며 하나하나 조정해나가는 것이 제대로 된 정치다. '전부 아니면 전무All or nothing'의 정치가 판을 치는 요즘의 여의도에 정치인의 책무가 무엇인지 알려주는 이 각서의 첫 문단을 읽어주고 싶다.

"국가 운명에 대해서 제1차적 책임이 있는 우리 양당은 두려운 책임감과 확고한 신념 아래 오늘의 난국을 다음과 같이 처리하는 것이 우리가 마땅히 해야 할 소명이라고 생각하고 이 각서를 작성하는 바이다."

이후 노태우 정권은 남북기본합의서 타결, 한반도 비핵화선언 등 역사에 길이 남을 성과를 남길 수 있었다. 여소야대 국회와 손발을 잘 맞춰나간 덕분이었다. 김영삼 대통령과 김대중 대통령은 노태우 대통령의 이 같은 노력을 높이 평가했다. 노태우 대통령이 아니었다면 산업화 및 군부 세력과 민주화 세력의 통합이 훨씬 더뎠을 것이고, 그 갈등 또한 만만치 않았을지 모르기 때문이다. 노태우 정권에 관해서는 지금도 정치학계에서 다양한 학문적 토론이 이뤄지고 있음을 알고 있다. 나 또한 그전까지는 이 시절을 박정희, 전두환 군부 통치를 연장한 퇴행적인 시기라고 바라보는 경향이 강했으나, 이제는 그 시대가 우리에게 남긴 유산을 조금 더 차분하게 되돌아볼 필요가 있다고 생각한다.

가장 진보적인 경제정책을 추진한 보수정권

노태우 정권 당시인 1980년대 말~1990년대 초 나는 재무부 세제실 재산세 과장으로 있었다. 당시 가장 기억에 남는 업무는 부동산 투기 억제를 위한 토지초과이득세 도입을 추진했던 것이다. 이는 그 후에도 많은 논쟁을 불러일으킨 토지공개념에서 출발한 정책이다.

1980년대 후반, 베이비붐 세대의 주택 수요에 더해 88올림픽과 3저호황으로 경제가 고도성장하자 시중에 풀린 수많은 돈이 부동산으로 대거 몰렸다. 부동산 개발 열풍이 불어닥쳐 전국 지가 변동률이 30%에 달했고, 여기저기서 곡소리가 울려퍼졌다. 이 같은 상황을 타개하기 위해 나온 것이 바로 1기 신도시 200만 가구 건설과 토지공개념 3법이었다.

1기 신도시 건설은 노태우 대통령의 첫 번째 경제수석이었던 박승이 주도했다. 그가 국토부 장관으로 자리를 옮긴 뒤 경제수석 자리를 이어받은 문희갑은 토지공개념 3법을 도입했다. 이것이 「택지소유상한에 관한 법률」, 「개발부담금제」, 그리고 내가 담당한 「토지초과이득세법」이다.

「토지초과이득세법」은 개인이 갖고 있는 유휴토지나 법인의 비업무용 토지에서 발생하는 초과이득에 과세하는 법안이었다. 땅을 갖고 있다는 이유로 얻게 되는 불로소득에 중과세해 조세부담의 형평과 분배정의를 실현하고, 토지에 대한 불필요한 수요를 억제해 가격 안정을 도모한다는 취지였다. 당시 나는 미국 유학을 마치고 돌아오자마자 세법 제정에 착수했다. 일손이 부족해 몇날 며칠 밤을 새며 토론하고 반박하고, 또 토론하고 보완하며 초안을 만든 기억이 지금도 생생하다.

「택지소유상한법」은 서울·부산·대구·인천·광주·대전 등 6대 도시에 살고 있는 개인이나 법인이 소유한 택지 면적의 한도를 정해두고 이를 초과하는 택지에는 초과소유부담금을 부과한 법안이었다. 또 개발부담금제는 불로소득 성격이 있었던 개발이익에 50%의 세금을 부과해 사회로 환원시키는 제도였다. 이 세 법의 개념이 개념인 만큼 당시 문희갑 수석에게 '빨갱이'라는 비난이 쇄도했다. 이에 대해 그는 "6공의 운명을 걸고 '토지공개념' 제도 도입을 실현하겠다."라고 맞섰다. 당시 빨갱이라는 표현에 깃든 공격성과 노태우 대통령의 출신을 돌이켜보면 문희갑 수석의 의지가 얼마나 확고했는지 새삼 놀라울 따름이다. 이후 「택지소유상한법」과 「토지초과이득세법」은 1998년 위헌 판결을 받아 폐지되어 토지공개념은 사실상 유명무실해졌다.

이 토지공개념 3법은 당시 많은 공격을 받았고 우리 사회의 장기적인 풍조를 바꿔내는 데도 실패했지만, 그때까지 우리나라에 토지의 소유에 대한 철학적 기반이 아예 없었다는 점을 고려한다면 그 의미는 결코 축소될 수 없다. 서양의 윤리사를 들여다보면, 토지의 소유권에 대한 오랜 철학적 논쟁이 축적돼 있다는 것을 알 수 있다. 자기 자신과 자신의 노동, 노동력으로 만든 산물에 대해서는 배타적 소유권을 인정할 수 있지만, 그 누구도 생산하지 않은 '토지의 소유권'은 어디에 있는가라는 의문에서 출발한 논쟁이 그것이다.

17세기 영국 철학자 존 로크John Locke는 『통치론Two Treatises of Government』에서 토지는 원래 하나님이 주신 공유의 상태지만, 누군가 노동해서 개량한다면 개인이 소유할 수 있다고 보았다. 그러나 그는 정부가 들어선 문명사회에선 사회적 합의에 의해 불평등한 토지 소유권을 조정할 수 있다고 주장했다. 즉, 지나친 토지 소유의 불평등은 바람직하지 않기 때문에 정부가 조치를 취해야 한다고 본 것이다. 19세기 미국의 경제학자 헨리 조지Henry George는 자연에 의해 주어진 토지는 모든 사람이 공평하게 누려야 한다는 주장을 폈다. 토지공개념의 사상적 단초인 셈이다. 요즘은 없어졌지만, 서양에서는 이런 인식 탓에 부동산으로 돈 버는 사람을 경시했다. 예컨대 미국에서 케네디 가문이 부동산으로 돈을 많이 벌었다는 이유로 비판을 받았던 까닭도 이 같은 문화적 배경 탓이다.

반면 우리는 가용면적당 최고의 인구밀도를 자랑하는 작은 국토를 가졌으면서도 정작 '부동산이 무엇인가'를 놓고 철학적으로 고민한 역사가 없다. 앞서도 길게 적었지만, 이에 대해 가장 무지했던 지도자가 박정희 대통령이다. 그가 처음부터 토지에 대한 철학을 갖고 있었다면 국토를 개발할 때 지나치게 땅을 많이 소유하고 폭리를 누리는 것을 제한할 수 있었을 것이다. 생활 필수재인 주택의 경우엔 분양주택이 아닌 임대주택 위주의 정책을 폈을 것이다. 그랬다면 지금 '얼마짜리 집을 갖고 있느냐'에 따라 그 사람의 계급이 결정되는 사회 풍조까지는 이르지 않았으리라. 비록 늦었지만 그에 대한 반성의 차원에서 나온 것이 바로 토지공개념 3법이었던 것이다.

이처럼 노태우 정권은 지금 돌이켜봐도 진보적이라고 평가받는 정책 행보를 보였다. 박정희 정권 때 도입된 의료보험제도를 전 국민을 대상으로 확대했고, 지역인재 의무 채용 제도를 도입했다. 「언론기본법」이 폐지돼 언론 자유화가 이뤄졌고, 각 언론사에는 노동조합이 설립됐다. 최저임금제가 신설된 것도 이때다.

이 같은 정책 방향은 노태우 대통령이 인맥이나 정치적 스펙트럼을 가리지 않고 인재를 폭넓게 쓴 영향이었다. 당시 경제부총리 겸 경제기획원 장관인 조순은 케인스 학파의 일원으로 많은 학문적 업적과 제자를 남긴 인물이다. 문희갑 경제수석 뒤를 이어 자리에 오른 김종인은 1987년 개헌 당시 헌법 19조 2항에 '경제민주화' 조항을 삽입한 바 있다. 서독에서 공부하고 온 그는 재벌을 견제했고, 그 때문에 전경련에서 가장 껄끄러워하는 인사로 꼽히기도 했다.

노태우는 이처럼 군 출신 대신 박철언·사공일·현홍주 등 정무적 감각을 갖춘 엘리트 테크노크라트를 전진 배치했고, 이들은 경제와 외교 양면에서 큰 성과를 거뒀다. 사실 연평균 8.5%의 경제성장률을 꾸준히 유지한 노태우 정권의 호황은 전임인 전두환 정권의 김재익 경제수석에게 빚을 지고 있다. 김재익이 내건 물가·금리 안정화 정책이 3저 호황과 맞물리며 꾸준하고 안정적인 성장을 누릴 수 있었기 때문이다.

그러나 지난 30여 년간 축적해온 고도 경제성장의 과실이 국민에게 고루 분배돼 중산층이 넓게 형성된 데에는 노태우 정권의 공이 크다. 그는 민주화 이후 거세게 터져 나온 격렬한 노동 시위에도 온건히 대응, 꾸준한 임금 인상을 유도했다. 그런 덕분에 국민의 생활수준은 안정적으로 향상될 수 있었다. 어찌 보면 '보통 사람들의 위대한 시대'라는 정권 캐치프레이즈가 정확히 어울렸던 시기였다. 중산층의 자가용이 대중화하고, 해외여행이 폭발적으로 늘어났다. 이때부터 1997년 외환위기 전까지는 소득 분배 역시 선진국 수준으로 이뤄졌다. 훗날 진보적인 성격의 정부였던 문재인 정권이 목표했던 '소득 주도 성장'은 어쩌면 보수 정부인 노태우 정권 때 이미 훌륭하게 수행됐다고 볼 수 있다.

'보통 사람'이 된 기업가들

권력과 부, 정계와 재계는 불가분의 관계를 맺고 있고 서로 길항하며 나라를 이끌어간다. 근대화 과정에서 국가의 자원을 집중적으로 뒷받침해준 재벌 대기업은 강력한 힘을 갖게 되었지만, 군사정권 하에서는 그들 또한 정부 앞에 무릎을 꿇을 수밖에 없었다. 박정희 정권은 말할 것도 없고 전두환 정권에서도 권력은 얼토당토않은 이유로 기업을 쓰러뜨릴 수 있었기 때문이다.

그러나 노태우 정권에 이르러 그 일방적인 권력관계가 변화를 맞기 시작한다. 우리 경제가 고도화되고 선진화될수록 정부가 시장을 전처럼 통제하는 일은 불가능해졌다. 수출 대기업과 재벌들은 정권도 어쩌지 못하는 시대가 되었다. 말하자면, 재벌 대기업의 주요 플레이어들도 '보통 사람'의 일원으로 우리나라의 운명에 중대한 영향을 미치게 된 것이다.

나 또한 오래전부터 많은 기업인들을 직간접적으로 지켜봐왔다. 마치 드라마 〈재벌집 막내아들〉에 펼쳐지던 광경처럼 어느 대기업 총수 1세가 2세인 아들을 쥐 잡듯이 닦달하는 것도 봤고, '대한민국을 위해 일한다'고 스스로를 내세우던 어느 총수가 자신이 데리고 일한 사람마다 어디어디에 땅을 사라고 권했다는 말도 들었다. 김대중 정권과 노무현 정권 시절, 어느 기업인이 대통령과 환담이나 회의를 나누는 것을 지켜보며 세간을 뒤흔드는 기업 대표도 논리력이나 문해력, 어휘력이 형편없을 수 있다는 것을 실감하기도 했다. 또 자신의 옆에 앉은 여자마다 농을 걸어서 괴롭히는 기업 대표의 밑바닥도 봤다.

어쨌든 젊었을 때는 나도 자존심이 강했고, 누구 앞에서도 강직한 태도를 잃지 않으려 노력했다. 내가 삼십대에 국세청에서 근무하던 시절, 국내 굴지의 기업 총수가 나와 처음 인사를 나누는 자리에서 "앞으로 저희가 도움을 많이 받아야겠습니다."라고 말한 적이 있었다. 나는 그에게 "아닙니다. 도움을 받기로 말한다면 제가 받아야 하겠지만, 도움을 받지 않고 살아가도록 노력하겠습니다."라고 되받기도 했다.

그간 재계를 쥐락펴락하는 많은 주요 인사와 대화하고 그들을 관찰해 본 바에 따르면, 사람은 다 비슷하다. 그들 또한 한 사람의 인간일 뿐이었다. 다만 돈이 많으면 사람을 많이 부릴 수 있고, 사람을 많이 부릴 수 있으면 자신의 힘을 발휘할 수 있는 여러 수단이 있는 것일 테니 그게 잘못 발동돼 결과적으로 누군가의 인권을 유린한다거나 사적으로 잘못된 목적으로 쓰일 가능성은 있었다. 보통은 남용할 힘이 없기 때문에 그런 가능성을 상상하긴 쉽지 않지만, 누구든 훈련과 자제가 없으면 그런 상황에 놓였을 때 잘못을 범할 가능성이 있다고 본다.

그렇지만 여기 반드시 남겨두고 싶은 이야기가 있다. IMF 당시 제일은행을 매각하는 일은 정말 힘들었다. 국제금융시장에 매각공고를 냈는데도 누구도 나서지 않았다. 전 세계 금융인들이 제일은행 뒤에 대우가 있는 걸 알았고, 대우가 세계적 규모로 저지른 짓이 있으니 손사래를 쳤던 것이다. 고민에 잠겨 있던 내게 정체를 알 수 없는 외국인의 전화가 걸려왔다. 제일은행 매각에 관심이 있다, 국제자본을 묶어 살 생각이다, 다만 신분을 노출하고 싶지 않으니 자신이 묵고 있는 호텔로 와달라는 것이었다. 나는 금융정책실장 윤증현과 함께 그를 만나러 갔다.

헌데 그렇게 만난 외국인은 말하는 게 영 시원찮았다. 정말 제일은행 매각에 관심이 있는 것일까? 의문이 들 무렵, 복층이었던 호텔방 2층에 사람의 그림자가 어른거렸다. 누군가 걸어내려 오는데 많이 본 사람이었다. 김우중이었다. 그가 외국인을 시켜 우리에게 전화를 건 것이었다.

김우중은 나와 윤증현에게 자신이 제일은행을 가장 좋은 조건으로 인수할 수 있고, 대한민국 경제를 위해서도 그것이 최선의 해법이라고 우리에게 설득하려 애썼다. 제일은행을 망하게 한 이가 자신이 제일은행을 사는 것이 가장 좋은 해법이라며 설득하려 하다니! 그러면 국제금융시장에서 대한민국의 신뢰도는 완전히 바닥을 칠 수밖에 없었다. 기가 찰 노릇이었다. 우린 그를 상대할 가치가 없다는 것을 알고 일어나서 나와버렸다.

냉전의 끝자락, 한국의 행보

"노태우가 제일 잘한 건 북방정책이야. 남북한 UN 동시 가입을 이끌어냈고, 동구권을 대한민국 가전제품의 시장으로 완전히 포섭했잖아."

선배 의장들이 노태우를 회상하며 입 모아 칭찬한 또 다른 점은 바로 북방외교와 남북 UN 동시 가입이었다. 노태우 대통령은 1990년 6월 당시 소련의 고르바초프Mikhail Gorbachev 대통령과 샌프란시스코 정상회담을 열고 경협차관을 논의했다. 당초 30억 달러를 약속했지만, 이듬해 12월 소련이 붕괴하며 실제로 제공된 차관은 14.7억 달러다. 은행단 현금차관이 10억 달러, 수출입은행의 소비재 차관이 4.7억 달러로 러시아가 한국 기업의 상품을 구매하기로 계약을 맺으면 수출입은행이 해당 기업에 수출대금을 지불하는 방식이었다. 한국 상품 구입을 조건으로 하는 구속성 차관인 셈이다.

이때 제공한 차관 덕분에 오늘날 러시아 시장에서 한국 상품에 대한 인지도는 상당하다. 소비재 차관은 전적으로 한국 상품만을 수입할 수 있는 돈이었고, 그 덕분에 소련 붕괴 이후 사회경제적 혼란기에 러시아 소비자들이 접할 수 있는 상품 대다수는 한국산이었다. 다른 서방국가에 앞서 러시아 시장을 선점한 셈이다.

차관의 또 다른 목적은 소련이 안보리 상임이사회에서 남북의 UN 동시 가입을 반대하지 않도록 하기 위함이었다. 그 덕에 1991년 9월 17일 남북은 UN에 동시에 입성하게 된다. 전쟁 위험을 현저히 낮추고, 설사 분쟁이 일어나더라도 UN이라는 공간에서 조정할 수 있도록 교두보를 마련한 것이다. 실제 노태우 정권 때는 북한의 대남도발이 거의 없었다. 경기연구원에서 2022년 발간한 『다시 보는 남북한의 역학관계』에 따르면, 노태우 집권기의 남북한 평화지수는 박정희 정권부터 문재인 정권에 이르는 기간 중에서 가장 높았던 것으로 집계되었다.

이 샌프란시스코 정상회담에 대한 소회를 나는 김종인에게서 직접 들은 적이 있다. 그는 노태우 정권의 경제수석으로서 북방외교에도 관여해 소련과 중국을 비롯한 제2세계 국가들과 수교를 맺으며 경제협력 및 통상협상을 주도했다. 당시 고르바초프는 전 세계 여기저기를 돌아다니며 경제협력을 맺기에 바빴다. 우리로서는 UN 총회가 다가오기 전에 만나

'돈을 줘야 했는데' 도저히 그의 일정이 나지 않았단다. 그러다가 고르바초프의 미국 샌프란시스코 방문 일정 중 하루가 빈다는 첩보를 입수하고, 바로 그가 머무는 샌프란시스코 페어몬트 호텔에서 만나기로 했다. 일국의 대통령들이 남의 나라에서 회담을 한다는 것이 상당히 이상했으나 사정이 급한 우리로서는 다른 선택지가 없었다.

회담장에 나온 우리 측은 노태우 대통령과 김종인 수석을 포함해 네 명, 상대 측은 고르바초프 대통령 혼자였다. 고르바초프는 아무 자료 없이 메모지 한 장만 두고 얘기했는데 세세하고 정확한 숫자를 일사천리로 읊었다고 한다. 그걸 본 김종인 수석은 공산당 사회주의 관료의 우수성을 확인하고 부끄러웠다나. 우리 쪽은 모두 다 외국에서 공부한 수재들인데, 그 수재들이 공산당 관료 하나보다 못하다는 생각이 들었다는 회고를 들려준 적이 있다.

단 하나를 배운다면

"그러고 보니 우리 정치권이 너무 노태우 대통령을 저평가하고 있었구만."

자리 끝에 나온 역대 의장들의 이야기를 들으며, 나 역시 그랬다는 점에서 새삼 생각이 많아졌다. 나는 이 장의 처음에서 캄보디아의 이야기를 하며 어느 국가가 맞닥뜨린 합리성과 비합리성의 갈림길에 관해 말했다. 노태우 정권은 군부정권과 문민정부의 가교架橋와도 같은 정체성을 갖고 있었고, 대한민국은 이때 개발독재와 민주정치 사이의 어려운 길을 통과하고 있었다. 어쩌면 우리는 노태우를 거치면서 비로소 합리성을 갖춘 국가, 서로 다른 이해관계를 가진 이들이 머릴 맞대고 타협하며 양보하는 사회로 나아갈 수 있었는지도 모른다. 노태우는 자기 나름으로 훌륭하게 '정치의 시대'를 열어젖혔는지도 모르는 일이다.

그렇다고 여기서 노태우 개인의 역사적인 과오와 부정부패까지 옹호할 생각은 추호도 없다. 그는 군인이면서도 민주화를 거부하지 않은 특이한 정체성을 지녔지만, 그 또한 국민의 민주화에 대한 열망과 압력, 그러면서도 안정되고 연속적인 사회체제를 향한 희구가 낳은 정치적 타협의 결과물이라고 보는 게 맞을 것이다.

그럼에도 우리는 노태우 정권이 보여준 정치와 정책의 성과들을 주의 깊게 살피지 않으면 안 된다. 우리 사회는 1990년대 이후 '정치의 시대'를 지배하는 정부와 국회 간의, 여야 간의, 숱한 이해당사자 간의 첨예한 갈등과 대립을 목도하고 있으며, 수십 년의 시간에 걸쳐 장기적으로 추진되어야 할 국가적인 중대사가 정권과 정파와 이념에 따라 끊임없이 좌초하는 비극을 마주하고 있다. 우리는 노태우 정권을 거치면서 마치 큰 강물이 도도히 흐르듯 민주사회에 안착했지만, 이후 대한민국은 마땅히 극복해야 할 체질을 대개는 미봉책으로 넘기면서 30년이 넘는 시간을 보냈다. 양극화는 심화되었고 사람들의 점점 더 경쟁적인 질서에 쫓기며 불안정한 경제구조, 불확실한 미래를 체감하고 있다. 우리 민주화의 역설적인 지점이 본격적으로 등장한 셈이며, 지금 폭발하고 있는 저출생의 문제는 그 모든 난제가 압축된 결과물일지도 모른다.

우리는 노태우 정권에서 무엇을 배울 것인가? 노태우가 집권하던 1980년대 말과 1990년대의 초입은 세계적으로도 참으로 문제적인 시기였다. 냉전이 종식되고, 베를린 장벽과 소련이 무너졌으며, 이제 지구는 단일 패권국인 미국을 중심으로 급격하게 재편되기 시작했다. 노태우 정권은 그 흐름 속에서 실리를 중시하며 북방 외교의 성과를 유감없이 발휘했다. 그리고 나는 이 장에서 기술한 대로, 내가 실무진으로 참여한 노태우 정권의 여러 성과들을 바라보며 다시 생각한다. 결국 중요한 것은 이념이 아니다. 인간의 이기심을 어떻게 제어하고 올바른 방향으로 이끌어 가느냐가 더 중요하다. 이것은 정치와 경제를 넘나드는 가장 중요한 시사점이며, 우리가 어떻게 지금의 위기를 극복하는지에 대한 중요한 화두라고 생각한다.

앞서 잠시 이창렬 교수 이야기를 한 바 있다. 제1차 경제개발 5개년 계획의 초안을 작성하는 데 적극적으로 참여하며 장관격인 경제과학심의회 상임의원을 지내기도 했던 인물이다. 일제 시절 고학으로 동경제대를 다니고 반일학생운동을 하다가 투옥되기도 했던 경제학자다. 나와는 개인적인 인연도 있다. 학비를 벌기 위해 고등학생 시절부터 가정교사 아르바이트를 해야 했는데, 그때 만난 학생 중 한 사람이 그의 자제였다. 그래서 그분 댁에 머물며 낮에는 학교에 가고 밤에는 학생의 공부를 봐주는 생활을 했다.

그분의 서재에는 다양한 책이 있었다. 당시엔 돈이 있어도 구하기 힘들었던 인문사회과학 도서를 무척 많이 소장하고 계셨는데, 교수님은 내가 마음껏 책을 읽을 수 있도록 배려해주셨다. 콘라트 아데나워도 이때 읽었고, 카를 마르크스Karl Marx의 『자본론』을 일본어판으로 처음 읽은 것도 이 시절이다. 마르크스의 이론은 고등학생이 이해하기 버거웠던 게 사실이지만, 나는 대학에 들어가서도 시간이 날 때마다 그의 책을 들여다보는 일을 멈추지 않았다. 마르크스가 갈파했듯 경제는 하부구조이며, 경제가 바뀌면 결국 사회의 모든 것이 바뀔 수밖에 없다는 건 자명한 사실이다. 즉, 경제가 피폐하면 사회는 무너진다. 그런데 내가 이후 경제관료로 일하면서 마르크스 레닌주의에 관해 느낀 것은 이와 같은 경제적인 측면보단, 인간적인 측면이 더 컸다.

근본적으로 사회주의 경제체제의 작동 원리는 인간의 본성을 굉장히 사악한 것으로 파악하며 그에 대한 감독과 감시가 필요하다는 전제에서 출발한다. 사람들은 조금씩 다 이기적인 성향을 갖고 있지만, 사회주의는 그 이기적인 인간성을 악한 것으로 규정하고 도덕적 규범을 만들어 통제하는 체제다. 이어 다 같이 도달해야 할 사회주의적 목표를 정하고, 그에 따라 통제와 규제를 정당화한다. 내가 보기에 그러한 체제가 가장 크게 간과한 것은 누군가를 감시하고 감독하는 이 또한 이기적인 인간이라는 것, 그래서 사회주의적 전제 하에선 그 또한 당연히 부패할 수밖에 없다는 사실이다. 감시하고 감독하는 이가 부패하면 사회 전체가 더 심각하게 부패하고 불공평해질 수밖에 없다는 것은 새삼 말할 필요도 없다.

왜 지금 우리의 지도자들은 협치하지 못하고, 왜 우리 사회는 큰 정치인을 상실했는가? 왜 정치를 하는 이들은 다른 사람을 사악한 존재로 몰아붙이는 데 여념이 없는가? 역대 의장님들과의 대화에서 시작된 나의 생각이 멀리 돌아왔다. 나는 노태우 정권을 되돌아보면서 이렇게 말하고 싶다. 모든 인간은 이기적이다. 어느 정권의 어떤 정치인인들 이기적이지 않을 수 있으랴. 그렇지만 이기심을 가진 누군가를 사악한 존재라고 낙인찍거나, 그를 감시하거나 교정해야 할 대상으로 규정해버려선 안 된다. 그것은 정치가 아니라 도덕의 명분을 앞세운 독선일 뿐이다.

우리는 캄보디아가 아니다. 어느덧 이 땅에 민주주의가 싹튼 지도 40년 가까운 시간이 흘렀다. 우리는 나와 다른 정파와 정당, 진영의 누군가 또한 이 사회의 '보통 사람들'을 대의하는 존재라는 사실을 언제까지 외면할 것인가? 나와 대결하는 이를 '말이 통하지 않는 이기적인 존재'라고 못박는 일보단, 상대의 안에서 이타심의 조각을 찾고, 그의 선의를 믿으려 노력하면서 끊임없이 대화를 나누려는 의지와 실천이 훨씬 더 중요하다. 사람과 사람이 서로 믿고 신뢰하는 바탕, 그 근본선의 토양에는 우리가 생각하는 것보다 훨씬 더 큰 가치가 있고, 지금 우리 정치에서 가장 심각하게 실종된 것이 바로 이러한 토양이다. 우리가 노태우 정권의 행보에서 그것만 배우고 되새길 수 있다면 더 이상 무엇을 바랄 것인가.

제4부

세계와의 조우

1993-1998

김영삼 정권

●
○

1993년, 문민정부文民政府가 출범했다. 김영삼 정권의 출범이야말로 진정한 1990년대의 시작이 아닐까. 대한민국에 군인 출신이 아닌 일반 국민이 수립한 정부가 등장했다는 것은 진정 역사적인 성과였다. 비로소 군사정권이 완전히 종식되었고, 불완전하나마 그에 대한 역사적 심판도 이루어졌다. 1990년대 초반은 소련이 해체되고 미국을 중심으로 한 일극적인 세계화의 질서가 본격적으로 시작된 시기이기도 했다. 김영삼 대통령도 1995년 신년사에서 "올해는 정부는 물론 모든 국민이 세계화를 본격 추진하는 해가 돼야 할 것입니다. 우리 모두 1995년을 세계화의 원년으로 만들어봅시다."라고 말하기도 했다.

그러나 세계와 만나고, 부딪히고, 뒤엉키는 일은 우리나라에 커다란 타격과 고통을 줄 수밖에 없었다. 군사정권 시절 쾌속으로 달려온 우리 경제의 후진성과 전근대성이 폭발적으로 드러난 때가 바로 1990년대였다.

그리고 그처럼 누적되어 있었던 병폐가 한꺼번에 도져 나라를 휘청거리게 만든 사건이 바로 IMF 위기다.

훗날 우리는 '글로벌 스탠더드'라는 말을 지겹도록 반복하겠지만, 김영삼 정권의 말기에 이르러 대한민국은 그 '스탠더드'의 위력을 실감하고 그간 쌓아온 질서와 관행이 그에 얼마나 못 미치는지를 절감하게 되었다. 이 말을 오해해선 안 된다. 글로벌 스탠더드가 언제나 옳다는 것은 전혀 아니다. 다만 수십여 년간 한국식으로 이루어온 압축적인 경제성장이 우리 내부를 곪아 터지게 하고, 우리의 금융질서와 시장 구조를 심각하게 훼손하고 있었던 것 또한 분명한 사실이었다.

1993년부터 펼쳐진 많은 일이 파노라마처럼 스쳐 지나가지만 그 시기를 생각하면 내 머릿속에서 가장 먼저 떠오르는 것은 1997년 11월 18일 밤, 재정경제원의 사무실 풍경이다. 그날 밤늦은 시각, 국회 재무위에서는 강경식 경제부총리가 제안한 금융개혁법안이 최종적으로 좌절됐다. 결국 긴급관계장관회의를 거쳐 IMF 구제금융 신청이 결정됐다.

나는 당시 재정경제원의 주무국장인 은행보험국장으로 그날 새벽 1시부터 밤을 꼬박 새워 국무회의 안건과 IMF 구제금융 요청서 등을 준비했다. 나라가 망했다는 심란함이 컸지만, 고백하건대 나는 딸의 전화를 받고 더욱 마음이 미어졌다. 다음 날인 11월 19일은 고3인 딸의 수능이었다.

딸은 어려서부터 긴장되는 일이 있거나 큰 시험을 앞두고는 꼭 나를 찾았다. 아빠가 옆에 있으면 마음이 안정된다고 했다. 나는 그런 순간 딸이 나를 찾는 게 좋았고, 아무리 퇴근이 늦더라도 시험 전날에는 반드시 공부하는 딸 옆에서 함께 밤을 새우곤 했다. 그렇지만 "아빠, 내일 수능인데 긴장돼서 잠이 안 와. 언제 퇴근해요?"라는 전화를 받았을 땐 무어라 해줄 말이 없었다. 당장이라도 뛰어가 딸 옆에 있어주고 싶었지만, 내가 수화기 너머로 할 수 있는 말은 그저 "미안하다…. 우유라도 먹고 잠들어봐."밖에 없었다.

1990년대를 추억하는 방식은 저마다 다를 것이다. 특히 요즘은 대중문화 영역에서 'X세대'와 '90년대 감성'이 유행한다고 하니 참 재미있고 신기하다. 외환위기로 많은 것이 뒤흔들리겠지만, 1990년대 중반까진 분명 자유롭고 개성 넘치며 낙관에 가득 찼던 감각, 분위기 같은 것이 있었다. 새로운 시대가 열린다는 기대감이, 절정에 다다른 경제적 풍요와 자신감이 온 사회에 넘실거리던 시기였다. 그리고 이때 나는 마음에 묵혀놓았던 아주 오랜 숙제를 해결할 수 있었다. 그 이야기부터 시작하자.

2차 금융실명제 실시

"친애하는 국민 여러분! 드디어 우리는 금융실명제를 실시합니다. 이 시간 이후 모든 금융거래는 실명으로만 이루어집니다."

1993년 8월 12일 전국은 김영삼 대통령이 발표한 '금융실명거래 및 비밀보장에 관한 긴급재정경제 명령의 시행을 위한 대통령령', 즉 금융실명제로 발칵 뒤집혔다. 그때 나는 재무부 사무실에서 대통령의 긴급 기자회견을 지켜보고 있었다. 재무부 세제총괄심의관으로서 대통령이 극비리에 추진한 금융실명제 도입을 주도하고 실행에 옮기면서 수 개월간 무겁게 짓누르던 긴장이 풀리며, 나는 무사히 끝났다는 안도감에 젖어들었다. 금융실명제와 나, 10년 넘게 이어져 온 긴 인연이 마감되는 순간이었다.

1차 금융실명제 시도가 무위로 돌아간 뒤, 정권이 두 번 바뀌었다. 온 나라가 오랜 군사정부와 이별하고 문민정부라는 시대의 변화를 맞아 들썩이던 1993년이었다. 내 신상에도 변화가 있었다. 직전 해 재무부 국장으로 승진해 조세연구원 파견 근무를 하던 중 채 8개월도 되지 않은 1993년 4월 세제총괄심의관으로 발령을 받았다. 통상 이 자리는 고참 국장이 맡는 것이 관례였다. 그런데 갑자기 신임 국장이 나타나자 언론은 물론이고 재무부 내 여기저기에서 많은 사람들이 의구심을 가졌다. 나 또한 무슨 일일까 궁금하고 또 의아했지만 당장은 그 이유를 알 수 없었다.

얼마 지나지 않아 나는 하나의 지시를 받았다. 바로 금융실명제 실무를 준비하라는 상부의 비밀 지시였다. 1차 준비 작업 당시 내가 보여주었던 업무 태도, 업무 능력을 상부는 기억하고 있었다. 나는 또다시 금융실명제에 관해 할 일을 부여받은 것이다.

2차 준비 작업은 1차 때와는 비교도 할 수 없이 더욱 극비리에 진행되었다. 금융실명제는 보안이 생명인지라 그 준비 작업 또한 비밀 유지가 관건이었다. 이 작업에 대해 알고 있는 사람은 당시 이경식 경제부총리, 홍재형 재무부 장관, 김용진 세제실장 그리고 나 김진표, 이 네 사람뿐. 참여 멤버는 모두 김영삼 대통령에게 사표를 제출해놓고 작업에 착수했다. 보안이 누설되면 언제든지 옷 벗을 각오를 해야만 했던 것이다.

더구나 언론에서는 이미 눈치를 채고 실무 담당자로 나를 주목하며 일

거수일투족을 면밀하게 살피고 있었기에 내 행동은 더욱 조심스러울 수밖에 없었다. 작업이 끝날 때까지 나를 비롯한 담당자들의 행동은 비밀요원의 첩보 작전과 다름없었다. 세제총괄심의관으로 일하던 사무실의 직원들은 물론 동고동락한 재무부 동료들, 선후배들, 아내와 가족들까지 나는 한동안 만남을 피하고, 거짓말을 밥 먹듯 해야 했다.

금융실명제팀은 우리만의 작업 공간이 필요했다. 그러나 소문이 날까 봐 정부 예산은 쓸 수 없었다. 일단 핵심 멤버인 이경식 부총리를 비롯한 네 사람이 돈을 모아 과천 정부청사 부근에 작은 아파트를 빌렸다. 실무 작업을 도와줄 요원 선발도 철저히 비밀리에 이뤄졌다. 타이핑이나 워드 작업자를 선발할 때도 1등은 뽑지 않고 2, 3등을 뽑았다. 최고 요원들로 팀을 짜면 주목을 받을 수 있기 때문이었다. 아파트에 이불과 냉장고, 컴퓨터, 복사기 등 집기류를 구입해놓고 연구원들에게 장기 해외출장 명령을 내렸다. 아무도 이들을 찾지 못하게 하기 위해서다. 이들은 명령서를 받고 과천 청사에서 공항으로 가던 중 비밀 아파트로 끌려왔다(?).

작은 아파트에 감금되다시피 한 작업팀에게 가장 큰 고역은 먹는 일이었다. 밥을 해먹을 수가 없으니 하루 세 끼를 배달 음식으로 때워야 했는데 이것 역시 외부에서 눈치챌까 싶어 직접 음식점에 가서 배달통에 담아 자전거로 옮기는, 007작전을 방불케 하는 과정이 매일 벌어졌다. 상황이 이쯤 되니 아내에게도 말 한마디 할 수가 없었다. 일주일에 한 번, 열흘에 한 번씩 간간이 집에 들어가고, 때로 김치며 반찬을 만들어달라고 해서 들고 나가는 나를 이상하게 여긴 아내는 도대체 무슨 일을 하고 있는지 궁금해했다. 그때 내가 둘러댄 변명은 지금 생각해도 웃음이 나온다.

"모든 부처에서 경쟁적으로 대학 교수들과 작업팀을 꾸려 통일 이후 전반적인 국정 운영 방안에 대한 비밀 작업을 추진하고 있다. 부처 간 경쟁에서 1등을 하면 포상을 받기로 되어 있다."

재무부 국장이 돼 가지고 부처 간 경쟁에서 1등을 하고 싶어 매일 외박을 해야 한다니! 하지만 내 말이라면 무조건 믿어주던 아내는 감쪽같이 속았다. 나중에 금융실명제가 실시된다는 소식을 신문을 통해 알게 된 뒤에서야 비로소 아내는 내가 한동안 왜 그렇게 이상한 행동을 했는지 깨달았다. "나를 그렇게 못 믿고 살았느냐."라는 아내의 타박은 피할 수 없었다. 어지간히도 서운했던지 아내는 일주일 넘게 나를 쳐다보지도, 말도 하지 않았다.

선진경제를 향한 첫걸음

금융실명제가 이렇듯 비밀리에 추진된 것은 처음부터 이 제도의 목표가 검은돈의 유통을 막아 지하경제의 규모를 줄이는 것이었기 때문이다. 금융의 차명 거래를 차단하면서 생길 혼란과 부작용을 최소화하기 위해서는 보안이 필수였다. 만약 누군가 이런 사실을 사전에 알게 된다면 서둘러 금융거래를 정리할 것이고, 제도에 대한 정확한 이해 없이 시장은 좌충우돌, 혼란에 빠질 것이 분명했다.

일찍부터 실명 거래가 정착되었던 서양과 달리 인장 문화가 발달한 우리나라는 차명 거래가 당연시됐다. 오래전부터 고위 관료나 지주들은 재산 관리를 하인에게 맡겼는데 조선시대엔 집을 사고팔 때도 하인 명의로 거래했다고 한다. 이에 1961년 5·16 군사정부는 「예금, 적금 등의 비밀보장에 관한 법률」을 제정해 예금·적금은 물론 주식이나 채권 등 모든 금융자산의 가명·무기명 거래를 법적, 제도적으로 보장했다. 국내 저축 기반이 취약한 것을 고려해 이를 늘리기 위한 수단이었다.

결국 이 제도는 국내 저축을 크게 늘려 경제개발에 필요한 재원 조달에는 기여했으나, 경제가 성장하고 금융거래 규모가 커지면서 지하경제의 활동 공간을 제공하고, 빈부 격차를 심화시키는 결과를 낳았다. 특히 가명이나 차명 거래로 공식적인 금융기관을 통한 '돈세탁'을 할 수 있다는 것은 좌시할 수 없는 중대 문제였다. 이는 부정부패와 탈법을 조장하는 일이었다. 독초처럼 돋아나 되풀이되는 대형 금융사고, 정치권과 관련된 각종 부정부패와 사기사건, 불법 정치자금 조성까지. 우리 경제가 한 단계 다시 도약하려면 반드시 이 악의 고리를 끊어야만 했다. 슬금슬금 규모가 커져버린 지하경제가 정상적인 나라 경제를 좀먹고 있었다.

그러나 금융거래의 가장 기본적인 원칙을 바꾸는 금융실명제 실시는 시장에 엄청난 충격일 것이 분명했다. 가장 큰 부작용으로 지적된 것이 금융실명제 실시와 금융소득의 종합과세로 금융시장에서 자금이 대거 이탈하지 않을까 하는 우려였다. 그러면 금융시장이 크게 위축될 것이고 기업이 투자 재원을 조달하기 어려워지면서 경제 침체로까지 이어질 수 있었다. 두 번째는 금융시장을 빠져나온 자금이 부동산시장으로 몰려 투기를 조장하거나 해외로 유출될 위험이 있다는 우려였다. 그것은 결국 국내 산업공동화로 연결될 수 있는 문제였다.

면밀한 검토 끝에 이러한 위험성과 긴급성 그리고 안정성을 확보하기 위해 발표는 대통령 긴급명령의 형식으로 진행하고 몇 가지 보완 조치를 마련했다. 먼저 선의의 피해자가 발생하지 않도록 실명으로 명의를 전환할 수 있는 기간을 설정했다. 금융소득에 대한 종합소득과세는 국세청의 전산망이 완성되는 대로 실시하는 한편, 철저한 비밀 보장을 위한 절차 요건을 최대한 강화했다. 즉 금융실명제로 인한 사생활 침해나 자유로운 경제활동을 위축하는 일은 없도록 하겠다는 정부의 의지를 표명한 것이다.

나는 이때 두 가지 문제를 놓고 고민했다. 하나는 지하경제에 머물러 있던 자금이 실명으로 전환되는 과정에서 폭로되는 그동안의 불법과 부정을 과연 묵인해야 하는가 하는 점이었다. 그동안 여러 차례 국민들을 실의에 빠지게 만들었던 그 비밀 자금에 대해서는 단호한 조치가 필요했다. 따라서 실명으로 전환되는 금융자산에 대해서 조세 징수를 근거로 자금 출처 조사가 가능하다고 덧붙였다. 또 하나의 문제는 이 혼란된 상황에서 발생할 선의의 피해자였다. 당장 중소기업의 자금 사정이 악화될 경우에 대비해 특별 긴급 지원대책을 마련했고, 부동산 투기와 해외 자금 유출을 막기 위한 대응 체제도 준비했다. 그뿐만 아니라 각종 분야별 대책을 총괄하는 '중앙대책위원회'가 가동하도록 만반의 조처를 해놓았다.

다행히도 전광석화처럼 추진된 금융실명제는 커다란 부작용 없이 성공리에 안착됐다. 깨끗하고 투명한 금융거래로 인해 투기, 권력형 부정부패, 뇌물, 사기 사채 등 불법적 방법으로 재산을 축적하는 과정이 원천 봉쇄됐다. 이는 선진 사회로 가는 데 중요한 디딤돌을 놓는 일이었다.

가명, 무기명 거래를 통해 상속·증여세를 회피하는 일, 부동산·증권 시장에서 가명 거래를 통해 벌어지는 큰손들의 횡포 등 금융시장 교란 행위에 대해 족쇄를 채우면서 경제 전반에 걸쳐 자금 순환이 정상화되고 재정·금융정책의 효율성이 높아졌다. 공급된 자금이 생산 부문으로 유입되고 비생산 부문에 자금이 몰리는 기현상을 바로 잡는다면 경제 부문 사이의 자금 순환이 원활해질 수 있었다. 이로써 통화량만 규제하고 있었던 우리나라 통화금융정책의 효율성도 크게 증대시킬 수 있게 된 것이다.

나아가 금융실명제 도입으로 이뤄진 금융자산 소득에 대한 종합과세는 조세 부담의 형평성을 제고했다. 금융실명제가 실시되지 않으면 차·가명의 금융자산을 매매하고 그 차익이 생겨도 개인별 소득 합산이 불가능하다. 공평한 세금 제도라면 소득의 원천에 관계 없이 모든 소득을 종합해 그 크기에 따라 누진세율을 적용하는 것이 합당하다. 금융실명제는 소득, 특히 임대·이자·배당 등과 같은 자산 소득을 쉽게 포착할 수 있어 세수가 늘고 과세 형평성을 크게 개선하는 데 일조했다. 즉 막대한 양의 금융거래가 모두 포착되면 결과적으로 종합과세액 및 종합소득세율이 인하되기 때문에 근로소득 중심의 저소득자 소득에 대한 세금은 그만큼 줄어들고, 고소득 금리생활자의 세금 부담은 늘어나는 결과를 가져오게 된다. 모든 국민이 소득에 합당한 적절한 세금을 내는 구조가 만들어지는 것이다. 이는 결과적으로 소득 분배의 측면에서도 커다란 개선 효과를 가져왔다.

또 금융실명제는 산업 및 소유 집중 문제에서도 보다 효과적인 대응을 가능케 했다. 요즘도 주식의 위장분산이 종종 발견되고 경제적 집중이

가속화하고 있지만, 금융실명제 이전에는 이런 상황에 전혀 대응할 수가 없었다. 독점과 상호출자 금지, 공정거래와 여신 관리만으로는 돈의 흐름을 제대로 알 수 없기 때문이다. 금융실명제는 전주나 대주주 등 큰손들의 주식 위장분산 소유를 방지함으로써 주식시장의 건전한 발전을 촉진하는 데 크게 기여했다.

우리 정치권에 새바람을 일으키는 데도 금융실명제는 기폭제가 되었다. 우리 정치 풍토는 돈에 의한, 돈을 위한, 돈의 정치라 해도 과언이 아닐 정도로 오랫동안 금권정치의 한계를 안고 있었다. 이것을 가능케 한 것이 지하 정치자금이었다. 당시 금융실명제의 실시로 한국의 정계에서도 음성적인 정치자금의 흐름을 추적할 수 있게 됐고, 이를 기반으로 훗날 노무현 대통령이 추진한 정치개혁 끝에 우리나라엔 선거공영제가 도입될 수 있었다. 우리나라처럼 거의 완벽한 공영제로 선거를 운영하는 나라는 세계적으로 봐도 드문 게 사실이다. 정치가 부정한 지하 자금에 의존하기보다 국민의 뜻에 충실할 수 있는 기본적인 조건이 마련된 것이다.

공무원으로 산다는 것은

두 달 넘게 정보국 첩보 요원처럼 사람들 눈을 피해 다니던 생활도 청산됐고, 금융시장도 서서히 충격에서 벗어나 안정을 찾아갈 무렵, 뜻밖의 소식이 들려왔다. 일부 시민단체를 중심으로 '금융실명제 실시 사실을 사전에 삼성에 알려줬다'라는 근거 없는 소문이 번지기 시작한 것이다.

즉각 청와대 민정수석실에서 루머를 확인하기 위해 삼성을 방문했다. 우리 실무팀 역시 긴장하지 않을 수 없었다. 만약 사전에 정보가 누설된 것이 사실이라면 쉽게 넘어갈 사안이 아니었다. 하지만 청와대 조사 결과 루머는 사실무근으로 판정됐다. 삼성 관계자들 중에서 사전에 이 사실을 인지한 이는 아무도 없었다. 그들은 도리어 사전에 정보를 얻지 못한 것을 자책하고 있었다. 나는 나중에 삼성 고위 간부로부터 이런 이야기를 전해 들었다.

"세계 기업임을 자부하는 삼성에서 금융실명제 실시에 관한 정보를 사전에 인지조차 하지 못한 것은 수치다. 우리 모두가 최고경영자로부터 심한 꾸지람을 듣고 커다란 반성의 계기로 삼고 있다."

지금도 자부심 가득한 마음으로 회고할 수 있는 건, 금융실명제 도입과 관련해 내 공적 업무에서의 결점이나 실책은 단 하나도 없었다는 것이다. 그러나 나는 아내와 장인어른의 일로 오랫동안 혼자서 맘고생을 해야 했다. 장인은 경기도 안양 일대에서 부자로 손꼽히던 분이었다. 물려받은 재산을 부동산과 금융자산으로 지켜가고자 당시 다들 그랬듯이 사위·외손주 등 빌릴 수 있는 이름은 모두 빌려 가명·차명으로 자금을 운용하고 있었는데, 갑자기 실시된 금융실명제로 큰 손해를 보게 된 것이다. 차명 통장을 바로잡으려면 사위나 딸, 손자들의 동의를 받아야 했다. 몹시 곤혹스러운 과정이었으리라.

평소 막냇사위인 나를 다른 손위 동서들처럼 '김 서방'으로 부르지 않고 "진표야" 하며 이름을 그대로 부를 정도로 친아들처럼 대해주셨던 장인은 이 일로 나에게 몹시 서운한 마음을 갖게 되었다. 그래도 가족이고 장인인데 한마디 귀띔 정도는 해줄 수 있지 않았을까 생각하셨던 모양이다. 그때부터 돌아가실 때까지 장인어른은 내 얼굴을 제대로 쳐다보지도, 따뜻한 말 한마디 해주지도 않았다. 사위로서 지금도 나는 장인어른에게 죄송스러운 마음이 남아 있다. 그러나 그것은 공무원인 나로서는 어쩔 수 없는 일이었다.

금융실명제라는 태풍 속에서 보냈던 1993년 마지막 날, 나는 국방대학원 교육 과정을 자원했다. 다들 꺼리는 한직이었지만 나는 잠시 숨 돌릴 시간이 필요했다. 내가 모든 시간과 노력과 관심을 금융실명제에 쏟고 있는 사이, 나의 아버지는 노환으로 건강이 악화돼 회복 불능의 상태에 놓여 계셨다. 나는 아버지의 마지막 가시는 길을 내 손으로 보내드리고 싶었다.

51년 만의 무더위를 기록했던 1994년 8월, 아버지는 내 품에서 편안하게 숨을 거두었다. 돌아가시기 4개월 전부터 나는 업무를 마치면 병원으로 달려가 아버지 곁에서 밤을 보냈다. 고등학교에 진학하면서 이른 나이에 품을 떠났던 장남. 늘 아들을 그리워했고, 아들을 자랑스러워했던 아버지에게 내가 해드릴 수 있는 일은 그 짧은 밤 시간을 함께 보내는 것이 전부였다.

워낙 박식하고 생각이 깊은 김대중 대통령이나 달변에 글도 말도 유려했던 노무현 대통령, 풍류를 즐겨 한 마디 한 마디가 시 구절 같았던 김종필 총재 같은 옛 정치인들의 어록은 지금 다시 봐도 감탄이 나온다. 하지만 그 누구보다도 자신의 성격을 명확하게 드러낸 어록을 많이 남긴 이는 김영삼 대통령이 아닐까.

많은 사람들의 평가처럼, 그는 진정 태생적인 대중 정치인이 아니었을까 싶다. 김영삼은 "호랑이 굴에 들어가야 호랑이를 잡을 수 있다."라며 삼당합당 반대 논리를 한칼에 무력화시켰고, 하나회 청산 과정에서는 "무신의 난이 왜 일어났는 줄 아는가." 운운하던 군부의 반발을 "개가 짖어도 기차는 달린다."라는 한 문장으로 제압했다. 그뿐이랴. 1974년 국회의원에서 제명된 뒤 "닭 모가지를 비틀어도 새벽이 온다는 것을 잊어서는 안 된다."라고 내지르던 일성은 많은 국민들의 뇌리에 또렷이 남았다.

그는 이처럼 단순하고 명쾌한, 큰 승부의 리더십을 보여줬다. 취임 첫해부터 하나회 척결, 고위공직자재산공개, 금융실명제 단행 등 굵직굵직한 개혁으로 정치적 지지기반을 확보했다. 지금 다시 뜯어보아도 어느 하나 누구도 제대로 추진하기 힘든 과제들이다. 김영삼은 자신의 직관적인 의지와 판단의 힘을 믿었고, 그것은 우리 사회에 긍정적인 역할을 할 때도 많았다.

그러나 삼당합당 과정에서 보수세력의 기득권을 어느 정도 인정할 수밖에 없었던 김영삼의 개혁에는 어딘가 미진하고 아쉬운 점이 있다. 김영삼 대통령에게 금융실명제는 경제 전체의 개혁이라기보다는 전두환과 노태우 전 대통령의 불법 정치자금을 겨냥한 목적이 더 컸다. 그는 금융실명제를 통해 이 나라의 선진경제적 기초를 다졌지만, 이를 통해 정경유착, 기업과 금융의 유착을 끊어내는 데까지는 적극적으로 나서지 않았다. 이것이 가장 뼈아팠다. 결국 부실 대기업을 구조조정해서 재벌기업과 경제 체질을 획기적으로 개혁하는 계기로 활용하지 못한 채 시간이 흐르고 말았다.

그 대가는 컸다. 1993년 '신경제 5개년 계획'부터 경제기획원 등 경제관료와 KDI 및 학계에서는 더 이상 우리나라에 관 주도 성장전략이 유효하지 않다고 판단했다. 1980년대가 지나고 1990년대에 들어서며 신자유주의적 개방 압력도 거세졌다. 군사정권 시절에는 강력한 통제로 내부를 억압했고 외부에는 아직 시기상조라는 입장으로 버텼으나, 민주화가 진행된 이후 더 이상 통제를 하거나 핑계를 대는 일도 힘들어졌다. 하루빨리 민간 주도로 경제발전 전략을 전면 수정하고 그에 맞춘 경제개혁을 해야 한다는 목소리가 높았으나 이미 형성된 경제 기득권을 깨기에는 김영삼 대통령의 의지도, 역량도, 비전도 미흡했다고 나는 생각한다.

뒤에서도 계속 이야기하겠지만, 당시 김영삼은 이와 관련된 지식과 정보를 그다지 성실하게 습득하지 못한 것으로 보인다. 직관에 의존한다는 것은 아무래도 합리적인 사고와는 거리가 있다는 뜻이기도 하다. 직감의 정치는 통쾌한 맛은 있지만 그만큼 불안하고 위태롭기 쉽다. 모든 걸 정치로 생각하는 습관은 그에게 뿌리 깊이 자리 잡힌 듯 보였다. 나는 김영삼 대통령에게 보고할 때마다 그런 점을 느꼈는데, 내가 어떤 경제적 사안을 설명하든 대통령이 하는 말이 늘 비슷했기 때문이다. 그런 그의 모습은 '정치의 정책화, 정책의 정치화'라는 말을 떠올리게 했다.

김영삼 정권의 총체적인 문제를 느꼈던 지점은 또 있다. 당시 청와대 고위직에 있던 분이 내 보고를 받기 시작한 뒤 얼마 안 지나서 꾸벅꾸벅 조는 것을 보았다. 나중에 알고 보니 그분이 야전침대를 갖다 놓고 청와대 사무실에서 계속 밤새워 일하는데, 그 일이라는 게 대부분 대통령 연설문이나 메시지에 점 하나 찍고 표현을 다듬으며 어딜 강조할 건지 표시하는 등의 일이었다. 그런 일까지 하나하나 다 하다가 정작 중요한 국가 예산이나 경제정책 관련 보고는 제대로 못 챙기는 상황에 이르렀던 것이다. 최종 책임자가 일의 경중과 본말을 잘 짚어가야 하는데 당시 김영삼 정부는 그런 점에서 총체적인 한계를 노출하고 있었다. 결국 제대로 된 경제개혁을 단행하지 못한 채 기차는 1997년을 향해 달려가고 있었다.

금융위기의 그림자

"극심한 자금난에 시달리던 한보철강이 오늘 끝내 부도로 쓰러졌습니다. 한보철강이 그동안 얻어 쓴 빚은 4조가 넘습니다." (《MBC 뉴스데스크》 오프닝 멘트)

1997년 1월 23일, 새해 벽두부터 날아든 소식은 재계 순위 14위의 한보철강 부도였다. 당시 보람은행 삼성동 지점에 돌아온 15억 원짜리 어음을 결제하지 못해 부도를 낸 것이다. 이를 신호로 제일·동남·동화은행 등 전국 19개 채권은행이 그동안 부도처리를 보류하고 있던 수백억 원의 어음 또한 동시에 부도처리가 됐다.

그때 나는 재무부 금융정책실 은행보험국장을 맡고 있었다. 한보의 부도는 제일은행 등 4개 은행이 한보의 사업계획에 대한 정밀한 조사도 없이 3조 5000억 원가량의 자금을 선뜻 빌려주면서 시작됐다. 당시 은행권에서 드문 일은 아니었다. 우리 경제는 줄곧 그런 식으로 성장해왔기 때문이다.

박정희 정권 시절부터 한국은 불균형 성장 방식을 취했다. 소수의 재벌 기업 중심으로 자원을 몰아서 고속 성장을 꾀한 것이다. 특히 일본 등 선진국의 상품과 기술을 더 빠르게, 더 우수한 실력으로 베껴내며 세계 시장을 차지했다. 1960~1980년대까지는 이 같은 재벌 중심 방식이 통했다. 하지만 일정 수준 성장을 이룬 1990년대에 들어서면서 상황이 달라졌다. 선진국 베끼기를 벗어나 기술혁신을 이뤄야 했으나 이미 공룡처럼 덩치가 커진 재벌 집단에겐 쉽지 않은 일이었다. 재벌뿐 아니라 정치·사회·금융 등 온 나라의 조직 자체가 재벌 중심의 관성에 익숙해진 탓이었다.

특히 은행은 재벌이라면 마음 놓고 돈을 빌려줬다. 기아·진로·대우·한보 등은 천문학적인 부채 위에 세워진 재벌 기업이었다. 1996년 말 한국 30대 대기업 그룹의 부채비율은 평균 382%에 달했다. 그들은 이를 바탕으로 문어발식 기업 확장을 했다. 계열사가 수십, 수백여 개씩 늘어났고 덩달아 재무구조는 취약해졌다. A기업이 은행에서 돈을 빌려 B기업을 인수하고, 다시 B기업을 담보로 은행에서 돈을 빌려 C기업을 인수하고… 빚으로 지탱하는 선단형 경영방식으로 인해 한 기업에 문제가 생기면 모두 한꺼번에 망가지는 산업구조가 형성된 것이다.

이렇게 취약해진 경제구조에 타격을 가한 것이 태국발 외환위기였다. 1997년 7월 2일 태국 바트화가 폭락하며 시작된 경제위기는 인도네시아, 말레이시아, 필리핀 등 다른 동남아시아로 번지기 시작했다. 글로벌 투자자는 이후 포트폴리오 관리 차원에서 아시아 시장에서 자금을 철수하기 시작했다.

문제는 1990년대 들어 30여 개로 난립한 국내 단자사·종합금융회사의 영업 행태였다. 이들은 당시 '잃어버린 20년'을 극복하기 위해 제로 금리를 실시하던 일본에서 1년 미만 단기 대출을 받아 그 돈을 동남아에서 장기 운용하며 돈을 벌었다. 연 0.01% 금리에 3개월 만기로 돈을 빌린 뒤, 이를 동남아에 연 25~30% 금리로 3년간 빌려주는 식이었다. 금리 차이를 이용해 땅 짚고 헤엄치는 방식으로 쉽게 '돈놀이'를 한 것이다.

이러던 것이 동남아 경제위기가 커지자 부실채권이 늘어났고, 미국 금리의 인상 여파로 아시아 국가에 투자한 자금이 빠져나가는 상황에서 일본 은행도 한국에 빌려준 자금을 회수하기 시작했다. 꿔준 돈은 3년 만기인데 빌린 돈은 당장 갚아야 하는 미스매치가 발생하며 금융회사가 도산할 수밖에 없는 상황이 된 것이다. 이들 금융회사는 대부분이 재벌 대기업이 운영하던 곳이었다. 선단형으로 연결돼 있는 경영구조상, 금융회사의 부실은 곧바로 재벌 그룹의 부실로 이어졌다. 해태가 운영하던 대한종금이 쓰러지면서 해태그룹 전체가 연쇄부도난 것이 대표적인 사례다.

10월 28일에는 코스피 500선이 무너졌고, 11월 10일에는 달러당 환율이 1000원을 돌파했다. 긴급사태에 대응하기 위해 '10·29 금융시장 안정대책'을 발표했으나 다음 날 외국인 투자자들은 1390억 원어치 주식을 순매도하고 달러 역시 폭등했다.

경제기획원의 한계

2018년 개봉한 영화《국가부도의 날》은 이 시기를 다루고 있다. 영화적 재미를 위해서인지, 내용을 단순화하기 위해서인지 한국은행과 재경원을 선악 구도로 대비해 연출했다. 아마 상대적으로 국가경영의 책임이 덜한 한은을 선으로, 국가경영의 직접 책임이 있는 재경원을 악으로 상정한 것이리라.

당연히 현실은 훨씬 복잡했다. 영화처럼 명확히 선악을 나누고 책임 여부를 가를 수 있는 사건은 세상에 거의 없다. 나라살림 운영에서는 특히 더 그렇다. 당시 재경원과 한은, 청와대는 아주 긴밀히 협의하며 경제위기에 대응하기 위해 노력하고 있었다. 물론 성공하지는 못했으니 안타까울 따름이다.

강경식 부총리 겸 재정경제원 장관과 김인호 청와대 경제수석은 이후 외환위기의 주범으로 몰렸다. 그들에게 정치적 책임이 있다는 점을 부인하기는 어렵다. 상징적인 에피소드가 널리 알려져 있다. 1997년 3월

KDI가 외환위기 가능성을 시사하며 대책을 촉구하는 보고서를 발간했다. 강경식 부총리가 이 보고서가 시중에 유포되는 걸 영 못마땅해하는 눈치라 그가 중국 출장 중일 때를 틈타 전국에 배포했는데, 부총리가 이를 알고 홍콩에서 대로하여 재경원이 보고서를 다시 회수하기도 했던 일이 그것이다.

재정경제원은 1995년 경제기획원과 재무부를 통합한 조직이다. 길게 장래를 내다보고 미래비전을 세우는 경제기획원과 매일매일 물가, 금리, 환율을 현실적으로 관리하고 증시와 자금흐름, 부동산 동향을 파악하는 재무부는 각각 거시경제와 미시경제를 담당하고 있었다. 당연히 이 두 축이 균형을 이뤄야 제대로 된 경제정책을 펼 수 있었지만, 김영삼 정권 시절에는 경제기획원 출신이 재경원의 정책 라인에 쫙 포진해 있었다. 강경식 부총리는 물론 한이헌·구본영·이석채·김인호 경제수석까지 역대 경제정책 담당자가 모두 경제기획원 출신이었다.

큰 그림을 그리는 경제기획원 입장에서는 조세, 금융 등 특정 영역을 다루는 재무부가 '업계 친화적'으로 보였던 것 같다. 나라의 이익을 위해서가 아니라 업계의 이익에 복무한다는 의심이 있었던 것이다. 강경식 부총리도 그랬다. 은행보험국장인 나나, 금융정책실장인 윤증현이 보고하러 들어가면 보고 있던 서류를 급하게 덮는 경우가 잦았다. 경제위기가 올 것이 예상된다면 우리와 상의하는 게 당연한데, 그는 그런 방식을 택하지 않았다. 위기에 대비하기 위해 금융개혁을 하려면 '업계'와도 싸워야 했다. 그러려면 '업계와 멀리 떨어진' 경제기획원 출신으로 개혁을 주도해야 한다고 생각했던 모양이다.

자본이 신뢰로 움직인다는 점에서, 금융이란 무엇보다도 사람 그 자체가 중요한 영역이다. 금융을 둘러싼 관계자들이 일이 돌아가는 핵심을 모르면 결코 제대로 된 대책이 나올 수 없다. 아니나 다를까, 결국 개혁안은 지지부진 시간을 끌다가 11월 말이 돼서야 국회 재무위에 올라갔으나 끝내 통과되지 않았다. 한보 사태가 그해 1월에 터졌다는 점을 생각하면 11월은 늦어도 너무 늦은 셈이지만, 기실 그 안이 국회를 통과했어도 우리나라가 IMF 사태로 가는 일은 막을 수 없었을 것이다. 강경식 부총리는 훗날 외환위기 실상을 축소 보고해 환란을 초래한 혐의(직무유기)로 기소, 투옥되기도 했다. 결과적으로 고의가 아닌 정책 실패에 사법적 책임을 물을 수 없다는 이유로 최종 무죄판결을 받기는 했으나, 경제위기의 원인과 책임을 둘러싼 공방은 이후로도 길고 치열하게 이어졌다.

대선을 앞둔 정치권에서는 IMF 구제금융을 신청해야 한다는 목소리가 커지고 있었다. 11월 18일 이회창 신한국당 총재와 조순 민주당 총재는 공동 기자회견을 열고 IMF 구제금융의 필요성을 발표했다. 같은 날 이인제 국민신당 후보 또한 "IMF에 자금 지원을 요청할 것을 촉구한다."라고 말했다. 이틀 뒤 김대중 새정치국민회의 후보 역시 "IMF구제 금융 요청을 적극 검토해야 한다."라고 주장했다. 사실상 IMF 구제금융은 불가피한 상황이었다.

11월 22일 청와대 영수회담에서 김영삼 대통령은 사실상 IMF 구제금융을 신청한다고 발표했다. 군사독재정권의 관 주도 경제성장을 거쳐, 치열하고 뜨거웠던 민주화의 시기를 지나 평화로운 정권교체를 이룬 뒤 마주한 우리 사회의 몰락이었다. 경제·문화적으로 역사상 가장 풍요로웠던 시절과 대한민국 최초의 국가 부도 사태, 그 격심한 경제적 추락이 짧은 시차를 두고 대한민국을 덮쳤다. 그야말로 흥망성쇠를 한꺼번에 겪은 1990년대의 끝에 IMF의 시대가 도래한 것이다.

제5부

스물여덟 권의 대학노트

1998-2003

김대중 정권

"올 한 해 동안 물가는 오르고 실업은 늘어날 것입니다. 소득은 떨어지고 기업의 도산은 속출할 것입니다. 우리 모두는 지금 땀과 눈물을 요구받고 있습니다."

국회의장 임기 첫해인 2022년 가을부터 반기에 한 번씩, 문희상 전 의장이 설립한 '김대중정치학교'에서 네 차례 강의를 했다. 강의 첫날, 김대중 대통령의 취임사를 자료 영상으로 틀어놓은 나는 그의 음성을 가만히 듣다가 그만 주책없이 울고 말았다. 영상 속 김대중 대통령이 취임사를 읽으며 잠깐 울먹였기 때문이다. 이 나이를 먹고 모든 것이 지난 뒤에 다시 그때를 회상하니 대통령이 어떤 마음에서 취임사를 읽었을지, 왜 그는 울컥할 수밖에 없었을지 비로소 절절하게 이해되었다.

그리고 사무치게 그리웠다. 김대중 대통령은 내 인생에서 가장 특별한 대통령일 것이다. 나는 그에게서 '훌륭한 지도자'란 어떤 모습을 하고 있는지를 발견했다. 비록 IMF 구제금융 체제의 어둠에서 임기를 시작했으나, 2002년 한일 월드컵의 환희로 임기를 마쳤다는 것을 떠올리면 "네 시작은 미약하였으나 네 나중은 심히 창대하리라."라는 구약성경 욥기 구절은 말 그대로 김대중 정권을 상징하는 것 같다.

지금까지 설명한 역대 정권에서와 달리 김대중 대통령은 내가 직접 옆에서 모신 분이다. 김대중 대통령과의 인연이 본격적으로 시작된 것은 1997년 끝자락 무렵이다. IMF 체제에 들어서는 동시에 열린 대통령 선거로 온 나라가 혼란스러운 시기였다. 나는 우연히 본 뉴스에서 김대중 대통령의 주장을 듣게 된다. IMF 재협상 요구였다.

김대중의 당선과 IMF 재협상

IMF 구제금융 신청이 결정되고, 정부는 IMF와 긴 협상에 돌입했다. △국내 금융기관에 대한 외국인 투자자들의 인수합병 허용 △노동시장의 유연성 확보 △기업 회계제도 투명성 확보 등에 합의를 봤다. 거시경제 운용에 대한 IMF 측의 요구도 대부분 수용했다. 그 결과 긴축성장과 예산삭감이 불가피했고, 인위적으로 물가를 4.5%대에 묶으면서 부작용이 우려됐다. 무엇보다 급격한 이자율 상승에 따른 고통이 따를 터였다.

당시 김대중 새정치국민회의 후보는 여기에 반대했다. "우리나라에 지나친 부담이 되는 부분에 대한 개선이 필요하다. 세부 사항에 대한 추가 협상으로 국민들의 고통을 최소한으로 줄여야 한다."라는 주장이었다.

이회창 한나라당 후보를 비롯한 일부 정치권과 보수언론에선 즉각 반발했다. "국민회의의 재협상 주장은 무책임한 정치적 발언"이라는 주장이었다.

IMF가 구제금융 때 예외 없이 쓴 정책은 '인위적 고금리 조치over shooting policy'다. IMF 자금을 수여받은 나라는 지원받은 시점으로부터 소급해 근 10년간 가장 높았던 금리 수준으로 금리를 한꺼번에 올려야 한다. 이렇게 하면 IMF 지원금이 외부로 빠져나가서 다른 나라 경제를 교란시킬 우려가 없고, 오히려 고금리 덕분에 다른 나라의 투자금도 빨아들일 수 있다는 이유에서였다.

문제는 이 정책이 우리나라에는 맞지 않았다는 것이다. 한국은 그때나 지금이나 재정 건전성 면에서 경제협력개발기구OECD 국가에서 2~3위를 다툴 정도로 재정이 탄탄하고 걱정 없는 나라다. 돈이 밖으로 빠져나갈 가능성이 거의 없는 것이다.

게다가 당시 한국 금융기관의 대출 90%는 변동금리 조건부 대출이었다. IMF의 고금리정책으로 기존의 연 8~9%대 대출이 연 28~30%까지 폭등했다. 가계도 기업도 갑자기 3~4배가 뛴 금리를 감당할 순 없었다. 알토란 같은 기업들이 이자를 내지 못해 흑자부도를 냈다. 하루에도 300여 개의 기업이 매일 쓰러졌다. 도저히 지켜보고 있기 괴로웠다.

당시 김대중 대통령 당선자가 여기에 의문을 제기했다. "고금리 정책은 한국과 잘 맞지 않는다. 왜 멀쩡한 기업을 쓰러뜨리느냐."라는 지적이었다. 그러자 보수언론과 전문가들, 전직 관료들을 위시해 여기저기서 그야말로 무차별한 공격이 쏟아졌다. 무식한 사람이 알지도 못하고 IMF

의 심기를 거스른다, 김대중 당선자는 우리나라를 중남미로 만들 사람이다…. 그러나 내가 들어보니 그들이 틀렸고, 김대중의 진단이 맞았다.

매일 밤 잠이 오지 않았다. 한국의 주류 사회는 이미 김대중 당선자의 아이디어를 무시하고 있었다. 김대중 당선자의 문제 제기가 옳다는 분위기를 어떻게 조성할 수 있을까? 그때 머릿속에 아이디어가 스쳤다. '국내 언론이 어렵다면 외신은 어떨까?' 당시 광화문 프레스센터 꼭대기 층에선 외신기자들이 일주일에 한 번씩 만나 밤 10시부터 맥주를 마시며 자유롭게 대화하는 '서울의 밤Seoul Night'이라는 행사가 열리곤 했다. 나 역시 긴급한 홍보가 필요할 때 그 행사를 이용한 적이 있었다. 나는 예약도 하지 않고 무조건 찾아가 외신기자들에게 설명을 시작했다.

"우리나라는 고금리 정책이 맞지 않아요. 재정이 세상에서 제일 건강한 나라인데 어떤 바보가 우리나라에 준 돈이 밖으로 빠져나간다고 생각하겠습니까. 왜 우리한테 금리를 올려 좋은 기업을 인위적으로 부도를 내느냐 이거예요. IMF가 준 돈이 우리 경제를 망치면 되겠습니까? 우리 경제 살리려고 빌려준 거잖아요. 우리 6개월이면 그 돈 갚을 수 있어요."

그날 그렇게 열변을 토했더니 《블룸버그》, 《이코노미스트》, 《월스트리트 저널》, 《파이낸셜타임스》 같은 매체의 기자들이 나에게 구석구석 질문하고, 토론하기 시작했다. 다음 날 이들 매체를 포함한 주요 매체가 칼럼과 사설을 통해 '한국에 대한 IMF 금융정책이 잘못됐다'라는 주장을 했다. 효과는 즉각 나타났다. 3~4일이 지나자 금리 부분만 따로 협상하기 위한 IMF의 협상단이 한국에 왔다. 재경원 은행보험국이 협상을 맡아 내가 총 지휘를 맡았고, 당시 은행과장이었으며 후에 국회의원이 되는 이종구가 실무협상을 담당했다.

월요일부터 시작한 협상은 지리멸렬했다. 각 나라 재무부 국장 출신이었던 IMF 협상단은 시종일관 "애초에 부도를 내지 말아야지, 왜 돈 빌려가 놓고 시키는 대로 하지 않고 없는 관행을 새로 만들려고 하느냐."라는 태도로 일관했다. 목요일 저녁까지도 협상이 전혀 진전되지 않자 나는 애가 타기 시작했다. 마지막 카드를 쓸 수밖에 없었다.

나는 이종구 과장을 불러놓고 말했다.

"안 되겠다. 한국적인 방법을 쓰는 수밖에 없겠어."

"한국적인 방법이 뭔데요?"

"내일까지 하루 더 협상해보고, 금요일에 안 되면 내가 내일 삼청각에서 크게 저녁을 살 테니 거기로 다 부르자."

이종구는 기겁했다. 지금도 그렇지만 삼청각은 그때도 한국에서 가장 좋은 요릿집이었다.

"아니 이거 어떻게 감당하려고 그래요?"

"지금 매일 하루에 300개씩 기업이 쓰러지는데 이것저것 따질 게 뭐 있어. 이건 긴급 피난 조치야. 무조건 예약해. 외상으로 해서 나중에 내가 갚든지 니가 갚든지 갚으면 될 거 아니야."

그렇게 삼청각에 IMF 협상단 열서너 명이 모였다. 하나같이 경직돼 술도 마시지 않으려는 상태였다. 내가 먼저 나서서 "한국 사람이 잔을 돌리는 이유는 마음의 잔을 주는 겁니다."라고 위스키를 한 잔씩 돌렸다. 그래도 잘 마시지 않으려 해서 한국인의 필살기(?)인 폭탄주를 만들어 잔을 들고 일어섰다.

"제가 먼저 한 잔 먹겠습니다. 저는 우리가 IMF에서 빌릴 550억 달러, 6개월 안에 갚을 수 있다고 절대적으로 확신합니다. 제 말에 동의하는 사람은 이거 마셔주시기 바랍니다."

내가 먼저 원샷을 하고, 협상단 대표에게 "제 말에 동의하느냐."라고 물었다. 그런 분위기에서 동의하지 못한다고 할 수 있겠는가. 한잔 달라길래 "동의하는 걸로 알고 주겠다."라고 폭탄주를 만들어줬다. 그러면서 다들 한잔씩 마시는 분위기가 되고, 처음 마셔보는 폭탄주에 다들 거나하게 취하기 시작했다.

기분이 좋아진 그들은 공연팀의 강강술래에 맞춰 다 같이 어깨동무를 하고 방을 빙빙 돌았다. 취기가 도는데다가 좁은 방에서 십수 명이 펄쩍펄쩍 뛰니 한겨울인데도 땀이 뻘뻘 흘렀다. 너나 할 거 없이 마당으로 뛰어 내려가 북 치고 장구 치고 맨발로 강강술래를 몇 바퀴나 돌며 춤을 췄는지 모른다. 그 자리는 새벽 1시까지 이어졌다. 그렇게 불타는 금요일(?)이 지나고, 토·일요일 이틀간 협상을 한 뒤 월요일 우리 측과 협상단은 합의문에 사인을 할 수 있었다. 우리 요구대로 금리를 낮추는 안이었다. 금리는 다시 연 8%대로 돌아왔다.

뼈를 깎는 고통으로

"1998년의 봄은 내 일생에 가장 아픈 날들의 연속이었다. 정말 하루하루가 전쟁 같았다."

김대중 대통령 자서전의 한 구절이다. IMF 사태를 극복하고 국가경쟁력을 강화하기 위해 추진한 금융·기업·노동·공공 부문 4대 개혁을 회고하며, 그는 '전쟁'이라고 빗대었다. 실제 1997년 외환위기와 이를 극복하기 위한 IMF 체제는 대한민국이 6·25전쟁 이후 겪은 가장 혹독한 시련이라 해도 과언이 아니었다. 1997년 12월부터 1998년 4월까지 월평균 3천 건 이상의 도산이 발생했다. 물가는 폭등했고 167만 명의 실업자가 거리에 쏟아졌다. 한국 채권은 국제금융시장에서 쓰레기 취급을 받았다. 환율은 달러당 800원에서 1964원까지 치솟았고 금리 역시 앞서 말한 대로 30%를 웃돌았다. 대통령으로서는 전시 국가를 이끄는 기분이었을 것이다. 박정희 정권의 챕터에서 언급했던 '죽음의 정서'가 압도적인 분위기는 다시금 전면적으로 우리 사회를 덮쳤다.

구제금융으로 국가 부도의 위기는 간신히 넘겼으나 이는 일시적 미봉책에 불과했다. 경제구조를 근본적으로 뜯어고치지 않으면 이 같은 환란은 언제든 되풀이될 수 있다는 공포감이 온 사회를 집어삼켰다. 어떤 방식으로든 개혁을 피할 수는 없었다. 그렇게 진행된 것이 바로 김대중 대통령이 강력하게 추진했던 4대 개혁이었다. 일각에서는 이를 IMF에 의한 '바깥에서의 개혁'이라고 평가절하하지만, 결코 옳은 지적이 아니다. 당시 IMF가 우리 정부에 요구했던 개혁은 한 줄짜리 원칙론적 요구의 나열에 불과했으며, 구체적인 내용은 하나도 없었다. 4대 개혁은 경제의 정체 요인에 대한 문제의식과 의지를 가진 김대정 정권이 추진한 것이다.

먼저 정부의 통제와 보호 아래 있던 금융과 기업은 '자유 경쟁'과 '책임 경영'이라는 두 원칙에 따라 대대적인 구조조정에 들어갔다. "은행이 약화하고 기업경쟁력이 사라지니 IMF 관리를 받게 된 것"이라는 게 김대중 대통령의 진단이었다. 그렇게 1998년 6월 동남·동화·충청·경기·대동은행 등 5개 은행 퇴출을 시작으로 국민은행과 주택은행, 신한은행과 조흥은행의 합병이 추진됐다. 특히 외환위기의 주범으로 지목된 종금사는 30개 사 중 29개 사가 구조조정돼 사라졌다. 15개 증권사, 22개 보험사, 13개 자산운용사와 821개의 각종 금융기관도 구조조정 대상에 올랐다. 1997년 말 기준 2103곳이던 금융기관의 43.6%가 구조조정으로 사라졌다.

동시에 금융권 회생을 위한 공적자금 지원이 실시됐다. 이들이 대출해준 기업이 부실해지며 덩달아 금융기관까지 도산 위험에 노출됐기 때문이다. 1997년 11월 공적자금 투입이 시작된 이래 2006년 5월 말까지 총 168조 원이 금융기관 회생에 쓰였다. 이 자금이 기업 구조조정에 직접 투입되지 않고 거래 은행을 통해 간접 투입된 것은 금융중개 기능을 회복하고, 민간 부문의 도덕적 해이를 막는 동시에 기업 경영 정상화를 직접 감독하기는 어렵다는 점을 종합적으로 고려한 결과였다.

기업개혁은 사실상 재벌의 지배구조 개혁이었다. 김대중 대통령은 1998년 독일《슈피겔Der Spiegel》지와의 인터뷰에서 "이제 재벌의 시대는 끝났다."라고 말할 만큼 단호한 의지를 보였다. 재벌이 경제위기를 초래한 책임을 피할 수 없다는 판단이었다. 이에 따라 5대 그룹은 평균 477%에 달하던 부채비율을 1999년 말까지 일률적으로 200% 아래로 낮추는데 동의했다. 이를 위해 267개 계열사 중 125개(47%)를 정리했다. 2000년 이후로는 국내 기업 대부분은 150~200% 수준의 건전한 부채비율을 유지하고 있다.

무엇보다 기업개혁의 대표 정책은 5대 그룹의 사업교환과 통합, 이른바 '빅딜'이었다. 대한민국 산업지도를 다시 그린다는 측면에서 한국 자본시장을 뒤흔든 일대 사건이었다. 재벌들은 경쟁력이 약한 사업부를 사실상 '반강제'로 내놓아야 했다. 이를 통해 현대전자와 LG반도체의 합병, 삼성과 대우의 자동차·전자 맞교환, 현대정유와 한화에너지의 합병 등이 추진됐다.

노동개혁은 대통령으로서는 가장 고통스러운 일이었을 것이다. 그 자신의 신념을 벗어나는 일이었기 때문이다. 김대중 정권은 26개 직종에 근로자 파견을 허용하는「파견근로자보호법」을 만들고, 정리해고제를 도입했다. 사회적 대타협을 위한 노사정 위원회도 꾸려졌다.

사실 김대중 대통령은 대선 당시 '정리해고제 도입 2년 유예'를 약속한 바 있었다. 그러나 당선 나흘째인 1997년 12월 22일, 미국 대통령 특사로 방한한 데이비드 립턴David Lipton 미국 재무부 차관이 "한국의 노동 유연성을 높일 수 있겠느냐."라고 묻자 대통령은 "해고할 수밖에 없는 상황이라면 이를 실천하겠다."라고 답했다.

립턴 차관은 한국과 IMF 간 구제금융 협상을 막후에서 조정한 실세였다. 면담 이틀 뒤인 24일, 미국을 포함한 13개 선진국과 IMF는 '100억 달러 조기 지원'이라는 선물꾸러미를 안겨줬다. 만족스러운 대답에 대한 보상이었다. 립턴 차관을 만나기 전날 대통령은 밤을 새웠다. 그는 회고록에 "몇십만 명의 실업자를 구하려다 4천만 명이 살고 있는 나라 전체가 부도를 맞을 수는 없었다."라고 썼다.

공공부문 개혁은 이후로도 오랫동안 우리 정부 시스템에 큰 영향을 끼친 정책 중 하나다. 핵심역량 위주의 효율적인 정부를 만들기 위해 중앙정부 조직과 인력을 줄이고, 24개 공기업 중 포항제철(現 포스코) 한국중공업(두산중공업) 한국통신(KT) 등 8개 공기업을 민영화했다. 또 대국민 서비스를 개선하기 위해 전자정부와 행정서비스 개선을 연계했다. 각종 민원의 인터넷 발급이 가능해진 것도 이때 진행된 공공개혁 덕분이다. 이를 통해 다른 나라에서는 일주일이나 한 달 걸릴 공문서 발급을, 우리는 인터넷에서 클릭 몇 번으로 간단하게 받을 수 있게 된 것이다.

개혁의 효과는 놀라웠다. 1998년 -5.7%였던 경제성장률은 1999년 11.3%, 2000년 8.9%로 급반등했다. 환율은 1100원대로 안정됐고 회사채 수익률 역시 8.4%대로 낮은 수준을 유지했다. 구조조정으로 경쟁력을 높인 기업들의 수출도 늘었고, 은행권 역시 국제결제은행BIS 비율이 1997년 7.0%에서 2005년 12.4%까지 높아질 정도로 건전성이 개선됐다. IMF도 한국의 4대 개혁을 세계 구조개혁의 모범사례로 꼽았다. 1999년 5월 서울에서 열린 동남아 중앙은행 총재회의에 참석한 미셸 캉드쉬Michel Camdessus IMF 총재가 남긴 축하 인사는, 돌이켜보면 참으로 적확했다.

"한국은 지난 1년간 아주 중요한 시기에 탁월한 경륜과 지도력을 갖춘 대통령을 만났다는 점에서 아주 운이 좋군요."

뼈를 깎는 노력 끝에 우리는 IMF 관리 체제에 들어간 지 3년 8개월 만인 2001년 8월 23일 IMF 차입금을 전액 상환했다. 당초 계획보다 3년 빠른 성과였다. 금 모으기 운동 등 경제위기 극복을 위한 국민적 여망 덕분이었다. 나도 당시 아이들 돌반지며 집에 있던 금붙이를 모두 모아 냈다. 전 세계에서 '이런 국민이 있는 나라는 절대 망할 리 없다'고 반응했던 기억이 난다. 다시 생각해도 대단할 따름이다.

이 같은 분위기를 조성한 것도 김대중 대통령이었다. 무엇보다도 그는 실용인사로 위기수습팀을 구성했는데 지금 생각해봐도 그 라인업이 훌륭했다. 이규성 재정경제부 장관, 이헌재 금융감독위원장, 진념 기획예산처 장관, 강봉균 청와대 경제수석. 모두 김대중 대통령과 연이 없는 구舊 정권의 경제관료 출신이었다. 이념과 정치적 인연에 연연하지 않고 업무처리 능력, 성실성, 전문성을 중시해 배치한 것이다. 본래 김대중 대통령의 이론적 지지기반이자 정책자문단인 '중경회' 출신의 진보성향 학자 김태동 경제수석이 기존 경제관료와 마찰을 빚어 개혁이 지지부진하다고 판단하자 3개월 만에 강봉균 정책기획수석과 교체한 것이 대표적인 사례다.

IMF 같은 국가 위기 상황뿐 아니라 김대중 대통령은 임기 내내 인사에 철저했다. 단 한 번도 본인이 원하는 총리를 임명한 적이 없다는 것이 단적인 증거다. 김대중 정권의 첫 번째 총리는 DJP 연합의 김종필, 두 번째는 자민련 총재이자 포항제철 회장이었던 박태준, 세 번째 역시 당시 자민련 총재였던 이한동, 네 번째는 경남 하동 출신 대법관 김석수였다.

특히 임기 말에 임명된 김석수 총리는 "이제 정권 이양만 잘하면 내 역할을 다하는 거다. 선거를 공정하게 치러야 한다."라는 대통령의 뜻에 따라 자신과 전혀 인연이 없는 사람을 총리로 영입한 경우였다. 대신 김석수 총리가 평생 법관으로 일해 행정을 잘 모르니, 정책기획수석으로 일하던 나를 국무조정실장에 임명했다. 대통령은 "자네가 정책수석으로 내 옆에 있어야 내가 편하지만, 좀 손해 보더라도 대선을 공정하게 치르는 것이 더 중요하지."라고 했다. 나로서는 졸지에 장관급으로 승진한 셈이었다.

김대중 대통령은 임기 내내 여소야대 국회와 원만히 일해야 한다는 점을 의식했고, DJP 연합으로 정권을 잡았다는 사실을 잊지 않고 김종필 총재 몫의 인사를 늘 배정했다. 특히 경제관료 임명에는 사적 관심을 일절 두지 않았다. 여소야대의 불안정한 정치 환경 아래서도 온 나라가 똘똘 뭉쳐 한마음 한뜻으로 국난을 극복할 수 있었던 데는 김대중 대통령의 이러한 인사가 큰 바탕이 됐다.

유불리가 아니라 옳고 그름을 기준으로

글을 적다 보니, 김대중 대통령과 나의 인연이 시작된 계기도 떠오른다. 1999년 8월, 김대중 정부는 대선 공약이었던 재산세·상속세 강화를 포함한 세제 개편안을 마련했다. 내가 세제실장으로 법안을 성안해 국회에서 만장일치로 통과했으나 정책이 발표되자 보수언론을 중심으로 십자

포화가 쏟아졌다. 민주당 정부가 부자를 미워해서 부자를 망하게 하려고 한다는 원색적인 비난이었다. 대통령이 보기에 얼마나 억울했는지 국무회의에서 "어떻게 홍보를 했길래 기껏 힘들게 일해놓고 이런 평가를 받나. 당장 오늘부터 직접 홍보하라."라고 호통을 쳤다.

대통령의 특명에 따라 경제부처에서 주요 지상파 뉴스에 나가기로 했다. 지금도 그렇지만 세금이라는 분야는 보통 어려운 것이 아닌데, 특히 상속세는 더 그렇다. 당시 재경부 세제실장이었던 나와 목포상고와 서울상대 출신으로 노동부 장관을 지낸 이기호 청와대 경제수석이 각각 KBS 9시 뉴스와 YTN 뉴스에 나가기로 했다.

저녁 먹고 씻고 잠들기 직전, 누가 상속세 같은 재미없는 이야기를 뉴스에서 들으려고 할까. 나는 이모저모로 고민하다가 '귀에 들어오는 쉬운 표현'으로 설명하기로 마음먹었다. 좋은 세금이란 '부자가 되기는 쉽게, 부자로 남기는 어렵게' 하는 세금이다. 상속세는 부자 때려잡는 법이 아니라, 노동 소득에 대한 과세는 비교적 낮추고 상속에 따른 과세는 높여서 누구나 열심히 일하면 부자가 될 수 있도록 하되 그 부가 대물림돼 사회계급구조가 고착되는 것은 막아 건강한 자본주의 사회를 만드는 법이라는 얘기였다.

그날 밤 방송을 잘 마치고 다음 날 출근했더니 이기호 수석에게서 전화가 왔다.

"야 이놈아! 너 때문에 나만 대통령님께 혼났잖아. 왜 당신은 김진표 세제실장처럼 하지 못하느냐, 공부도 안 했느냐고 질책하셨어!"

이어 대통령으로부터 직접 전화가 와서 방송을 잘 봤다고 하셨다. 대통령은 “그런데 김 실장, ‘부자가 되기는 쉽게, 부자로 남기는 어렵게’라는 표현은 어느 교수가 한 말인가?”라고 물으셨다. 그냥 내가 궁리해서 만든 말이라고 대답하자, “그 표현 내가 좀 빌려도 될까?”라고 하시는 게 아닌가. 김대중 대통령은 그 표현이 썩 마음에 드셨던지 그 뒤로 여러 자리에서 쓰셨다. 쓰실 때마다 “김진표 세제실장에게서 배운 말인데.”라고 출처도 꼭 밝혀주셨다. 아마 이때부터 대통령께서 나를 지켜보신 게 아닌가 싶다.

때는 2002년 1월, 내가 재경부 차관이 된 지 일 년도 채 지나지 않았을 때다. 김대중 대통령으로부터 청와대로 들어와서 정책기획수석으로 함께 일하자는 제안을 받았다. 청와대 수석은 신분이 정규직에서 정무직으로 바뀌는 것인 만큼 당사자의 동의가 필요한 자리였다.

당시 진념 재경부 장관도, 나와 가까웠던 이용섭 세제실장도 모두 나의 청와대행을 반대했다. 떠나는 대통령을 마지막 해에 모시면 같이 떠날 수밖에 없는데, 그때 당시만 해도 모두들 이회창 후보가 대통령이 된다고 하던 시기였다. 그러니 지금 청와대에 들어가면 앞으로 장관 자리는 물 건너가는 것이다, 지금 그대로 차관 자리를 유지하면 다음에 누가 대통령이 되든 유력한 장관 후보가 아니냐, 왜 커리어를 망치려고 하느냐, 세속의 눈으로 봤을 땐 합당한 논리였다.

게다가 김대중 대통령은 가장 어려운 상황에 처해 있었다. 레임덕으로 지지율은 18%까지 떨어졌고, 아들 둘은 한꺼번에 구속된 상태였다. 그러니 지금 청와대에 들어가는 것은 섶을 지고 불에 뛰어드는 거나 마찬가지라며 주위의 반대가 보통이 아니었던 것이다. 하지만 나는, 오히려 그런

때이기 때문에 더욱 김대중 정부에 가야겠다는 결심을 굳혔다.

나는 경제부처 동기생 중에 가장 빨리 승진해서 차관까지 제일 먼저 왔다. 일반적으로 차관은 국세청장, 관세청장, 조달청장 등 외청장직을 수행한 뒤 임명되곤 했는데 대통령의 발탁으로 세제실장에서 차관으로 직행한 것이다. 그분에 대한 존경에 더하여 그처럼 은혜까지 입었는데, 다들 꺼려하는 임기 마지막 해에 내가 필요하다는데, 나 자신의 영달을 위해 가지 않는다? 이것은 선비의 도리가 아니라고 생각했다. 예전에는 벼슬자리가 다 선비의 것이었다. 나는 그 선비정신으로 공직생활을 해왔다는 자부심도 있었다.

사람의 미래는 한 치 앞도 내다보기 어렵다. 이 일이 유리할지 불리할지는 시시때때로 바뀌기 마련이다. 상황에 따라 바뀌지 않는 단 하나의 기준은 '옳고 그름'이다. 그래서 선택할 때 늘 '올바른 기준'으로 해야 나중에 후회가 없다. 나는 이 논리로 가족을 설득했다.

"이것이 내 관직의 마지막 봉사 기회요. 차관까지 올라온 것으로 관직은 끝내겠소. 청와대 수석도 차관급이니까 존경하는 대통령을 열심히 잘 모시고, 공직 잘 마무리하고, 좀 더 자유로운 시민으로 돌아와서 한 집안의 가장으로 아내와 자식들을 위해서 열심히 살게요. 그러니 청와대로 갑시다."

그렇게 나는 김대중 정부의 청와대에 입성했다. 훗날 김대중 대통령이 나를 노무현 대통령에게 추천하고, 그 이후에 여기까지 오게 됐다는 것을 반추해보면 그때의 내 선택이 옳았음에는 재고의 여지가 없는 셈이다.

강렬했던 2002년

청와대에 들어가고 얼마 지나지 않아 내게 맡겨진 첫 번째 중책은 월드컵 대응팀장이었다. 당시 온 나라가 들떠 있었으나, 청와대에서도 월드컵 준비 상황이 연일 중요한 의제로 떠올랐다. 국민 참여를 확대하고 흑자 월드컵을 만들어 국가 이미지와 위상을 높이는 계기로 삼고자 논의가 거듭됐다.

김대중 대통령은 청와대에 월드컵 대응팀을 만들어 점검하라고 지시했다. 내가 팀장을 맡아 태스크포스를 꾸렸다. 대통령이 주문한 사항은 두 가지였다. 하나는 철저한 안전 월드컵이 될 수 있도록 준비하라는 것이었고 또 하나는 옥상옥屋上屋 조직으로 남지 말고 움직이는 조직이 되라는 지적이었다.

대통령의 지시에 따라 나는 보름 동안 여러 가지 핵심 사항들을 점검한 뒤 모든 책임자들을 소집했다. 일단 모든 작업은 철저한 도상 회의를 통해 머릿속에 입력시켰다. 그다음은 현장 점검. 유학생, 외국인 중 고학력자들로 편성된 점검팀을 꾸려 현장을 직접 돌며 상황을 체크해 나갔다. 모든 점검은 실제 상황 속에서 진행되었다.

교통 문제의 경우, 외국인이 실제로 공항에서 지도를 가지고 대중교통을 이용해 경기장에 도착해 입장하기까지 직접 움직이고 우리는 그 과정을 지켜봤다. 현장에서 살펴본 상황은 예상했던 것보다 훨씬 더 나빴다. 가로수에 가려 안내판이 잘 보이지 않는 경우에서부터 안내판이 아예 없는 곳 등 곳곳이 부실투성이였다. 이런 문제들은 사소한 듯 보이지만 관광객 한 사람 한 사람에겐 너무나 중요할 수 있는 사항들이다. 나는 드러난 미비점들을 꼼꼼하게 체크하고 수정이 되었는지 일일이 점검했다.

숙박 시설의 경우도 마찬가지였다. 매일 시트를 갈아야 한다는 규정을 지키지 않는 곳이 의외로 많았다. 음식점 메뉴판도 반드시 영어 메뉴판이 있어야 함에도 갖춰놓지 않았다. 이래선 안 되겠다 싶어 도마와 행주를 위생적으로 소독하고 빨아 쓰는지까지 전면적인 조사를 실시했다.

그러던 중 우리는 뜻밖의 사실 하나를 발견했다. 음식점에서 갈비나 김치를 자르기 위해 가위를 사용하는 것을 보고 외국인들이 몹시 놀라고 당황한다는 점이었다. 외국인들은 식탁에서 가위를 사용하는 것을 마치 흉기를 휘두르는 것처럼 받아들였다. 모든 외국인에게 일일이 우리의 식탁 문화를 설명할 수도 없고 가위를 아예 사용하지 못하게 할 수도 없는 일이었다. 그래서 고안해낸 것이 끝이 둥근 가위다. 외국인 관광객들을 상대하는 음식점에는 끝이 둥근 가위를 사용하도록 권장했다.

경기장에 입장하는 데도 여러 가지 문제점이 노출됐다. 테러 위험에 대비해 검색이 강화되었는데, 이 때문에 줄이 너무 길었던 것이다. 안전을 위해 어쩔 수 없는 일이었으나 입장 시간이 너무 오래 걸려 경기에 지장을 줄 정도가 되니 어떻게든 대안을 마련해야 했다. 나는 출입구를 두 개로 나눠 설치하라고 지시했다. 하나는 일반 관람객, 다른 하나는 빈 몸으로 들어가는 사람을 위한 출입구다. 소지품이 없을 경우 검색대의 검색 시간은 아주 빨랐다. 그러자 가지고 온 물건을 맡기고 빈 몸으로 입장하는 사람이 크게 늘어났다.

책상 앞에 앉아 있었더라면 결코 알 수 없었을 일들이다. 현장을 일일이 돌아다니며 하나씩 점검해나가자 예전에는 보이지 않던 것들이 보이고, 새로운 아이디어도 모였다. 지위가 높아지고 거시적인 국가 정책을 다루게 되더라도 늘 관심을 갖고 살펴보아야 할 것이 현장 상황이라는 점을, 나는 이때 절실하게 깨달았다. 현장을 이해한다는 것은 곧 정책이 실행되는 과정을 이해하는 것이다. 거기엔 정책을 직접적으로 집행하는 사람들의 고충을 이해한다는 뜻도 포함되어 있다. 정책의 집행 과정에서 드러나는 문제점과 불편함까지 수정하고 대책을 마련할 때 비로소 하나의 프로젝트가 완수되는 것이다.

청와대 대응팀을 이끄는 나의 임무는 월드컵이 시작된 이후에도 계속되었다. 한국팀이 예상 밖의 선전을 거듭하자 뜻밖의 문제들이 불거져 나왔다. 한국팀의 경기가 있는 날이면 경기장이 초만원을 이루는 것은 물론 전국 곳곳에서 수십만 명이 모여 함께 관전하고, 경기가 끝나면 거리로 몰려 나가 밤새 응원전을 펼치는 상황이 벌어졌다. 전국적으로 안전사고에 대비하는 일이 큰 과제로 떠올랐다. 더욱이 월드컵 경기는 TV 생중계를 통해 전 세계 수백만 명이 동시에 시청하는 세계인의 축제가 아닌가. 경기 결과에 따라 축하 퍼레이드가 벌어지기도 하고, 폭동 사태가 벌어지기도 하는 것이 월드컵이다. 주최국으로서 우리는 한국팀의 경기뿐 아니라 다른 나라 대표팀의 경기 상황과 결과도 예의 주시해야만 했다.

그러던 중 우리의 현장 대응 능력을 시험하는 일이 벌어졌다. 우리나라 축구팀이 역사상 처음으로 16강에 진입할 것이냐 아니면 무릎을 꿇을 것이냐 하는 기로에 섰던 날이다. 한국팀은 인천에서 포르투갈과 경기를 벌였고, 대전에서는 미국과 폴란드의 경기가 예정되어 있었다. 미국팀이 지면 한국팀은 자동적으로 16강행이 확정된다. 한국팀이 포르투갈을 이겨도 16강은 가능하다. 그러나 미국팀이 이기고, 한국팀이 지면 승점을 따지게 된다. 한국이 16강에 올라갈 것이냐 미국이 올라갈 것이냐. 두 경기 결과에 우리 국민은 물론 미국 국민, 세계인의 이목이 집중되어 있는 상황이었다.

그때 나는 미국과 폴란드 경기가 열리는 대전으로 향했다. 월드컵 열기가 너무 가열되고 있어 혹시라도 미국이 16강에 올라가게 될 경우 미국팀에 대한 테러나 반미 구호가 나오지 않을까 나는 걱정했다. 미국의 전 언론이 총출동해 경기를 생중계하고 있는 상황에서 그런 사태가 발생한다면 국가 이미지에 큰 타격을 입을 것이고, 오랜 시간 준비해온 월드컵 주최국으로서도 망신을 당하게 될 것이 분명했다.

경기장에 들어서는 순간, 나는 뭔가 잘못되었다는 걸 직감했다. 미국 응원단 맞은편에 포진해 있어야 할 폴란드 응원단이 경기장 스탠드 상단, 옥상 위에 처박히듯 자리 잡고 있었다. 그러니 텔레비전 화면에는 경기장 중앙부가 텅 비어 있는 것이 그대로 노출되었다. 나는 당장 폴란드 응원단의 자리를 옮기도록 지시했다. 그리고 입장한 관람객들을 중앙의 좋은 자리로 옮겨 앉게 했다.

하지만 여전히 관중석은 텅 비어 보였다. 우리 국민은 한국팀 경기 외에는 별 관심이 없었기 때문이다. 나는 주최국으로서 이런 모습을 전 세계에 그대로 내보내는 것이 괜찮은 일인지 잠시 고민했다. 그리고 즉시 인근 학교와 군부대에 연락해 원하는 사람들은 모두 경기를 관람하도록 지시를 내렸다. 군인들은 한국전이 벌어지는 시간임에도 월드컵 경기를 관람할 수 있게 된 것을 매우 기쁘게 생각하고 달려와 주었다.

그런데 문제는 또 있었다. 이들이 군복을 입은 채로 응원하게 할 수는 없는 일이었다. 나는 급히 대구와 부산에 연락을 취해 붉은 악마 티셔츠를 가져오도록 조치했다. 대전 경기장은 결국 붉은 응원단으로 가득 메워졌고, 이들은 응원단이 많은 미국 대신 폴란드를 응원해줌으로써 유쾌하고 신나는 분위기 속에서 경기가 무사히 치러질 수 있었다. 경기 결과 폴란드가 미국을 꺾었다.

만약 상황실에 앉아 보고만 받고 있었다면 과연 이렇게까지 움직일 수 있었을까. 월드컵이 성황리에 전 국민, 전 세계인의 축제로 끝날 수 있었던 데에는 많은 책임자가 열심히 현장을 뛰어다니며 일한 것도 한몫을 했다고 생각한다. 필요하다면, 정말 중요한 일이라면 책임을 맡은 이는 직접 그 시각 그곳에 있어야 한다. 그래야만 사태를 바르게 지켜볼 수 있고 응급상황이 발생하더라도 신속하게 대처할 수 있는 것이다. 보고를 받고 움직이려면 이미 늦는다. 호미로 막을 수 있는 일을 가래로도 못 막는 경우도 생겨날 것이다.

2002년 월드컵이 성공적으로 끝나며, 김대중 대통령의 지지율도 다시 올랐다. 그 뒤로 대통령은 나만 보면 "운 좋은 놈"이라고 즐거워하셨다. 내가 청와대에 온 뒤로 좋은 일이 많이 생겼다고, '복덩이'로 생각하신 것이다.

신용카드로 부양했던 경제의 대가는

IMF 외환위기를 빠르게 극복한 우리 경제는 2000년대 들어 전 세계적인 IT 거품 붕괴의 영향을 받아 하강 추세로 접어들고 있었다. 정부는 이를 뒤집기 위한 경기 부양책을 내놓았다. 그중 하나가 신용카드 활성화였다. 신용카드 사용을 장려하기 위해 1999년 5월 현금서비스 한도 폐지, 6월 신용카드 소득공제를 시행했고 이듬해에는 신용카드 영수증 복권 제도도 만들었다.

신용카드 회사들은 치열한 시장 확대 경쟁을 벌였다. 특히 정부가 기존 40%에 묶여 있던 현금대출 업무의 상한을 폐지하고, 현금서비스 한도도 없애며 신용카드 회사는 본 업무인 결제서비스보다 현금대출 규모가 더 커지게 됐다. 신용카드 발급 수는 2002년에 1억 장을 넘어섰는데, 이는 경제활동 인구 1명당 약 4.6장의 카드를 보유한 것과 같았다.

미래소득을 미리 당겨쓰는 수단인 신용카드 사용자가 늘어나자 내수가 진작되는 효과는 있었으나, 적절한 제어장치가 채 마련되기도 전에 폭증한 신용카드는 머잖아 시한폭탄으로 되돌아왔다. 이것이 대한민국이 외환위기 체제에서 벗어난 지 근 1년 만이었던 2002~2003년, 약 108만 명을 신용불량의 늪에 빠트려 2006년까지 한국경제와 사회 전반에 큰 충격을 안겨준 21세기 최초의 경제위기, 이른바 카드사태다. 내가 몸담았던 김대중 정권의 뼈아픈 실책이라 인정하지 않을 수 없고, 나 또한 이 사태를 미연에 방지하는 데 보탬이 되지 못한 점에 면구스러움을 느낀다.

2003년 당시 국내 금융시장의 불안은 신용불량자들의 신용카드 대금

연체로 재무 상황이 악화하며 가중되고 있었다. 금융시장의 안정화를 위해서는 부실 신용카드 회사 구조조정과 같은 강력한 정부 대응이 필요했다. 신용카드사의 부실화는 매우 심각했다. 만약 부실 카드사를 도산시킬 경우 엄청난 경제위기가 올 것이 분명했다. 2003년 초 신용카드 회사 채권의 규모는 약 98조 원. 이것이 모두 부실채권이 될 경우 우리 경제는 불과 몇 년 만에 다시 금융위기를 맞이할 수도 있었다.

이후 나는 노무현 정권의 출범 초기 경제부총리를 역임하며 신용카드사의 도산을 막기 위해 합병 및 대주주의 자금지원을 통한 회생을 추진했다. 먼저 규모가 작은 신용카드사는 합병으로 정리했다. 국민카드, 외환카드, 우리카드가 각각 국민은행, 외환은행, 우리은행으로 합병됐다. 신용카드사보다 재정적 규모가 큰 은행들이 신용경색을 완화할 능력이 좋을 것이라 판단하고, 그 과정을 총지휘했다. 또 부실 규모가 상대적으로 덜한 편이었던 삼성카드, 현대카드, 롯데카드는 각 회사의 모기업의 재무구조가 튼튼한 편이기 때문에 대주주의 자금 지원으로 회생을 도모했다.

그런데 이런 합병이나 모기업의 자금 지원이 불가능한 회사가 바로 당시 업계 1위였던 LG카드였다. LG카드 문제를 해결하는 데서 핵심은 LG그룹을 금융과 비금융으로 완전히 절연시키는 것이었다. 가전이나 건설은 금융과 절연만 시키면 건강한 기업들이었다. 나는 LG카드의 부실채권을 그룹 내 카드사 외의 증권·보험·자산운용사 등 다른 금융사가 채권은행에 담보를 제공해 최대한 자구노력으로 변제토록 하고, 국책은행이 채권은행과 LG카드를 인수해 정상화시켜 매각하는 방안이 최선이라고 판단했다.

그러나 당시 참여연대 등 시민단체에서는 카드사의 부도처리를 요구했다. 일부 정치권에서도 마찬가지였다. 노무현 정부의 청와대 내에서도 이정우 정책실장을 비롯한 진보적인 비서관들은 삼성카드와 LG카드 등을 도산시켜야 한다고 주장했다. 그러나 앞서 설명했듯 이들 기업을 부도처리할 경우 갓 외환위기에서 벗어난 우리 경제에 큰 부담을 줄 것이 자명했다. 구조조정의 성격상 공개적인 논의가 불가능했다. 노무현 대통령은 당시 누구와도 독대하지 않겠다고 공개적으로 선언했기 때문에, 최종 정책결정권자인 대통령을 설득할 기회를 찾기가 어려웠다. 결국 당시 대통령이 주재하는 국무회의에서 옆자리에 앉는 점을 활용해 카드회사 구조조정 문제 해결을 위한 대통령의 동의를 이끌어냈다.

결국 LG카드는 오랜 시간에 걸쳐 산업은행이 지분의 25%를 확보하고 농협, 시중은행, 보험사 등 16개 채권단이 경영권을 인수하는 것으로 마무리됐다. 아울러 LG그룹은 그룹 내 증권, 보험 등 모든 금융업 투자자산을 LG카드 부실 해소에 투입하기로 약정했다. 이후 합병 및 자금 지원, 경영권 인수 등으로 회생시킨 신용카드 회사들의 경영은 대부분 정상화됐다. 특히 LG카드의 지분을 인수했던 산업은행과 농협은 2년 뒤 MBK 파트너스에 지분을 팔아 1조 2천억 원의 주식매각 차익을 실현했고, 산업은행은 그중 3천억 원을 혁신형 중소기업 지원 등의 방법으로 사회에 환원했다.

여담인데, LG카드 제1채권자가 국민은행이었다. 당시 국민은행장은 관료 출신 사이에서 유일한 금융인 출신 행장으로 인기가 있었던 김정태 행장이었다. 사실 LG카드는 제1채권은행이 인수하는 게 순리였기에 밤을 새워 국민은행을 설득했으나 김정태 행장은 완강히 인수를 거부했다. 결국 국책은행인 산업은행이 인수했는데, 이후 정상화가 잘 돼 큰돈을 벌었고 국민은행은 상대적으로 자기 지분 외에 아무 이익을 얻지 못한 것이 국민은행 주주총회에서 문제가 돼 결국 행장이 옷을 벗었다.

일련의 조치 이후 시장은 안정을 되찾았다. 2003년 4월 전월 대비 증가율 14%를 기록했던 신용불량자는 2004년 2월 5.9%, 3월 -9.3%의 증감률을 보이며 정체 혹은 감소하기 시작했다. 가장 큰 부실을 맞이했던 LG그룹 또한 건실하게 남게 됐다. LG는 이 일로 금융회사를 모두 정리했다. 시장경제 원리에 맞게 책임을 지운 것이다. 그룹 차원에서 무리하게 경영한 대가를 소유한 금융회사로 보상한 셈이기 때문이다.

카드사태는 성공적으로 수습됐지만, 이 일은 오랫동안 나를 따라다니는 꼬리표가 됐다. 김진표는 친재벌이라는 프레임이다. 그러나 나는 재벌의 편도 아니었을뿐더러 그들에게서 평생 무엇 하나 받아본 적이 없다. 세간의 오랜 편견과 달리, 내가 그들의 편이 될 이유는 아예 존재하지 않았다. 나는 오로지 위기 상황에서 대한민국 경제의 안정성을 지키기 위해 노력했을 따름이다.

공부를 손에서 놓지 않은 대통령

김대중 대통령은 김영삼 대통령과 정치적 라이벌 관계를 유지하며 같은 시대를 살았지만 리더십 스타일은 참으로 달랐다. 내가 경험한 그는 무엇보다도 정말 부지런했다. 큰 그림을 그리고 비전을 세우는 사상가적 면모가 또렷했지만, 일을 할 때는 그 누구보다 현실적으로 판단하고 행동했다. 김대중 대통령이 남긴 유명한 말, "서생의 문제의식과 상인의 현실감각"으로 "국민보다 반보만 앞서서 가야 한다"라는 말은 모든 정치인들이 새겨들어야 할 문장이다.

청와대에서 김대중 대통령을 보좌하며 가장 기억에 남는 물건은 대통령의 대학노트 스물여덟 권이다. 그는 재임 5년 동안 모든 연설문과 말씀자료를 자신의 손으로 썼다. 모든 회의에서 그분이 발언한 내용은 직접 써온 것이었다. 대학노트에 파란색 플러스펜으로 또박또박 정자로 개조식 정리를 해오셨다. 한 줄 쓴 다음에 다음 줄은 비워놓고 그다음 줄에 다시 쓰는 식이다. 그 빈 줄에는 다시 추가 사항이나 수정 사항을 메모했다. 그렇게 써온 노트는 연설 때마다 옆에 두신 채 보지 않고 말씀하셨다. 쓰면서 다 외운 것이다.

쓰고 공부하고 외우는 자세는 대통령이 되기 이전부터 체득한 그의 습관이었다. 그는 국회의원 시절 재무위원회에서 이중재 의원과 함께 재무분야 공무원들을 크게 긴장시키곤 했다. 고려대 상대를 나와 한국전력 사장까지 지낸 이중재 의원은 자타공인 경제 전문가이자 재무위 붙박이 의원이었는데, 목포 상고를 나온 DJ와 비교되는 걸 무척 자존심 상해했다. 내가 은행보험국장으로 있을 때 그의 아들 이종구 과장을 데리고 있었기에 나는 이중재 의원과도 가끔 식사를 같이했다. 그때마다 그는 김대중 대통령에 대한 불만을 토로하다가도 끝에서 항상 이렇게 덧붙이곤 했다. "김대중 그이는 어떻게 나도 모르는 이야기를 저렇게 잘하는지 몰

라. 제대로 된 질문을 던지는 것 하나는 나보다 훨씬 더 나아."

예전에는 재무위 회의가 끝나고 나면 한정식집에서 저녁 뒤풀이를 했던 모양이다. 은행이며 경제부처 같은 재무위 소관기관들이 참석하는 자리였다. 술을 마시지 않는 김대중 대통령은 배석자 중에 가장 눈여겨봐둔 이를 따로 불러 옆 빈방에 데리고 들어가 질문사항을 잔뜩 적어놓은 수첩을 꺼내 꼬치꼬치 질문했다는 것이다. 질문하고 답을 적고 다시 질문하고 그 답을 적고. 그렇게 파고 들이대니 그 분야의 전문가가 되지 않을 길이 없었다.

그런 집요함과 꼼꼼함은 대통령 업무 방식에도 그대로 드러났다. 한번은 김대중 대통령이 밤에 화장실에 가다 쓰러져 육군수도병원에 실려간 적이 있었다. 대통령의 일정을 짜던 나에게 비난이 쏟아졌다. 팔십 노인의 일정을 얼마나 빡빡하게 짰으면 이런 일이 생겼겠냐는 호통이었다. 정신이 번쩍 든 나는 대통령의 업무보고 일정을 대폭 줄였다. 당시 해양수산부 업무보고가 남아 있어서 나는 "해수부 보고는 약식으로 하고, 말씀자료도 비서실에서 잘 준비하겠습니다."라고 건의했는데 대통령께서도 못내 그러마 하셨다.

헌데 막상 업무보고에 들어가니 계속 서랍을 뒤지며 안절부절못하시는 게 아닌가. 그러다가 당시 수행실장이던 김한정을 불러 "내가 준비해놓으라고 한 것 어디 있나?"라고 호통을 치셨다. 김한정이 부랴부랴 가져온 것은 지난해 해수부 업무보고 자료였다. 1년 전 지시하신 사항이 제대로 진행되고 있는지 확인하기 위함이었다. 그날 업무보고가 끝나고 김대중 대통령은 "역시 내가 연설문을 써야겠어. 연설문 쓰면서 자료 준비도

하고 내용도 파악해야 하는데 그걸 안 하니까 이렇게 구멍이 생기잖아." 라며 역정을 내셨다. 그처럼 그는 무엇이든 본인 손을 거치지 않으면 안 되는 완벽주의자적인 면이 있는 지도자였다.

김대중 대통령에 대해 적지 않은 사람들이 얘기하는 것이, 워낙 두뇌가 명석하고 아는 것이 많아 아래 사람이 모시기 불편한 면이 있다는 점이었다. 그런 면이 있긴 했다. 민주화 투쟁을 오래 했지만, 그렇다고 해서 일상적인 데서 아랫사람들과 격의 없이 어울리는 스타일은 아니었다. 그분 세대에서 일반적인 수준의 권위 의식이랄까, 그런 것도 분명 갖고 있었다. 예컨대 어떤 사안에 대해서 조심스럽게 다른 의견을 제시하면 그 자리에서는 일언반구 반응하지 않으시고 다음 사안으로 넘어갔다.

앞에서 말한 2002년 월드컵 대비 청와대 태스크포스 구성도 그러했다. 처음 팀 구성을 지시받은 나는 좀 의아했다. 당시 정부 내에는 이한동 총리가 주재하는 '월드컵 대응 추진 기획단'이 이미 모든 문제를 총괄하고 있었기 때문에, 청와대에 팀이 만들어진다면 '옥상옥'이 되지 않을까 염려됐다. 나는 대통령께 조심스럽게 이런 내 걱정을 전달했으나, 대통령은 별 대답이 없이 다음 안건으로 넘어가셨다.

영 답답해 대통령을 오래 모신 박지원 대표에게 물어봤다. 그는 내 얘기를 듣더니 "그 사안에 관해 깊이 검토하실 것이다. 그렇게 검토하신 다음에도 대통령 본인 의견대로 가야겠다고 판단하신다면 틀림없이 다음 번 회의 때 본인의 의견을 다시 개진하실 것이다. 그러니 지금 섣불리 판단하지 말고 다음 회의를 기다려봐라."라고 말했다.

과연 박지원 대표 말대로 다음 회의 때 대통령은 다시 한번 TF 구성을 언급했다. 나는 그 뜻에 따라 TF팀을 구성하고 팀장을 맡아 회의를 주재했다. 그렇게 하고 보니 김대중 대통령의 혜안이 느껴졌다. 총리 주재로 회의할 때는 부처에서 대체로 국장급 담당자가 참석했는데 청와대에서 정책기획수석이었던 내가 주재하니 차관급이 참석한 것이다. 사실 국가 차원의 경호와 안전은 청와대 경호실, 국정원, 국방부가 책임 부서다. 그 부서들이 나름 자존심도 강하게 센 곳이다. 그러다 보니 총리가 아니라 청와대 정책기획수석이 주재를 해야 '말발'이 제대로 먹혔던 것이다. 보고를 받으며 상황을 면밀히 살펴보니 뜻밖의 구멍도 많았다. 청와대가 총괄적으로 체크해야 제대로 된다는 걸 김대중 대통령은 일찍부터 알고 있었던 것이다.

이처럼 자신의 의견과 다른 의견이 제시되면 일단 다음 문제로 넘어가고, 다시 검토한 뒤 차후에 의견을 개진하는 것이 김대중 대통령이다. 이런 그가 아랫사람들과 의견을 자유롭게 주고받으며 격의 없이 토론하거나, 그런 토론 과정에서 자신이 잘못 알고 있었다 싶으면 그 자리에서 자신의 생각을 고치는 것은 생각하기 힘든 일이다. 이 점은 노무현 대통령과 크게 다른 점이다.

그는 다른 사람의 의견을 충분히 경청하고 깊이 숙고하기는 했다. 하지만 동시에 윗사람으로서의 권위, 대통령으로서의 권위를 철저히 지키려 한 분이다. 사실 그 세대에서 그런 스타일은 당연한 일이다.

김대중 대통령의 리더십은 원모심려遠謀深慮의 리더십이다. 멀리 크게 보면서도 디테일한 것부터 꼼꼼하게 챙기고 깊이 숙고하는 스타일의 지도력을 발휘한 것이다. 그러니 정책 차원에서 국정 장악력이 강할 수밖에 없다. 그는 문자 그대로 '준비된' 대통령이었다. 감히 말하건대 우리가 지금까지 가져본 대통령 가운데 최고였다고 평가하고 싶다.

제6부

너무 빨리 온 미래

2003-2008

노무현 정권

내가 노무현 정부 인수위원회 부위원장으로 가고 후에 경제부총리에 임명됐을 때 많은 이들이 놀랐다. 국민의 정부에서 참여정부로 이어지면서 정권이 재창출됐다고 하지만, 현실 정치란 결국 내 편과 네 편을 가르는 일이기도 하다. 나는 굳이 말하자면 '김대중 정권의 관료'였다. 새 정권이 들어서면 정권이 재창출된 경우라 하더라도 예전 정권의 사람은 잘 쓰지 않는 게 일반적이다. 고위직은 더더욱 그렇다.

노무현 대통령에게 나를 추천한 이는 김대중 대통령이다. 당선인 시절 노무현 대통령이 김대중 대통령을 찾아가 "좋은 사람 있으면 추천해주시죠."라고 하자, 김대중 대통령께서 "사람이야 주변에 많이 있을 것인데 내가 추천하는 건 말이 되지 않는다."라고 사양하시다가 거듭된 요청에 "한 사람만 추천한다면 김진표를 곁에 두고 쓰시라."라고 하셨다는 것이다.

“우리가 결국 이렇게 만났군요”

거슬러 올라가면 노무현 대통령은 당신이 해양수산부 장관 시절 당시 재경부 세제실장이던 나를 차관에 앉히려고 한 적이 있다. 대개 재경부 1급은 1년밖에 못 하는데 나는 2년 3개월을 했다. 빨리 차관급으로 나가야 후배들에게 길을 터줄 수 있는데 싫어 후배 보기 미안한 나날이었다. 그때 노무현 장관이 참모들과의 논의 끝에 나를 차관으로 앉히겠다고 결심했다. 청와대를 통해 나에게 해수부 차관으로 가겠느냐는 확인이 들어왔는데, 찬밥 더운밥 가릴 때가 아니었기 때문에 가겠다고 했다.

그런데 정치 상황이 바뀌며 노무현 장관이 그만두고 부산시장에 출마했다. 그 바람에 나 역시 해수부 차관으로 갈 일이 없어졌다. 그렇게 끝날 뻔한 인연이, 김대중 대통령의 추천으로 이어진 것이다. 당선인으로 나를 처음 본 노무현 대통령은 “우리가 결국 이렇게 만났군요.”라고 첫마디를 뗐다. 그로서는 아마 예전에 차관으로 쓰려고 했던 이를 김대중 대통령이 추천했기 때문에 나를 더 쉽게 받아들인 면도 있었을 것이다.

노무현 당선인과의 첫 저녁 식사에서 그는 특유의 경상도 사투리가 밴 직설적 화법을 쓰며, 내게 단도직입적으로 물었다.

“내가 어쩌다가 대통령이 됐어요. 성공한 대통령이 되어야 나라가 잘 되는 건데, 잠이 잘 안 와요. 어떻게 하면 성공한 대통령이 되겠어요?”

에두르지 않는 그의 질문에 나도 솔직하게 답했다.

“저는 평생을 경제관료로 살았습니다. 그래서 그런지 몰라도 저는 이렇게 생각합니다. 다른 것을 다 성공해도 경제를 실패하면 성공한 대통령으로 평가받기 어렵지만, 경제 하나만 잘해도 성공한 대통령 소릴 듣는 것 같습니다."

만족스럽지 않은 대답인 모양이었다. 그는 눈살을 찌푸렸다. 뻔한 소리라는 얘기였다.

"맨날 경제, 경제 얘깁니까. 나라가 이만큼 먹고 살면 됐지요. 자주성도 있는 거고, 외교도 있는 거고, 국가의 품격도 있는 거고, 남북통일도 중요하고, 사회보장도 중요하고, 복지도 중요하고, 이런 것을 갖춰야 하는 것 아닙니까?"

"물론 그런 것도 중요하지만, 현실적으로는 그런 것 같습니다. 아버지 부시가 걸프전의 '영웅'이었는데, 그 승리를 가져오고 채 일 년도 지나지 않아 치른 선거에서 왜 졌겠습니까? 경제가 최악으로 나빠졌기 때문입니다. 반면에 클린턴 대통령은 르윈스키와 황당한 스캔들을 일으켰어도 퇴임할 때 다들 성공한 대통령이라고 했습니다. 그건 경제가 좋아서가 아니겠습니까?"

대통령은 가만히 듣고 있다가 입을 열었다.

"그럼 내가 생각을 바꾸지요."

그의 대체불가능한 장점이 바로 이것이었다. 들어보고 맞다 싶으면 자기와 반대되는 생각도 유연하게 받아들이는 것이다. 사람들은 그를 고집 세고, 강골인 외골수라고 쉽게 이야기하지만 그건 전혀 사실이 아니다. 내가 겪은 노무현은 그 누구보다도 반대 의견을 잘 받아들이는 사람이었다. 오히려 자신의 생각을 반박해주는 걸 기꺼워하고 즐기기도 했다. 그것이 자신을 성장시킨다는 것을 본능적으로 알았기 때문일지도 모른다.

"경제, 물론 중요하지요. 어떻게 하면 경제를 성공시키겠습니까? 그것 좀 가르쳐주시오."

미국은 우리에게 어떤 나라인가

2002년 대선이 있던 그해는 미선이·효순이 사건으로 반미감정이 들끓던 시기였다. 시내에서 수많은 시민이 데모를 하고 성조기를 불태우는 것이 CNN 뉴스에 줄곧 방송되던 때였다. 거기에 북한이 핵확산금지조약NPT를 탈퇴하며 미국을 위협하자 매파의 두목 격인 도널드 럼스펠트Donald Rumsfeld 국방장관이 기자들과의 사석에서 "북한 놈들 까부는 거 별로 대수롭지 않다. 까불면 우리가 공군력을 동원해 고공폭탄 투하로 외과수술적 공격Surgical strike을 해버리면 민간인 사상 없이 영변 핵시설을 도려낼 수 있다."라고까지 말했다는 사실이 보도됐다. 국내외에서 한반도 전쟁설이 제기되며 뒤숭숭한 분위기가 이어졌다.

이게 노무현 대통령이 당선된 직후 2003년 1월 우리가 처한 현실이었고, 외국 자본이 떠나며 경제 상황은 악화 일로를 걷고 있었다. 미국이 판단할 때 한국의 새 청와대 주인은 '반미주의자'였다. 미선이·효순이 사건으로 촉발된 반미운동을 이용해 대통령이 된 사람이라는 인식이 미국 정가에 파다했으나 이에 대응해 사실을 제대로 알릴 한국 측 인사는 아무도 없었다.

"지금 한국경제에 여러 가지 어려움이 있는데, 그건 우리가 차근차근

해결하면 됩니다. 대통령께서 가장 신경 써야 할 것은 미국과의 전통적 우호 관계를 회복하는 일입니다."

노무현 대통령은 나의 이 말을 듣고 펄펄 뛰었다.

"미국이 뭘 어떻게 한다는 겁니까? 왜 우리가 그렇게 저자세 외교를 해야 합니까?"

나는 이것은 외교문제가 아니라 경제문제라고 다시 그를 설득했다. 치열한 논쟁이 이어졌다. 그 끝에 대통령은 "좋습니다. 나는 변호사 출신이라 증거가 있어야 믿으니 미국이 이른바 반미정권들을 어떤 식으로 파멸시켰는지 증거가 있어야겠소. 실증자료를 만들어 오시오."라고 지시했다.

나는 이 자료를 만드는 데 애를 먹었다. 공개적으로 구할 수 없는 자료라 당시 재경부에서 대외정책을 담당하던 권태신 대외경제국 국장 등과 함께 2차 세계대전 이후 미국과 맞서다가 실각한 사례를 추적해 자료를 만들었다. 미국이 반미정권을 손보는 수단은 비단 군사력뿐이 아니다. 미국의 영향력 아래 있는 국제신용평가기관들을 움직여 타격을 주기도 하는 등 별의별 수단을 다 썼다. 그것을 일목요연하게 정리한 40페이지 분량의 보고서와 5페이지 분량의 요약서가 노 대통령에게 전달됐고, 마침내 그는 한미 우호관계를 중시해야 한다는 사실을 납득했다.

이윽고 한미관계 개선을 위한 인수위 차원의 작업이 진행됐다. 미국 정부와 민간에 영향력을 행사할 수 있는 인력풀을 정리하고 그들에게 미국과의 관계 개선을 위해 노력해달라고 협조를 요청했다. 가장 시급한 쪽은 종교계였다. 당시 부시 대통령은 종교 편향이 심한 사람이라 목사들의 영향력이 컸다. 아버지 부시George H. W. Bush는 걸프전을 결행할 때 빌리 그레이엄Billy Graham 목사를 백악관에 불러 안수기도를 받고 전쟁 선포를 결의했을 정도였고, 아들 부시George W. Bush 역시 그레이엄 목사에게 감화를 받아 18세에 술을 끊고 금주를 지켰기 때문이다. 부시 대통령을 공략하기 위해선 목사들의 힘이 필요했고, 내가 조용기 목사와 김장환 목사를 추천해 두 사람이 미국에 다녀와 노무현 대통령을 '홍보'하고 돌아왔다.

특히 김장환 목사는 노 대통령을 한번 만나보라며 두 사람을 초청했는데, 바로 아버지 부시와 그레이엄 목사의 딸이자 세계적으로 유명한 전도사 앤 그레이엄 로츠다. 나중에 두 사람이 각각 한국에 와서 청와대의 초청으로 노 대통령을 만나 식사도 하고 대화도 나눴는데, 이들이 돌아가 대통령인 아들 부시에게 노 대통령의 이야기를 아주 좋게 해주었다. 이는 훗날 노 대통령의 방미 성과로 나타났다.

두 번째는 미국에 영향을 줄 수 있는 다양한 루트의 친미파를 가동하라는 부탁이었다. 정부 초기의 외교 라인을 미국에서 호감을 가진 사람으로 구성할 것을 건의했다. 그러면서 반기문, 한승주, 박건우 세 사람을 추천했는데 경희대 대학원장을 하던 박건우는 이회창 캠프에 너무 깊숙이 관여돼 있어서 안 쓰고 둘만 썼다.

처음에 나는 반기문을 외교부장관, 한승주를 주미 대사에 기용하는 것이 좋겠다고 말씀드렸다. 한승주는 당시 뉴스위크 고정 칼럼니스트로서 미국 지식인들에게 인정받던 인물이었다. 대통령은 주미 대사는 받아들였으나 외교부 장관에는 윤영관을 기용했다. 나는 윤영관은 외교안보보좌관이 더 적임이라고 말씀드린 바 있었다. 외교부는 권위적이고 여러 복잡한 요소가 있어서 교수 출신 장관은 맞지 않다고 봤기 때문이다. 하지만 노무현 대통령 입장에선 윤영관이 고마웠던 것 같다. 노무현 후보 지지율이 한 자리 숫자로 떨어졌을 때도 변하지 않고 지지를 표했던 정책 교수단 50여 명 있었는데, 그 가운데 유일한 서울대 교수가 윤영관이었던 것이다. 그러나 노무현 대통령은 석 달도 못 가서 그 결정을 후회했다. 아니나 다를까 교수 출신으로는 외교부를 장악하기 어려웠다. 결국 윤영관은 6개월 남짓 만에 물러나고 외교안보보좌관으로 있던 반기문이 장관으로 갔다. 그때부터 노무현 대통령의 신뢰가 깊어져 반기문 장관은 승승장구할 수 있었다. 이후 대통령은 그가 UN사무총장에 선출되도록 발 벗고 나서며 전 세계를 돌아다니기도 했다.

돌이켜보니 나는 노무현 대통령 취임 초기에 미국의 가치, 미국과의 관계 개선이 얼마나 중요한지에 많은 힘을 쏟고 역설했다. 이때 일의 영향인지, 훗날 내가 한미 자유무역협정 비준안 통과를 주도해서인지 종종 나에게는 친미주의자라는 딱지가 붙곤 한다. 구태여 해명하는 것도 면구스러운 일이나, 나는 결코 친미親美가 아니다. 굳이 말하자면 용미(用美)에 가까운 인물이다. 왜 용미인가? 그것은 미국이라는 나라가 세계 경제와 한국의 경제적 운명에 미치는 영향력을 너무도 잘 알기 때문이다.

나는 1986년부터 1988년까지 재무부 과장으로 미국 위스콘신대학교에 유학을 떠났다. 가족들과 함께 미국 전역을 한 달 동안 자동차로 여행한 경험이 있다. 그때의 기억은 강렬하다. 대부분이 미개척지인 방대한 국토, 풍부한 자원, 엄청난 소비인구를 체험하고 나는 기가 질렸다. 그 뒤 경제관료와 정치인으로 살면서 압도적인 세계 1위의 원천기술과 국방력,

세계 금융시장을 좌지우지하는 초대형 금융회사들의 자본력과 정보력을 다양한 경로로 체험했다. 그 결과 개인적 호오好惡를 떠나 국가정치와 경제를 운영하려면 미국은 필수불가결한 파트너라는 생각이 확고해졌다.

많은 문화인류학자들이 200년에 걸친 팍스 아메리카나Pax Americana의 배경으로 네 가지 요인을 꼽는다. 첫 번째는 개척자 정신Frontiership이다. 소설과 영화 모두 유명한 《바람과 함께 사라지다》의 마지막 장면에서 레트 버틀러가 떠나고 모든 것을 잃은 주인공 스칼렛 오하라가 "그래도 내일은 내일의 태양이 뜬다."라고 되뇌는 장면이 그 상징이다. 두 번째는 개인의 자율과 창의성, 그리고 자기 책임과 법치적인 정신에 기반한 개인주의Individualism다. 세 번째는 다민족 사회의 약점을 박애주의적 기독교 신앙으로 보완한 봉사정신Volunteership이며, 네 번째는 전통과 관습으로부터 상대적으로 자유로운 신대륙 문화에 기반한 실용주의Pragmatism다.

반면 뿌리 깊은 인종적 편견, 지나친 물질주의와 소비문화를 비롯해 수단과 방법을 가리지 않는 자국 중심주의는 당연히 비판의 대상이다. 지난 50년간 세계를 움직였던 자유무역 체제가 철저하게 미국의 상품을 팔기 위한 시장 확대 정책이었다는 비판에도 일리가 있다. 예컨대 최근 인공지능AI, artificial intelligence 등 관련 산업의 주도권을 쥐기 위해 첨단 반도체 기업을 유치하기 위한 인플레이션 감축법IRA, Inflation Reduction Act으로 동맹국에까지 피해를 주는 행위가 대표적이다.

결국 나는 미국을 잘 알고 제대로 '이용하는' 것이 우리를 위해 더없이 중요하다고 생각한다. 어차피 떨어질 수 없는 존재라면 그 내부적 생리를 제대로 파악하고 활용해야 유리하지 않겠는가. 찰나의 분노에 따른 반대, 감정적인 비토로 우리가 얻을 수 있는 건 없다. 그때도 이런 마음으로 노무현 대통령을 설득했고, 그에 대한 후회는 없다. 몇몇 사람들은 노무현 대통령이 '친미주의자로 변절했다'고 비난하지만 그건 틀린 소리다. 대통령은 끝까지 친미주의자는 못됐다. 대신 용미주의자는 됐다.

"올해는 한미동맹 50주년입니다. 한미동맹은 우리의 안전보장과 경제발전에 크게 기여해왔습니다. 우리 국민은 이에 대해 깊이 감사하고 있습니다. 우리는 한미동맹을 소중하게 발전시켜 나갈 것입니다. 호혜와 평등의 관계로 더욱 성숙시켜 나갈 것입니다."

첫 저녁 식사에서의 설전 이후 노무현 대통령의 취임사에는 위에 같은 내용이 담겼다. 나는 내 소임을 다했음을 알았다.

노무현 대통령의 첫 방미

노무현 대통령이 취임한 2003년 초는 이른바 '7중고'의 시기였다. 북한의 핵개발 위협 속에서 효순이·미선이 사건 등으로 촉발된 반미 정서를 접한 미국 조야에서는 한국의 새 정부가 취할 대북·대미 정책에 대한 의구심이 팽배했다. 이 와중에 럼스펠트 미 국방장관의 북폭 암시 발언에 국제금융계는 한국에 투자한 자본을 회수하기 시작했고, 미국의 신용평가회사인 무디스Moody's는 한국의 국가신용등급을 2단계나 하향조정하는 등 마치 제2의 금융위기를 앞둔 듯한 분위기였다.

5년 단임 정권에서 경제를 살리지 않고서는 아무것도 할 수 없었다. 우리가 직면한 경제위기를 타개하기 위해 다른 무엇보다도 우선적으로 해결해야 할 것은 국내가 아닌 국외, 바로 미국에 있었다. 거시경제의 안정을 달성하기 위해서는 국제금융시장 평가가 하락하고 있던 한국의 신인도를 높일 필요가 있었고, 이를 위해 한미관계 개선과 국제금융시장에서 한국의 홍보가 필요했다.

나는 새 정부가 출범한 직후인 2003년 4월 11일과 14일 영국 런던과 미국 뉴욕에서 한국경제 설명회IR을 진행했다. 당시 반기문 외교안보보좌관과 차영구 국방부 정책실장이 동행했다. 런던에서는 북핵 문제로 인한 전쟁 발발 가능성, 한미간 공조 약화, 새 정부의 경제정책 방향 등에 대한 이야기가 나왔고, 뉴욕에서는 로버트 루빈 시티그룹 회장, 필 그램 전 상원의원 등 국제금융계, 미국 정관계, 언론계 인사들과의 면담이 무려 18차례나 이뤄졌다. 전반적인 경제 부문은 내가, 외교안보 부문은 반기문 보좌관이, 전쟁이 나더라도 압도적으로 제압할 수 있다는 설명은 차영구 실장이 나눠 맡았다. 이런 식으로 S&P, 무디스 등 신용평가사들을 찾아 당면 현안에 대해 설명한 끝에 결국 신용등급 유지에 대한 약속을 받아낼 수 있었다.

그러나 이런 성과는 지속적이기 어려웠다. 좀 더 근본적이고 확고한 해결책이 필요했다. 국제금융시장에서 한국에 대한 신뢰가 떨어지는 근본 원인은 새로 출범한 정부가 취할 대북, 대미정책에 대한 미국의 우려였고 이런 불안감이 사라지지 않는 한 위기는 언제든 되풀이될 수 있었기 때문이다.

매일매일 신용불량자가 빠르게 늘어나고 주식은 곤두박질치면서 국가

신용도는 계속 떨어졌다. 급기야 우리 정부가 발행한 채권의 외평채 가산금리가 정크본드 수준으로까지 높아지는 상황이었다. 정말이지 비상한 수단을 써야 하는 비상한 때였다. 결국 미국을 중심으로 한 금융자본이 '한국은 문제가 없다. 한국 정부와 시장을 신뢰할 수 있다'라고 판단하게 하는 수밖에 없었다. 돈이 빠져나가지 않고 들어오게 해야 했던 것이다.

이것은 친미니 사대주의니 하는 이야기와 아무 상관없는 문제다. 우리 경제의 생존, 사활의 문제였다. 미국이 의도적으로 조정하고 개입한다기보다는 세계 경제 질서, 금융 질서 또는 안보 질서가 현실적으로 미국 중심으로 돌아가고 있기 때문에 어쩔 수가 없었다.

이에 대해 깊이 고민하던 차에 CNN에서 우연히 본 장면이 떠올랐다. 정주영 회장이 카우보이 모자를 쓰고 소 떼를 직접 몰아 북으로 가는 모습을 그럴싸하게 연출한 영상이었다. 진짜는 소 떼를 차에 실어 보냈지만, 그걸 그런 식으로 패러디한 장면이 방영된 것이다. 갑자기 떠오른 그 장면에서 힌트를 얻은 나는 즉시 전경련과 청와대 설득에 나섰다. 이번 대통령 방미 때 전경련 회장단 35인 전원이 수행하자는 제안이었다.

사실 전경련과 대기업들 입장에서는 노무현 대통령이 당선되면서 크게 당황하고 있었다. '골수 진보 대통령이다' '좌파 대통령이다' '언제 재벌들 손볼지 모른다' 이런 소리가 흉흉하게 느껴졌을 것이다.

이 제안은 청와대에서도 난색을 표했다. 대통령 주변의 진보적인 비서관들의 반대가 컸기 때문이다. 그렇지만 최종적으로 노무현 대통령의 동의를 얻어 결행할 수 있었다. 결국 전경련 회장단 전원이 노무현 대통령 방미를 수행했는데 이는 당시로서는 사상 초유의 일이었다. 우리나라 재게 역사상 이건희, 정몽구, 구본무 세 사람이 같은 비행기를 타고 비슷한 일정에 같은 호텔에서 지낸 것은 처음이었을 것이다.

일단 대기업 회장들이 한꺼번에 대거 미국에 가니 현지 주요 언론 보도가 일제히 집중됐다. 신문, TV 가릴 것 없이 우리 기업 광고가 자주 나왔다. 전경련을 사실상 통째로 옮겨놓으니 효과가 확실히 있긴 했다. 대기업 현지 지사장들 입장에서는 회장님이 오시는데 한번 크게 띄워드려야 했을 것이고, 그러자면 광고도 좀 집중적으로 집행해야 했을 것이다. 부시 대통령이 노무현 대통령을 만나 "지난 한 주 동안 한국이 미국 전체를 사버렸더군요."라는 인사로 대화를 시작할 정도였다. 뉴스를 켜고 신문을 펼치면 한국 관련 보도기사였으니 농담만은 아니었다.

분위기는 화기애애했다. 부시 대통령이 백악관 구경시켜준다며 노 대통령 손을 잡고 이끌면서 안내해줬다. 특히 링컨 대통령 방에서는 이렇게 말했다.

"노 대통령께서 링컨을 존경한다는 말을 들었습니다. 이 방이 링컨 방입니다. 여기 한 번 앉아 보세요."

그리고 예정에도 없이 '아내를 소개시켜주겠다'며 로라 부시 여사가 머무는 방을 불쑥 찾기도 했다. 식사 시간에는 아이스 브레이킹으로 농담도 던졌다.

"나는 오늘 아버지에게 전화해서 아버지가 사람을 참 잘 보셨다고 말씀드리고자 합니다. 한국을 방문한 뒤 아버지는 나에게 'Don't worry about him. He is your kind of guy'라고 하셨거든요."

모두가 파안대소했다. 다소 직설적이지만 솔직하고 격의 없는 스타일이라는 점에서, 자신의 아들 부시와 노무현 대통령이 비슷하다고 본 것이다. 그렇게 해서 일단 서먹했던 한미 관계가 최고위 차원에서 풀어졌고 경제위기를 반전시킬 계기도 마련할 수 있었다.

방미는 대성공이었다. 2002년 11월 말 108bp였던 외평채 가산금리는 2003년 3월 초 143bp까지 치솟았으나 노 대통령의 방미 이후인 그해 5월에는 83bp까지 떨어져 안정됐다. 국제금융시장에서 한국이 다시 제자리를 인정받은 것이다.

여의도에 입성하다

2004년 초, 경제부총리로 일한 지 일 년이 지났을 무렵 나는 난감하고도 중대한 갈림길에 서 있었다. 정동영 당 대표가 나를 세 번이나 찾아왔다. 민주당 총선 주자 명단에 내 이름이 오른 것이었다. 나는 관료를 천직으로 알고 살아왔던지라 정치는 한 번도 생각하지 않았다.

무엇보다도 출마하려면 경제부총리직을 사퇴해야 했다. 세간에는 국가 중대사를 저버리고 정치적 야심을 채우려 한다는 오해가 번졌다. 출마한다고 거저 당선될 줄 아느냐는 비아냥도 들려왔다. 나를 아끼는 지인들은 왜 스스로 진흙탕에 발을 담그려 하느냐며 만류했다. 경제관료로서 그동안 쌓아온 나의 명예와 그 지난한 과정을 아는 이들은 정치판으로 가는 나를 못내 안타까워하고 염려했다. 그럴 만했다. 나는 정치에 완전 초보였고 정치권에 내 입지랄 게 있을 리 없었기 때문이다.

가족의 반대도 만만치 않았다. 내가 정치인이 된다는 것에 아내나 아이들은 적잖은 두려움과 염려를 갖고 있었다. 물론 공무원이라고 쉬운 건 아니었으나 그것과는 차원이 다른 두려움이었다. 적어도 공무원은 범법행위만 저지르지 않으면 세간의 입방아에 오를 일이 없다. 그러나 정치인은 '선거'라는 험난한 과정에서 대중 앞에 온전히 발가벗겨져야 한다. 말 한마디를 실수해도 구설에 오르게 된다. 당사자는 물론 가족의 감추고 싶은 프라이버시까지 죄 드러내야 하는 일이다. 아무리 정직하고 성실하게 살아왔다 한들 털어서 먼지 안 날 사람이 있겠는가. 그 '먼지' 하나를 털어내는 게 선거판이고 정치판이었다.

행정고시에 합격하고 공무원의 길을 걷기 시작하며 나는 우리 국민의 경제생활을 좌지우지할 일들 때문에 한시도 한눈을 팔거나 게으름을 피울 수 없었다. 비록 심신은 고단했지만 일 가운데 보람을 느끼고 행복했다. 나는 천생 공무원이었다. 맡은 일에 누구보다 치열하게 연구하고 고민하고 성찰해온 나는 전문가로서 자부심이 있었기에 누구 앞에서도, 상사나 장관은 물론 대통령 앞에서도 언제나 당당하게 내 업무를 말할 수 있었다. 그러는 동안 아이들은 건강하게 성장했고 단출하게나마 집도 장만했다. 나의 지위는 높아졌고 제법 인정도 받아 승진도 빨랐다. 게다가 이제는 장관, 그것도 부총리 아닌가. 내가 세간에서 말하는 '성공'을 더 이상 바랄 게 무엇이란 말인가.

국회의원 출마를 놓고 고심하면서 가장 마음을 무겁게 한 것은 참여정부와 노무현 대통령이었다. 그는 진심으로 경제를 살리고 싶어 했다. 반드시 잘사는 나라를 만들겠다는 원대한 포부가 있었다. 나는 참여정부의 초대 경제부총리로서 대통령과 머리를 맞대고 숱한 고민을 나눴고 많은 계획을 세웠다. 대통령은 내가 소신껏 일할 수 있도록 전폭적으로 지지하고 응원해줬다. 그런데 그 꿈과 계획을 놓는 건 쉬운 일이 아니었다.

대통령이 내게 손수 출마를 권유하지는 않았다. 다만 벼랑 끝으로 내몰리는 참여정부의 앞날을 생각하면 좀 튼튼한 여당이 있었으면 싶다는 심중을 자주 내비치곤 했다. 나는 굳이 대놓고 말하지 않더라도 대통령의 고민을 읽을 수 있었다. 열심히 일하고 있는 각료들까지 선거에 뛰어들게 해야 하는 상황에 직면한 대통령인들 마음이 편할 리 있겠는가. 할 수만 있다면 벗어나고 싶었을 것이다. 출마가 거론되는 각료들 누구도 총선 출마에 내켜 하는 이가 없다는 걸 대통령 또한 잘 알고 있었다.

나는 수없이 자문하고 고민했다. '왜 내가 나서야 하는가?' 그 자문에 명확한 대답을 준 건 다름 아닌 탄핵정국이었다.

2004년은 시작부터 어수선했다. 참여정부가 출범 2년째를 맞았지만 무엇 하나 쉽게 넘어가는 일이 없었다. 대통령의 말 한마디, 행동 하나하나에 격한 감정적 반응이 일었다. 참여정부의 어떤 정책도 제대로 평가하려 들지 않았다. 그들의 비판이 다 틀렸다고 할 수는 없으리라. 그러나 태도만큼은 분명히 잘못된 것이었다. 비판을 위한 비판을 하는 것으로밖엔 생각되지 않을 만큼 일관성도 진정성도 보이지 않는 비판이 연일 이어졌다. 뛰면 성급하다 하고, 걸으면 안일하다고 몰아세우는 식이었다. 낯 뜨거웠고, 치졸했다.

결국 2월에 들어서자 한나라당은 대통령 탄핵이라는 헌정사상 초유의 만행을 결정한다. 언론은 여기에 장단을 맞췄다. 선거 중립 위반, 측근 비리, 경제 파탄 등의 이유를 들어 탄핵안을 제출하겠다고 나선 것이다. 탄핵이라니? 참여정부의 관료로서 도무지 납득하기 어려웠다. 대체 무엇이 대통령을 탄핵할 만큼 잘못된 일이었을까.

박정희 정권 시절부터 30여 년을 정부에서 공무원으로 일해온 나는, 이미 우리나라에도 '정치의 시대'가 도래했음을 알고 있었다. 그리고 근본적으로는 정치의 긍정적인 힘을 믿는 사람이었다. 그래서 무엇보다 국회를 바꿔야겠다고 생각했다. 다수당의 횡포와 독단을 견제하는 한편 좋은 정책을 입안하여 실행할 수 있는 힘의 균형을 이뤄야 했다. 하지만 당시 여당인 열린우리당에는 그런 힘이 없었다. 정부가 아무리 필요하고 좋은 정책을 내놓아도 여당에 뒷받침할 힘이 없으면 실현할 수 없다는 것을 나는 참여정부 첫해에 뼈저리게 느꼈다. 고심 끝에 내놓는 개혁성 법안은 족족 난자당하고 발목 잡혔다. 이 어처구니없는 상황을 타개해야 했다.

그렇게 발을 들인 여의도는 익숙한 듯 새로웠다. 오랜 관료 생활 동안 의원실이며 회의실이며 문턱이 닳도록 드나들던 국회였기 때문에 적응이 어렵지는 않았으나 내부자가 되어 본 여의도의 생리는 관가와 조금 달랐다. 관료로 있을 때는 어떤 계획을 세운다면 이건 반드시 무슨 일이 있어도 실행하는 것이었다. 헌데 국회는 달랐다. 의원들이나 보좌진들은 '추진하긴 하지만, 100% 된다는 보장은 없다'라는 생각이 기본에 깔려 있었다. 여야가 협의를 해야 하고, 더 나아가 정부와도 협의해야 하는 조직의 특성이었다. 처음에는 다소 어색했으나 시간이 지나자 그 취지가 민주주의의 특성이란 것을 이해할 수 있었다.

시대를 앞서간 선구자의 초상

노무현 대통령은 연령과 세대로만 놓고 보자면 탈권위주의를 하기가 어려운 축에 속한다. 그러나 그의 멘탈리티는 정신적으로 또 경험적으로 이른바 '86세대'에 속했다. 정파의 보스와 부하 관계로 뭉친 것이 아니라 공공의 목표를 이루고자 뜻으로 뭉친 동지적 관계를 추구하는 것이 이 세대의 중요한 특징이다. 그 세대적인 감각이 노무현 대통령과 이전 지도자들의 차이점이었다. 동지적 관계의 특성상 당시 청와대 내에선 수직적이기보다는 수평적인 소통이 주를 이뤘고, 상명하복의 분위기 대신에 토론과 논쟁이 아주 활발했다.

그는 나보다 한 살밖에 많지 않았다. 우리는 같은 또래였지만, 내가 마음속으로 깊이 존경한 그의 가장 큰 장점은 토론한 뒤 자기 생각을 즉각 수정할 수 있는 자세였다. 나는 이것이 가능한 지도자를 거의 보지 못했다. 어쩌면 노무현이 유일할지도 모르겠다.

2005년 말의 일이다. 정운찬 당시 서울대 총장이 우수학생 선발을 위해 논술형 면접을 보겠다고 발표했다. 수능은 변별력이 없는데 본고사를 못 보게 하니 나온 고육지책이었다.

당장 국회에서 반발이 일었다. 여당인 민주당의 정봉주, 이인영, 최재성, 백원우 등 젊은 의원들이 중심이 됐다. 교육위원회의 쟁쟁한 투사들로 평소에 서울대를 폐지하고 전국 대학을 모두 다 서울대로 만들자고 주장하는 이들이었으니 반론을 제기하는 것은 당연한 일이었다.

그날 나는 국회 회의장에서 정운찬 총장의 결정을 옹호하고 반대하는 이들을 한 시간 넘게 설득하고 있었다. 정오가 다 되어갈 때 대통령으로부터 "서울대 입시 문제를 논의하려고 하는데 오찬을 같이 하면서 결정하자."라는 메모가 왔다.

부랴부랴 회의를 마무리하고 청와대로 돌아갔는데 12시 30분이 넘었다. 오찬은 이미 진행 중이었다. 이정우 정책실장, 이호철 비서관 등 진보적 색채의 청와대 인사들 십여 명이 이미 대통령과 사전에 토론을 끝내고 결론을 낸 상태였다. 내가 들어서자 노무현 대통령은 "아무래도 정운찬 총장 옷을 벗겨야겠어요. 서울대 총장 사표를 받아야 하는데, 행정·재정 제재권을 가진 교육부총리밖에 할 사람이 없습니다. 어떻게 하면 되겠어요?"라고 물었다. 나는 잠시 침묵을 지키다가 대답했다. "저는 그렇게 생각하지 않습니다."

그리고 방금 전까지 민주당 의원들을 설득했던 논리를 다시 한 번 반복했다. 사람은 종합적으로 균형 있게 능력을 평가해야 하는데 역대 어느 서울대 총장과 비교해서도 정운찬은 진보적 교육관에 맞는 선택과 결정을 해왔다는 것이 나의 논지였다.

당시 나는 정운찬과 토론하다가 "서울대 정원이 4천5백 명인데 전국 인재를 서울대가 다 뽑아가니 서울대 폐지론이 나온다. 이 문제를 깊이 생각하라."라고 했더니 그는 그 말에 공감하고 정원을 3천 명으로 줄인 바 있었다. 대학 총장이 정원을 줄이는 것은 엄청난 자기희생과 결단에서 비롯되는 행위다. 기업이 인위적으로 매출 3분의 1을 줄인 것과 똑같은 일이다. 그 입학정원 3천 명 중 천 명은 나와 토론을 거쳐 지역균형선발로 결정했다. 전국 모든 고등학교에서 최소한 한 명씩은 다 뽑은 것이다.

다른 천 명은 특기적성 선발과정을 거쳐 공부뿐 아니라 과학·수학 올림피아드·체육·음악·미술 등 다양한 적성을 바탕으로 뽑았다. 최종적으로 정시모집은 천 명에 그쳤다. 수능은 변별력이 없는데 나머지 천 명이라도 대학이 생각하는 방식으로 우수한 학생을 가려내겠다는 게 정운찬 총장의 생각이었다. 그처럼 논술형 면접이라는 재량권 정도도 국립대학교 총장에게 주지 않으면 우리 교육이 어떻게 되겠느냐고 대통령을 설득했다.

조용히 듣던 노무현 대통령은 한마디로 결론을 냈다. "사람 함부로 욕할 게 아니구만. 김 부총리 이야기 안 들었으면 큰일 날 뻔했어요. 이 일은 없는 걸로 하지요."

노무현 대통령이 나를 좋아하고 신뢰한 것은 내가 항상 당신 앞에서 '노'라고 얘기할 수 있었기 때문이다. 관료나 정치인들이나 대통령 앞에 나서면 과공비례過恭非禮하기가 일쑤인데 그것은 금물이다. 대통령도 자신도 망치는 일이다. 당당하게 할 일을 하고 할 말을 하면 되는 것이다. 대통령 앞에 나설 정도의 자리에 있는 자라면 이미 이룰 것 다 이루지 않았나, 당시 나는 장관도 했는데 이제 그만 두면 어떤가, 나는 이것이 대통령을 위하는 길이라는 생각으로 임했다.

한편으로 내가 그렇게 할 수 있었던 것은 상대가 노무현 대통령이었기 때문이었다. 수평적 탈권위의 리더십, 토론의 리더십을 그와 같이 제대로 실천한 사람은 우리 정치사에서 그가 유일하리라. 그만큼 시대를 앞서간 사람이다. 그에게는 필연 선구자의 고독이 뒤따랐을 것이다.

그렇게 시대를 앞서간 면이 때로는 '너무 권위가 없다, 신중하지 못하다, 가볍다'라는 식으로 폄하되기도 했다. 그런 평가가 이해되는 면도 없지 않았으나, 상당 부분은 오해라는 점도 분명하다. 노무현 대통령은 어떤 문제에서든 진심으로 허심탄회하게 의견을 나누고 보완할 것은 보완하는 것을 즐기는 타입이었다. 그 결정은 사심에 휘둘리지 않았다. 그는 진정으로 나라의 미래를 고민하는 소명의식으로 가득 찬 인물이었다.

나는 종종 김대중의 리더십과 노무현이 리더십이 조화되는 인물이 대통령이 된다면 어떨까 상상하곤 한다. 김대중 대통령이 존경받는 리더십이라면 노무현 대통령은 사랑받는 리더십이었다. 깊이와 넓이, 수직과 수평, 권위와 탈권위의 적절한 조화. 그만큼 성공적인 대통령 리더십이라는 게 달성하기 참 어렵다는 뜻이기도 하다. 역대 대통령 각각이 지닌 리더십의 장점만 뽑아서 다 갖춘 대통령은 현실적으로 존재하지 않는 게 사실이니 말이다. 사회변화가 워낙 빠르니 어제의 리더십이 지닌 장점이 오늘의 리더십의 단점이 되기도 하니 참 쉽지 않은 부분이다.

참여정부는 실패한 정부인가

노무현 대통령이 나에게 성공한 대통령의 기준을 물었을 때 나는 '경제'라고 답했다. 그 기준으로 참여정부가 성공했냐고 묻는다면 긍정하기 쉽지 않을 것이다. 정권재창출에 실패하고 이명박 정부가 탄생한 것이 그 방증이리라. 많은 이들, 특히 친노계열의 인사들은 그 책임을 초대 경제부총리로 일년간 일한 나에게 묻기도 한다. 내가 친대기업, 친시장주의적인 정책을 펼쳤다는 것이다. 즉, '좌측 깜빡이 켜고 우회전했다'는 참여정부에 대한 평가가 나에게서 비롯된 것이라는 주장이다.

법인세 인하 정책은 그 대표적인 사례다. 세제에 관해 말하자면 '부자가 되기는 쉽게, 부자로 남기는 어렵게' 하는 것이 나의 철학이다. 땀 흘려 열심히 일해서 번 돈에 대한 세금은 낮을수록 좋다. 근로소득, 사업소득 등이 대표적이고, 법인세도 마찬가지다. 애초에 학계 일각에선 법인세라는 세금이 필요한가에 대한 근본적인 의문을 제기하기도 한다. 법인은 도구에 불과한데, 법인단계에서 과세하지 않아도 주주 단계에서 얼마든지 강력히 과세를 할 수 있기 때문이다. 법인세 자체의 필요성은 인정한다 하더라도, 법인에 과도한 인격성을 부여해 선불리 죄인 취급하며 '부당한 이득을 벌어들인 부자들의 집단'으로 인식하는 것은 시장과 경제에 무지한 시각이다.

경제부총리 재임기간 중 나는 국내법인이든 외국법인이든 한국에 많은 회사들이 들어와 투자하고 자유롭게 활동하게 만드는 것이 가장 중요하다고 봤다. 그렇다면 적어도 법인세 역시 글로벌 스탠더드 수준으로 맞춰야 하는데, 당시 27%였던 우리 법인세율은 경제협력개발기구OECD 평균에 비해서도 약 5%p가량 높았다. 이런 장벽을 해소하기 위해 25% 정도로 낮춰 외국인 직접투자를 늘리려고 했던 것이다.

외국인 직접투자는 단순히 자본만 들어오는 것이 아니다. 기술, 설비, 인재가 한국으로 들어오는 것이다. 그렇게 해외의 우수한 기술과 인재가 들어와야 국내 산업 환경도 한 단계 더 나아갈 수 있다. 고용이 늘고 기술이 발전하고 결과적으로는 세수도 확대된다. 그래서 세계 최강대

국인 미국도 전 세계 첨단산업을 자국 내에 유치하기 위해 발버둥치는 것이 아닌가.

나의 이런 결정에 당시 정부 일각과 여당에서는 반대가 많았다. 그와 같은 의견도 수렴해 법인세 인하계획만 발표하고 실제 인하는 2년 후에 시행하는 것으로 절충하는 방안을 마련했다. 세금이란 것은 선언 효과announce effect가 있어서, 비록 시행은 1년간 미뤄졌지만 인하 예고만으로도 투자 활성화 등 소기의 정책효과를 달성할 수 있었다. 당시 노무현 정부가 '대기업을 때려잡으려 한다'라는 경제계의 오해를 불식할 수 있었기 때문이다. 세율, 특히 법인세율은 이처럼 경제 상황에 따라 정책 변수로 쓸 수 있어야 한다. 반드시 지켜야 할 지고지순한 가치가 아니라는 뜻이다.

나는 경제 전반을 운용하는 책임자로서, 현실에 일어난 변화를 냉철하고 정확하게, 객관적으로 평가해 이것을 시장이 순응하고 수용할 수 있는 방법으로 정리하는 것을 제1순위로 생각했다. 여기에 이념이니 사상이 끼어들 틈도 필요도 없었다. 카드사태나 법인세 인하는 이런 기조 아래 성공한 정책이었다. 나에 대한 노무현 대통령의 신뢰가 깊어진 이유도 여기에 있다.

애초에 노무현 대통령은 시장경제에 대한 개념이 명확한 사람이었다. 한 시사주간지에 소개된 그의 발언을 보라. "변호사 시절에 운동권 후배들이 나를 끌어들이려 애썼지. 하지만 나는 이데올로기를 믿지 않아. 갑자기 비가 와서 전철로 뛰어들었는데 몇 정거장 안 가 개찰구로 나오면 벌써 누군가 우산을 팔고 있어. 그걸 어떻게 이념으로 막아? 나를 좌파라고들 하는데 나는 이데올로기를 믿지 않는다고." 어려운 개념어나 용어를 쓰지 않고서도 경제가 어떤 원리로 돌아가는지, 시장은 어떻게 움직이는지 명확하게 파악하고 있는 이가 바로 노무현이었다.

그러나 진보적인 관점에서 참여정부를 비판했던 많은 이들은 노무현 대통령이 갑자기 '시장주의자'가 됐다고 분노했다. 급기야 2005년 삼성·현대·LG·SK 총수를 비롯한 중소기업 대표들이 참석한 '상생협력 대책회의'에서 "권력은 이미 시장으로 넘어간 것 같다. 우리 사회를 움직이는 힘의 원천이 시장에서 비롯되고 있다."라고 대기업의 중요성과 책임감을 강조한 노무현 대통령의 발언을 오독하고 오해했다.

과거 군사정권은 인허가권, 세무조사, 관치금융 등의 권력으로 기업을 휘둘렀다. 바로 그러했기에 우리나라가 후진국이고, 개발도상국이었던 것이다. 권력의 주도권이 기업으로 넘어갔다는 말은 당연히 가져서는 안 될 권력을 정부가 너무 오랫동안 쥐고 있었다는 뜻과도 같다. 오래 쥐고 있다 보니 그것을 국가의 것이라고 착각한 것이다.

이제는 시장이 가져야 할 권력은 원래 있어야 할 그 자리로 넘어갔다. 다시 국가와 시장에서 벌어지던 후진적 행태는 일어날 수 없다. 그러니 시장 스스로 자신의 책임을 다해야 한다. 이것이 노무현 대통령 발언의 진의다. 그리고 그의 진단은 정확했다. 그것이 올바른 방향이고, 선진사회이며, 제대로 된 국가이기 때문이다. 선진국이 되려면 각자의 권력이 제자리를 찾아가야 하며, 정치는 오로지 법에 따른 정당한 권력을 행사하면 되는 것이다. 선진국은 누가 누구를 지배하고 예속하는 것이 아니라, 법과 제도의 틀과 역사의 발전 과정에서 각자가 제 위치에서 제 역할을 하는 나라다. 노무현 대통령은 그것을 잘 알고 있었다.

후회로 남은 아픈 이름

참여정부의 일원으로서 후회되는 부분도 있다. 하나는 언론정책이었다. 노무현 대통령은 인권변호사를 하고, 기득권 세력에 대항하며 《조선일보》와 피 터지는 싸움을 10년 넘게 해온 인물이었다. 그러나 국가를 경영하는 위치에선 달라야 한다. 반대도 끌어안을 수 있어야 하기 때문이다. 언론을 계속 적으로 만들 필요가 없는데, 나중에는 지지기반이었던 《한겨레》, 《경향신문》과도 척을 졌다. '기자실 대못 사건'이 대표적이다.

정치는 결국 말로 표현하는 것이다. 상황이 여기까지 가니 대통령이 말을 전달할 수 있는 수단이 인터넷밖에 남지 않았다. 그때만 해도 지금과 달라서 40대 이상은 인터넷을 보는 이도 드물었다. 결국 노무현 정권은 소수파 정치로 끝나버릴 위기에 처한 것이다.

김영삼·김대중 대통령은 오랫동안 탄압받은 야당 인사였지만 항상 중앙무대에서 운신하던 사람들이다. 그들 주변에는 중앙의 인재들이 많았다. 반면 노무현 대통령은 주변부에서 정치를 시작했기 때문에 중앙이 모르던 사람이었다. 대통령이 되기 전까지 워싱턴 정가에서 '아칸소 촌뜨기'로 불렸던 클린턴Bill Clinton처럼, 노무현 대통령도 우리의 주류 세계로부터 냉대와 멸시를 받았던 게 사실이다.

그런 이가 지도자가 될수록 인사가 중요해진다. 자기 사람만 쓰지 말고 전체를 고루 아는 사람을 써야 하는데, 노무현 대통령의 집권 초기에는 그런 성격의 인사가 부족했다. 그에 더해 반대파를 대변하는 보수언론을 완전히 적으로 만들어서 대립하니 반대진영이 옳다구나 결집하기 시작한 것이다.

그렇다고 우리의 언론계가 공정하고 합리적이었느냐 하면 전혀 그렇지 않았다. 나는 재정경제원 시절에 대변인을 했다. 그때는 분명 사이가 좋은 언론인들이었는데도, 참여정부 들어와서는 장관 노릇하기가 쉽지 않을 정도였다. 뭘 해도 뒤집어서 언론이 공격하기 일쑤였기 때문이다. 내가 대체 왜 그러냐고 물었더니, 노무현 정권의 386세력이 보기 싫어서 그런다는 것이었다. 참으로 개탄스러운 상황이었지만, 그래도 정권을 잡은 이상 우리는 그 상황을 기민하게 파악하고 그에 맞는 태도를 취했어야 했다.

결국 대통령에게 또다시 간언했다.

"국가를 경영하고 성공한 대통령 소릴 들으려면, 또 진보적 개혁이 성공하려면 하고 싶은 일을 해내는 것이 가장 중요한 것 아닙니까? 어차피 그 사람들을 통해서 얘기가 전달되는 건데, 제대로 전달이 안 되면 어렵습니다. 언론개혁은 5년 내에 하기가 쉽지 않습니다. 그러니까 일단 발행부수 공시제도라든가, 공정 보도를 위한 장치라든가 하는 큰 틀만 짜놓고 타협하시는 게 어떻겠습니까?"

대통령은 "무슨 타협을 하느냐?"라고 되물었다. 그래서 내가 "조선·중앙·동아 편집국장을 불러서 인터뷰도 하시고 언론사 사장 불러서 밥 먹고 얘기하시는 것은 얼마든지 할 수 있는 것 아닙니까?" 했더니 노무현 대통령은 정색을 하곤 강한 어조로 선을 그었다.

"앞으로 나한테는 그렇게 얘기하지 마시오!"

자신과 《조선일보》의 피 터지는 10년 싸움이 없었으면 정치인 노무현, 대통령 노무현은 없었다, 그렇게 싸워서 원칙을 지켜 《조선일보》에 굴하지 않고 끝까지 갔기 때문에 소신 있는 정치인으로 부각되고 대통령도 될 수 있었다는 신념이 대통령에게 있었던 것이다. 일리 있는 얘기였다. 그러나 나는 좋은 정책을 만들고 정당한 의사결정을 내려도 긍정적인 방향으로 홍보가 되질 않으니 답답할 따름이었다.

또 다른 후회는 바로 정권 후반기의 부동산 정책이다. 부동산 문제는 근본적으로 수급을 통해 해결해야 한다. 한데 참여정부는 세금으로 단박에 풀려다 보니 실패를 거듭했다. 지역균형 발전을 위한 분산 정책을 쓴 것은 국가백년대계를 위해서 옳은 일이고 잘한 일이지만 그렇다고 수십 년 동안 형성된 수도권 집중현상을 5년 새에 확 줄이는 것은 무리였다. 스스로의 능력을 너무 과신한 것이다.

당시 수도권 상황을 고려하면 그 지역에 30만 가구는 지었어야 했다. 그래야 대체 수요를 만족시킬 수 있었는데, 참여정부는 공급을 계속 줄여서 13만 가구에 그쳤다. 이러다가 임기 말에 선거를 앞두고 부동산 투기가 일어나면 난리가 나니 25만 가구라도 지어야 한다, 당장 짓지 못한다면 짓는다는 시그널이라도 시장에 줘야 한다는 위기감이 들었다.

나는 교육부총리를 맡고 있었다. 경제정책에 손대는 것은 월권이었다. 결국 "5년 단임 정부에서 수도권에 적절한 수량의 주택을 공급하는 것이 필요하고, 지역균형 발전은 장기과제로 일관되게 추진해야 한다."라고 이헌재 경제부총리와 권오규 경제수석, 그리고 건설교통부에 여러 차례 이야기했으나 누구도 대통령에게 직언하지 못했다.

더 이상은 교육부총리인 내 영역을 넘어서는 일이었다. 내가 나서면 정치적 공격이 들어올 수밖에 없었기 때문이다. 여당 정치인 역시 상당수가 지역균형 발전 옹호론자였다. 쉽게 해결할 수 있을 것 같지 않았다. 아니나 다를까, 집값이 폭등하니 이번에는 부동산 과세를 강화해서 잡으려고 했다. 당시 청와대 정책실장은 이때 절대 해서는 안 되는 이야길 했다.

"세금폭탄을 때려서라도 부동산 가격은 잡겠다."

그가 지금 이 일을 기억할지는 모르겠지만, 나는 그걸 본 직후 그에게 전화를 걸어 "일제 식민지도 한국 사람을 상대로 그런 표현을 쓰진 않았다."라고 강하게 반박했다. 민주국가에서 세금은 국민이 국가에 필요한 경비를 법에 따라 능력에 맞게 자진 납부하는 것을 이상으로 한다. 정권 차원에서 시장 안정화의 의지를 보인 것은 좋았지만, 결코 '세금폭탄' 같은 말은 쓰면 안 됐다. 정권 핵심인사의 그런 폭력적인 발언이 정권에 대한 저항, 정책에 대한 반감을 조금씩 키우면서 일을 엎어지게 만드는 것이다. 여느 정권에서나 마찬가지다.

내가 지난 50년간 경험으로 다시 한 번 깨닫게 된 주지의 사실이 있다. 경제 운영에서 신뢰를 잃으면 정부가 할 수 있는 것은 아무것도 없다는 것이다. 나는 집권 초부터 노무현 대통령에게 아르헨티나 페론Juan Perón의 정책 실패에 대해 늘 이야기했다. 우선 경제를 안정적으로 성장시켜야만 대통령이 원하는 진보적인 정책을 펼쳐야 효과를 거둘 수 있기 때문이다.

20년이 지난 지금도 부동산 정책을 막지 못한 일은 사무치게 후회된다. 노무현 대통령이 설사 받아들이지 않더라도, 여러 곳에서 더 욕을 먹더라도 그때 강하게 주장하고 시정시켰어야 했다. 그랬다면 참여정부는 최소한 경제 영역에서는 훌륭하게 성공한 정부로 마무리할 수 있었을 것이다. 그리고 그랬다면, 후일의 비극은 일어나지 않았을지도 모른다. 나는 그 사실을 내 탓으로 여기며 아프게 반성할 뿐이다.

무릎 위의 손을 기억하며

노무현 전 대통령은 우리 곁을 떠나갔고, 나는 지금도 그를 생각할 때마다 침울해진다. 내가 기억하는 노무현 정부 인수위 시절의 인상적인 일로 글을 마무리하고자 한다.

노무현 정부 인수위의 중요한 임무 중 하나는 새 정부에서 일할 인재를 확보하는 것이었다. 비교적 변방에 있었던 노무현 대통령이 빠르게 중앙 정치에 적응하기 위해서는 전국의 유능한 인재를 끌어모으는 것이 급선무였다. 인수위는 여당은 물론이거니와 야당, 언론, 시민사회단체 등 각계각층으로부터 추천받아 몇천 명에 달하는 인재풀을 만들었다. 이렇게 꾸려진 인재풀 내에서 첫 내각의 차관급 이상 직의 후보를 3배수로 추려 당선자에게 올리는 것이 나와 우리 팀의 일이었다.

시간은 촉박하고 인사 검증은 엄중해서 거의 매일 저녁을 거르고 일하기 일쑤였던 어느 날, 아마 저녁 8시쯤 됐을까. 노무현 당시 당선자에게서 '저녁은 먹었느냐'고 전화가 왔다. 아직 식전이면 지금 권양숙 여사와 잠시 나왔다가 들어가는 길인데 초밥을 사갈 테니 다 같이 먹자고 하셨다.

그날은 대충 일을 마무리하고 사무실을 찾은 당선자 내외와 함께 둘러앉아 초밥 도시락을 마주했다. 헌데 가만히 보니 부부의 손에 그간 못 보던 반지가 끼어 있는 게 아닌가. 누군가 웃으며 "당선자께서 못 보던 반지를 끼셨습니다."하고 알은체를 하자 권양숙 여사가 쑥스럽게 웃으며 얼른 손을 감췄다. 그러고는 반지에 대해 설명하려는 남편을 연신 말렸는데, 그럼에도 노무현 대통령은 어쩐지 뿌듯한 표정으로 빙긋이 웃으며 반지의 사연을 풀어냈다.

노무현은 9급 세무공무원인 형의 도움을 받아 결혼도 하고 사법시험 공부도 했다. 생활 형편이 변변찮았기 때문에 혼자 법학책을 읽고 또 읽는 방법으로 사시를 준비하는 수밖에 없었다. 그러던 하루는 "아, 이럴 때 녹음기 하나 있으면 좋겠다."라는 한탄이 절로 나오더란다. 녹음기가 있으면 본인이 책을 덮은 채 본인이 그날 공부한 부분을 쭉 읊어 녹음하고, 그 뒤에 녹음된 내용을 책과 비교하며 무엇을 빠트렸고 얼마나 외웠는지 확인하며 공부할 수 있겠다 싶었기 때문이다.

당시 녹음기는 무척 비싼 물건이었다. 말단 공무원의 형편이란 게 뻔했기 때문에 형에게 말하는 것은 언감생심 꿈도 꾸지 않았다. 그저 아내와 밥 먹다가 말이나 흘려본 것인데, 어느 날 책상 위에 녹음기가 떡하니 놓여 있었다. 권양숙 여사가 가진 패물을 전부 다 내다 팔아서 사온 녹음기였다. 고맙고 미안한 마음이 파도처럼 밀려와서, 반드시 합격하겠다는 다

짐이 절로 들었단다.

"내 고시 합격하면 제일 먼저 당신 패물부터 사주리다."

그날부터 노무현은 녹음기를 아기 업듯이 등에 멘 채로 책을 외웠다. 외우고, 녹음하고, 틀어보고, 맞혀보고… 그렇게 수백 번을 반복한 끝에 1975년 제17회 사법시험에 합격했다. 6년여 간 고시 공부를 뒷바라지한 권양숙 여사는 노무현 대통령의 무릎에 얼굴을 묻고 엉엉 울었다.

합격의 기쁨은 잠시, 바쁜 생활 때문에 그날의 약속은 잊혔고 그렇게 오랫동안 잊힌 약속은 대통령에 당선된 뒤에야 다시 노무현의 머릿속에 떠올랐다. 여사는 이제 와서 무슨 반지냐고 웃어넘겼지만, 대통령 마음은 그게 아니었던지라 함께 손을 잡고 종로에 나가 커플 반지를 한 쌍 맞춘 것이 바로 그날이었던 것이다.

노무현 대통령 내외는 무척 금슬이 좋았다. 더 정확히 말하면 노무현 대통령이 권양숙 여사에게 굉장히 의지했다는 편이 옳겠다. 당선자 시절에도 정책 논의하는 대신 조금 자유로운 분위기에서 사담을 나누는 자리에는 꼭 여사와 함께 했다.

그의 불같은 성정을 다스릴 수 있는 능력도 권양숙 여사에게만 있었다. 대통령은 누가 마음에 들지 않거나 납득되지 않는 이야기를 하면 참지 못하고 그 자리에서 상대를 논파해버리곤 했는데, 그러다가 언성이 높아지고 흥분하기 시작하면 권양숙 여사가 조용히 노무현 대통령의 무릎 위에 손을 올렸다. 그러면 신기하게도 대통령이 차분해졌다. 나는 실제로 그런 장면을 두 번 목격했다. 무릎 위의 손은 아마도 두 사람이 약속한 '신호'였으리라.

이 글을 쓰며 문득 2002년 민주당 대선후보 경선 인천유세가 떠올라 오랜만에 유튜브에서 영상을 찾아봤다. 당시 경쟁자였던 이인제 후보가 권양숙 여사 아버지의 좌익경력 논란을 집요하게 공격하자, 노무현 대통령은 피하지 않고 정면 승부했다. 아이 잘 키우고 서로 사랑하는 아내를 버려야 하냐고, 아내를 그대로 사랑하면 대통령 자격이 없느냐고, 그렇다면 나는 대통령 후보를 그만두겠다는 노무현의 외침에 철 지난 색깔론은 힘을 잃었다. 원고에도 없는 즉흥 연설, 준비되지 않았기에 오롯한 진심이었던 그의 마음이 거기에 있었다. 아마 그 연설을 듣는 순간에도 권양숙 여사는 마음으로 노무현 대통령의 무릎을 토닥이고 있었을 것이다. 너무 마음 쓰지 말라고, 이런 일에 너무 흥분하지 말라고, 내가 너무 미안하다고.

노무현은 우리 시대가 미처 담아내지 못한 존경스럽고 사랑스러운 인물이었다. 지금도 두 분을 생각하면 맞잡은 손에 끼워진 때늦은 반지와, 슬그머니 대통령의 무릎을 토닥이던 손이 떠오른다. 지극한 믿음과 사랑이 거기에 있었다.

제7부

실리 일변도의 파국과 몰락

2008-2013

이명박 정권

노무현 정권이 막을 내린 뒤, 2007년 대선에서 한나라당은 10년 만에 정권을 되찾았다. 내가 곁에서 모셨던, 우리 현대정치사의 우뚝한 두 거인이라고 할 만한 김대중 대통령과 노무현 대통령은 대한민국에 많은 것을 쌓아둔 뒤 퇴장했다. 두 사람의 나라 운영이 완벽하지는 못했던 게 분명하며, 거기에는 누구보다도 나의 부족함이 한몫을 보탤 것이다. 그러나 두 지도자는 우리 사회가 1961년부터 쌓아온 정치적 역량의 정수를 보여주면서 대한민국을 앞으로 나아가게 했다는 생각에는 변함이 없다.

대한민국 시민들은 이명박 대통령을 선택했다. 아슬아슬한 표 차로 선택한 것도 아니다. 압도적인 지지를 보내면서 그를 지도자로 뽑고, 보수 여당에 힘을 몰아주었다. 이명박 전 대통령은 더블스코어에 가까운 수치로 민주당의 정동영 후보를 압도하며 손쉬운 승리를 거머쥐었다. 2008년 총선에서는 여당인 한나라당이 153석을 차지하며 1987년 6월 민주화 이후 보수세력이 첫 단독 과반을 넘는 데 성공했다. 다른 보수정당인 자유선진당, 친박연대의 의석까지 다 합치면 185석, 범보수 성향의 무소속 의원의 수까지 합치면 개헌선인 200석을 넘는 202석을 거머쥔 것이다.

어느덧 20년 가까운 시간이 지난 지금, 우리 국민들이 이명박 대통령과 같은 존재를 왜 그토록 목말라했었는지를 생각해본다. 이명박은 이때까지 우리가 겪어보지 못한 스타일의 대통령이었다. 기업인 출신, 그것도 불도저 정신을 내세우는 현대건설 사장으로서 다른 무엇보다 경제의 가치를 앞세우는 이였다. 결국 국민이 선택한 것은 먹고사는 일이었다. 경제만 잘한다고 성공할 수는 없지만, 경제를 놓치면 모든 것을 놓친다는 게 모든 정권의 속성임을 되새길 수 있는 지점이다.

그러나 여기서 한 걸음 더 나아가야 한다. 이 책의 1장에서 국가가 언제고 국민을 지켜주려 애써야 한다는 것, 그리고 나와 지도자가 '직접 연결되어 있다'고 신뢰할 수 있는 상황 혹은 정서를 '잉크의 감각'으로 이야기한 바 있다. 군인들의 집권이 끝난 뒤 김영삼과 김대중, 노무현과 같은 걸출한 민주 인사들이 차례로 정권을 잡았지만, 우리 국민은 언젠가부터 자신들이 국가와 연결되어 있다는 감각을 상실해버렸다. 대의민주주의가 강화되며 시민들이 직접 선출한 지도자들이 사회를 운영하는데도 오히려 양극화는 극심해지고, 정치와 일상의 괴리가 점점 심해졌던 것이다. 이는 모든 국가들이 민주화된 질서 속에서 선진국으로 나아갈 때 일정 부분 겪을 수밖에 없는 역설적인 흐름이다.

후보 시절부터 불거진 수많은 도덕성 시비에도 불구하고, 그는 '경제대통령'으로 스스로를 자리매김하며 강력한 추진력을 내세웠다. 국민들은 이에 반응했다. 이명박은 민간에서 직접 사업을 일궈본 사람이었고, 자칫 국민들의 경제하려는 의지를 꺾기 쉬운 관치官治의 그늘에 맞선 사람이었다. 그는 서울시장 시절에 보여주었던 창조적인 역동성으로 이 나라를 이끌겠다고 호소했다. 마치 박정희처럼, 옛 군사정권 시절처럼 말이다. 그렇지만 이미 시대는 한참이나 달라져 있었다. 이명박 정권 시기에 표출된 온갖 소모적인 갈등이 그것을 방증한다.

두 전직 대통령의 서거

이 시기를 이야기하기에 앞서, 나는 2009년이 얼마나 충격적인 한 해였는지를 상기하지 않을 수 없다. 한국은 현대 정치의 거목인 두 전직 대통령을 3개월 간격으로 잃었다. 내가 직접 모신 두 분의 대통령이 차례로 서거하신 것이다. 내 생애 최대의 충격이었다.

노무현 전 대통령은 이명박 정부 초기부터 재임 시절 측근들이 박연차 게이트로 연이어 구속되는 것을 지켜봤다. 노 전 대통령 일가에 대한 수사는 장기간 진행됐다. 그는 모든 것이 자신의 책임이라고 하며 스스로 칩거에 들어갔고, 이후 5월 23일 투신했다. 노무현 대통령 한 사람을 잡기 위해 전 국가기관이 나서 난도질한 결과였다. 이 죽음의 충격으로 김대중 대통령 역시 3개월 후 폐렴이 악화해 돌아가시고 말았다.

노무현 대통령의 영결식에서 나는 속절없이 울 수밖에 없었다. 부동산이나 언론 정책에 대해 내가 더 강하게 주장했더라면, 그래서 정권 재창출에 성공했더라면, 그랬더라면…. 의미 없는 가정이 꼬리에 꼬리를 물고 내 머릿속에서 어지럽게 휘몰아쳤다. 모든 것이 내 탓인 것만 같아 고개를 들 수 없었다. 가슴이 미어졌다.

노무현 대통령의 죽음은 한국 현대정치사에서 큰 파장을 일으켰다. 10%대 낮은 지지율로 허덕이던 민주당은 순식간에 지지율이 두세 배가량 뛰었다. 진보 진영과 중도층, 일부 보수 지지층이 결집한 영향이었다. 역대 대통령 호감도에도 영향을 줘서 각 진영을 대표하는 상징적인 대통령이 김대중과 박정희에서 노무현과 박정희로 바뀌었다.

민주당의 역학구도 역시 영향을 받았다. 이광재, 안희정, 김두관 등 노무현이 기용했던 친노 인사들의 존재감이 급격히 커졌다. 이들은 모두 일 년 뒤 열린 지방선거에서 지자체장에 당선됐다. 2006년 지방선거부터 참패를 거듭하던 민주당이 기적적으로 되살아난 것이다. 무엇보다도 '노무현의 마지막 비서실장'이었던 문재인이 강력한 대권주자로 떠오르게 됐다.

시간이 흐르면서 두 대통령에 대한 국민의 애도가 사랑과 존경으로 승화하는 것을 느낀다. 정치인이 죽고 난 뒤 올바른 평가를 받으려면 매일 매일의 선택에서 눈앞의 유불리보다는 옳고 그름에 따라 판단해야 한다는 내 소신에 대한 증거나 다름없다.

내가 분명히 말할 수 있는 한 가지는, 노무현 대통령에 대한 수사는 5년 단임제 아래 전 정권 죽이기에 정치검찰이 부화뇌동한 결과였다는 것이다. 보수 측에서도 무리한 수사라는 평가가 많았다. 그러나 애초에 이명박 대통령에게 검찰을 성찰적으로 운영하길 바라는 것 자체가 어불

성설이었다. 그의 판단 기준은 김대중이나 노무현 대통령과는 달랐다. 이명박 대통령은 옳고 그름에 따랐다기보다는 유불리에 기반해 선택하고 행동하는 사람이었다.

실리가 최우선의 기준이었던

내가 이명박 대통령을 직접 대면한 적은 그리 많지 않다. 그러나 한 사람의 국회의원으로서 당시 정부와 국회의 관계가 어떠했는지는 잘 안다. 이명박 대통령의 공적인 아이덴티티를 한마디로 정의하자면, 그는 '정치적인 것'에 알레르기 반응을 보이는 인물이었다. 스스로 '정치적이지 않은 것'을 자랑으로 삼았다. 어느 사회에서든 마찬가지이지만, 그는 왜 한국사회에서 유독 '정치적인 것'이 곧 부정적인 뉘앙스를 띠는지를 그 존재 자체로 구현한 인물이었다. 이러한 정치 불신 또한 앞서 말한 군사정권 이후의 정치와 시민의 관계를 되새기면 쉽게 이해되는 지점이다. 우리 시민들에겐 민주적인 질서를 향한 열망과 아울러 강력한 국가에 대한 열망이 관성적으로 남아 있었기 때문이다.

내가 겪은 이명박 대통령은 철저한 실용주의자이자, 실리주의자였다. 20대에 국내 굴지의 대기업인 현대건설의 사장직에 오른 성공한 기업가답게 명분이나 명예는 별로 신경을 쓰지 않았다. 이런 성격이었기에 취임 초 미국 방문 때 부시 대통령과 골프 카트를 타며 직접 운전하는 모습을 연출하거나, 엄청난 파장을 일으킨 '명박산성' 앞 시위대를 바라보며 눈물을 흘리는 모습까지 서슴지 않고 연출할 수 있었다. 부시 대통령이 귀엽다는 듯 이명박 대통령의 어깨를 치는 모습이 TV에 방영되어 미국에 굴종적이라는 반발을 야기했지만, 그 또한 그다지 신경 쓰지 않았을 것이다.

명분보다 실리가 중요했기 때문에 정부가 원하는 정책이 있다면 무리하게 강행하는 일도 자주 있었다. 이명박 정권 아래의 18대 국회는 민주화 이후 역대 국회의장 직권상정이 가장 많이 남발됐다. 2000년부터 2004년까지의 16대 국회에서 직권상정은 6건이었고, 2004년부터 2008년까지의 17대 국회에서는 29건이었다. 그런데 이명박 대통령의 집권 이후인 18대 국회에서 직권상정된 법안은 99건에 이르렀다. 여야 간의 협의나 합의를 거치지 않고, 여당의 일방적 독주에 의한 법안 처리가 심심찮게 일어난 것이다. 그가 어떤 방식으로 국가를 운영하고 싶어 했는지를 여기서 가장 상징적으로 확인할 수 있다.

물론 그의 실리주의는 선악의 구도로 단순하게 나뉠 만한 것은 아니고, 복합적인 측면에서 파악해야 한다. 경제부총리 시절, 그가 서울시장으로 일할 때 일이다. 나는 이명박 서울시장에게 "교육환경이 좋은 강남 부동산 투기 억제책으로, 당신이 주장하는 은평·도봉뉴타운 건설을 강북 전역으로 확대하고 신속히 추진해달라."라고 요청했다. 이명박 시장은 당시 서울시 교육감이 자립형사립고 등 좋은 고등학교를 인가해주지 않아 조기 추진이 어렵다는 반응을 보였다. 이에 내가 윤덕홍 교육부총리 등과 협의해 강북에 좋은 교육환경을 만들어주겠다고 약속한 뒤, 강북 신도시 추진 대책을 강남 부동산 투기 억제대책에 포함해 발표했다.

이후 내가 교육부총리가 되자, 이명박 시장이 나를 찾아와 "경제부총리 시절 약속한 빚을 갚으라."라고 요청했다. 나는 외국어고등학교는 사교육을 조장하는 실패한 정책이니 불가하고 자사고는 인가하겠다고 말했다. 더불어 도봉구 등 중산층·서민주거지역에는 독일의 마이스터고와 같은 좋은 실업계·전문계 고등학교를 신설할 것을 제안했다. 그는 대번에 얼굴 표정이 굳더니 "집값 떨어진다."라고 강력히 반대했다. 순간 나는 책상을 크게 내려치지 않을 수 없었다. 그리고 그에게 말했다.

"당신은 실업계 동지상업고등학교 야간을 나오지 않았어요? 그런 당신이 왜 좋은 실업계 학교 신설을 반대합니까?"

그때 그가 우물쭈물 "그래도 집값 생각을 안 할 순 없지 않겠습니까?"라고 덧붙이던 게 기억난다. 그리고 우리는 떨떠름하게 헤어졌다. 나는 이명박 대통령과의 관계에 별다른 기대가 없었고, 더욱이 그가 실업계, 전문계 고등학교를 적극적으로 추진할 것이라고 예상할 수 없었다. 흥미로운 건 여기서부터다. 몇 년 뒤 이명박은 대통령에 취임한 직후 당시 교육수석이었던 이주호를 내게 보내 마이스터고 제도를 상세히 듣고 실행하라고 지시했다. 이 마이스터고 활성화 정책이 이명박 정권 최대 치적이라는 평가도 있다. 그렇게 싫은 소리와 무안을 당하고도 본인에게 유리하다고 판단하면 반대진영의 정책도 기꺼이 자기 것으로 받아들이는 사람이 이명박 대통령이었다.

이런 실리적인 정권 운영이 긍정적인 평가를 받지 못한 것은 그의 실리주의가 공익보다는 사익을 위해 복무한다는 혐의가 짙었기 때문이다. 대선 과정에서부터 문제가 되었던 다스DAS 등 그 개인이 실소유한 기업을 이용한 부정 축재 스캔들은 좀처럼 사그라들지 않고 계속 확대됐다. 이명박의 리더십, 특히 경제 리더십이 사익과 공익을 구분하지 못한다는 불신 역시 증폭됐다. 결국 이 같은 의혹은 퇴임 후 2018년 4월, 전직 대통령의 신분으로 구속되는 결말로 이어졌다. 개인적으로나 국가적으로나 큰 비극인 셈이다.

기업인이 좋은 정치를 하려면

이명박 전 대통령의 영광과 몰락을 바라보면 이 나라의 기업가와 정치에 관해 근본적으로 생각해볼 지점이 있다. 흔히들 재벌이나 대기업 인사가 경제에 참여한다고 하면 아직도 많은 이들이 거부감을 가지는 게 사실이다. 조선시대엔 과거에 급제하여 관직에 진출하던 이들이 경제적 최상층이 아니라 주로 중소 지주 출신이던 영향도 있을 것이고, 또 우리 사회에서 재벌이 차지하는 경제적 비중이 다른 여느 나라에 비해서도 워낙 크기에 그러한 측면도 있을 것이다.

경제인의 정치참여에서 가장 잘 알려진 예시는 현대그룹 창업자 정주영이다. 그는 1992년에 통일국민당을 창당하고 대선에 도전했지만 낙선했다. 그의 아들인 정몽준은 7선 국회의원을 거친 뒤 한나라당 대표를 지냈다. 거슬러 올라가면 쌍용의 회장을 지냈던 김성곤이 이승만 정권의 자유당에서 재정부장을, 박정희 정권의 민주공화당에서 재정위원장을 지내기도 했다. 해외의 사례는 어떨까? 미국의 31대 대통령인 허버트 후

버Herbert Hoover, 45대 대통령인 도널드 트럼프Donald Trump가 가장 대표적인 인물일 것이다. 이탈리아의 총리 베를루스코니Silvio Berlusconi나 태국의 탁신Thaksin 총리 등도 경제인 출신의 지도자였지만 이들 역시 그리 좋은 정치적 리더였다고 평가받진 못한다.

그렇다고 우리가 CEO 출신의 정치인을 무조건 배척하는 것도 현명한 선택은 아니다. 정치를 하든 뭘 하든 평생을 하나의 직업으로 살기 어려워지는 시대가 왔고, 과학기술 발달이 급진적으로 이뤄지고 기업인들이 사회에서 다양한 역할을 맡는 것이 필수적이다. 2024년 1월 국회입법조사처의 조사에 따르면, 제21대 국회에서 우리나라 재계 출신 의원은 18인으로 6%에 불과했다. 같은 시기 미국 하원의원의 31%, 영국 하원의원의 17.2%, 프랑스 국민의회 의원 중 21.1%와 비교하면 매우 낮은 수치다.

기업인의 최대 장점은 현실을 정확하게 알고, 또 우리가 국제사회와의 치열한 과학기술 패권 경쟁에서 어떻게 이길 수 있느냐는 전략까지도 정확하게 알고 있다는 것이다. 그런 사람이 정치권이나 관계나 공직사회로 들어오는 것은 언제나 환영할 일이다. 나는 기업인으로서 가진 실력과 대중성을 바탕으로 사생활이 문란하지 않고, 또 굉장히 높은 창의적 사고와 의식 수준을 지닌 사람이 있다면 반드시 정계로 유입되어야 한다고 생각한다.

이명박 신화는 바로 그러한 재계에 대한 희망과 국민적 요구에서 탄생했다. 그러나 우리 재벌의 부가 형성된 과정은 정경유착 및 재벌금융의 견고한 네트워크에서 자유로울 수 없었기 때문에 거기서 오는 태생적 한계가 있다. 과거 우리나라 기업인 출신으로 정치권에 온 사람들을 보면, 재산 형성 과정이 투명하게 공개된 적이 한 번도 없었다. 특히 금융실명제가 시행되기 전에는 소위 우호주주로서 재벌 오너의 사병과 같은 역할을 하면서 그 충성의 대가로 경제적인 보수를 받고 돈을 모았다는 사실 역시 부정할 순 없다. 반면 미국을 비롯한 여러 나라에선 그 사람들이 그 기업을 일구고 거기서 재산을 모으는 모든 과정에 대해서 모든 게 전면적으로 공개돼 있다. 공정하게 모은 재산은 대부분 주식을 팔아서 벌어들였거나, 주식 가액으로 인정받은 것이다. 투명성이 기업인의 정치적 진출에도 그만큼 중요하다는 뜻이다.

이명박 대통령이 자신의 재산축적 과정을 좀 더 투명하게 하고, 출마하기 전 이를 철저하게 공개하며 사회에 납득시켰더라면 더할 나위 없었을 것이다. 그를 반면교사 삼아 이제부터라도 우리 기업인들은 재산축적 과정을 투명하게 공개하고 정당하게 평가받아야 한다.

신냉전의 도래, 우리가 추구해야 할 실용주의

이명박 대통령은 내가 박정희 정권의 가장 훌륭한 정체성으로 꼽은 '잉크의 정신'을 구현했으나, 시대에 걸맞은 투명함과 절차적 정당성을 갖추지 못하여 스스로 몰락했다. 그렇지만 우리는 이명박식의 구시대적인 실용주의가 아닌 실용주의 그 자체에 대한 성찰을 놓아서는 안 된다. 변화하는 환경에 적응하기 위해서는 명분보다는 실리를 찾고 지금 이 시대 전반에서 이뤄지고 있는 경쟁의 본질을 파악해야 한다.

나는 노무현 대통령의 수도 이전에 찬성했다. 우리나라의 지방균형 발전에 대한 확고한 믿음이 있었기 때문이다. 지금도 여전히 그렇다. 하지만 그 방법론은 20년 전 수도 이전론이 나왔던 당시와는 달라져야 한다고 본다. 세계는 지금 러시아와 우크라이나의 전쟁으로 정점을 맞은 신냉전적 질서에 더하여, 엄청난 기술패권 경쟁에 돌입했다. 1등이 아니면 몰락하는 시대가 도래한 것이다. 과학기술에서 2등은 필요 없다. 이런 상황에서 무조건 균등하게 모든 것을 지방으로 나눠 이전하자는 주장은 무책임하며, 우리에겐 훨씬 더 섬세한 방식이 필요하다.

영국과 프랑스, 일본 등은 몇십 년간 수도권 투자를 억제하고 지역으로 경제력을 분산하는 정책을 펼친 대표적인 국가들이다. 그러나 이들 역시 최근 수도권 회귀전략으로 선회하고 있다. 가장 큰 원인은 중국의 급부상이다. 애초에 경쟁상대로조차 여기지 않았던 중국이 엄청난 인력과 자원을 바탕으로 과학기술 분야에서 빠르게 치고 올라오는 것을 보며 이들은 충격에 빠졌다.

특히 영국이 그랬으리라 추측한다. 유럽의 가난한 국가였던 아일랜드는 미국 보스턴에 밀집한 인텔, AMD 등의 생산기지로 떠오르며 2023년 기준 1인당 명목 GDP가 10만 달러에 이르렀다. 같은 시기 영국의 1인당 명목 GDP는 5만 달러 수준에 불과했다. 영국으로서는 사생결단의 위기의식을 느낀 것이다. 이에 실시한 것이 런던 회귀 전략이다. 세계의 1등 인재를 모아야 하는데 이들은 런던이 아니고서는 영국으로 오지 않는다는 판단에서다. 그렇게 조성된 것이 영국 런던의 '테크 시티'다.

이 같은 전략을 프랑스, 일본도 뒤따라갔다. 프랑스 파리의 '르 그랑 파리', 일본 도쿄의 '국가전략특구'와 요코하마 '미나토미라이21' 등이 그것이다. 삼성전자가 바로 이 미나토미라이에 3600억 원을 투자해 첨단 반도체 연구거점을 설립할 계획인데, 투자액의 절반을 일본 정부가 보조금으로 지원한다. LG와 애플 등도 요코하마에서 R&D 센터를 운영하고 있다.

나는 이런 현상을 보며 우리의 지역균형 발전을 되짚어보게 됐다. 이제는 지역균형발전도 세계경제의 틀에서 봐야 하지 않을까. 우리는 이런 나라들보다도 훨씬 작은 국가다. 한반도 전체를 들어서 미국 미시간 호수에 넣어도 퐁당 빠질 정도인 것이다. 이렇게 작은 국가를 쪼개고 쪼개서 어디에 무엇을 넣을지 고민할 게 아니라, 대한민국이 세계에서 1등하는 영역을 어떻게 하면 많이 만들 수 있을지, 그러려면 어떤 전략이 필요한지를 고민하는 것이 진정 국익을 생각하는 실용주의다.

대한민국이 G5에 진입할 것인지 G20으로 밀려날 것인지를 결정짓는 가장 핵심적인 요인은 새로운 성장동력을 발굴하는 것이다. 여기에 실패하면 글로벌 기술패권 전쟁에서 밀려날 수밖에 없다. 이미 미·중 갈등, 탈중국화에 따른 우수 인재·투자 자본을 놓고 우리와 대만, 일본, 싱가포르 등이 치열한 유치경쟁을 벌이고 있다. 가장 앞선 곳이 옆 나라 일본이다. 대규모 지원책을 써서 TSMC, 마이크론 등 글로벌 반도체 기업의 대규모 투자 유치에 성공했다.

대한민국은 이미 세계에서 기술력 1위를 선점한 조선·메모리 반도체·원전건설 및 운영·디스플레이에서 초격차를 유지하면서, 비메모리 반도체·배터리·바이오 패권 경쟁에서 우위를 점할 수 있도록 각 분야 석·박사급 엔지니어를 확보할 전략이 필요하다. 이를 위해 세계 최고 인재가 선호하는 정주 여건, 기조성된 첨단연구환경, 강력한 인센티브, 공항 연계 등을 고려하여 기술 축적과 기업시설이 밀집한 경기남부 및 수도권에 R&D 연구단지를 조성하는 것이 합리적인 선택이다. 이른바 'K-실리콘밸리'다.

K-실리콘밸리를 추진하기 위해서는 국토균형발전의 시각을 전환할 필요가 있다. 미국 NASA는 우주산업의 기술투자 위험도 관리 목적으로 1989년부터 기술성숙도TRL 지표를 활용한다. 이에 따르면 1~4단계는 기초연구와 실험단계, 즉 R&D 단계다. 5~9단계는 시작품 제조 및 실용화·사업화 단계다.

이 지표를 우리 균형발전 정책에 적용하면 어떨까. K-실리콘밸리에서는 이 지표에 따른 순수연구 4단계까지의 R&D로 성과를 내고, 5단계 이후는 실제 공장과 생산 라인이 있는 지방으로 파급Spill over한다면 수도권과 지방의 조화로운 발전을 도모할 수 있다. 지금은 연구개발인력 63.4%, 벤처투자 73.1%가 수도권에 집중돼 있으나 기조성된 첨단기술 클러스터는 지역별로 분산 배치돼 효율성이 떨어진다. 전국 모든 도시가 R&D를 하겠다고 나서서는 성과를 낼 수 없다는 사실을 받아들여야 한다.

지역을 살리는 일은 진정 중요하다. 그럴수록 '살려야 한다'는 명분에 집착하기보다는 '어떻게 하면 살릴 수 있을까' 실질적인 방법을 고민해야 한다. 그것이야말로 대한민국의 미래를 위해 우리가 실용주의로부터 얻을 수 있는 교훈일지도 모른다.

한미 자유무역협정 비준안을 통과시키다

2011년 5월 나는 87석 소수 야당이던 통합민주당 원내대표로 선출됐다. 당시 정국의 최대 현안은 참여정부 시절 마지막 해에 체결된 한미 자유무역협정FTA의 국회 비준 여부였다. 박지원·박영선·정동영 등 민주당 의원 상당수가 비준을 반대, FTA 협정 자체를 폐기해야 한다고 주장했다.

내 생각은 달랐다. 다른 정도가 아니었다. 노무현 정부에서 체결한 FTA를 미국 의회가 비준했는데 한국에서 민주당 반대로 폐기한다면 민주당은 영원히 집권하지 못한다고 판단했다. 수권정당으로서 최소한의 자격을 갖추지 못한 셈이기 때문이다.

한국은 전형적인 소규모 개방 경제 국가고, 한미 FTA는 우리나라가 세계무역기구WTO에 가입한 이후 처음으로 준비한 거대 선진경제권과의 첫 자유무역협정이었다. 미국은 2012년 기준 세계 경제의 약 21.5%를 차지하는 글로벌 최대 시장이었다. 한국의 수출 중 약 10.7%가 미국에서 발생했다. 향후 성장 가능성을 생각하면 절대로 놓칠 수 없는 시장이었다. 명분으로 보나 실리로 보나, 나는 비준 찬성을 강력히 주장했다.

FTA를 무조건 반대하는 이들을 설득하는 일은 지난했다. 나는 투자자 국가간 소송ISD, Investor-State Dispute 등 독소조항을 수정해 재협상하면 된다고 설명했다. 당내 강경파의 주장은 한미 FTA의 자세한 내용도 모른 채

'무조건 반대하는 것이 선善'이라고 생각하는 일부 지지자들을 위해 허공에 주먹을 휘두르는 '쇼'를 보여주는 것에 불과했다. 거대 여당에 짓밟히는 쇼를 한번 하고 비준 동의안을 통과시키는 결과를 초래할 뿐이었다.

그렇게 해서 무엇을 얻을 수 있나? 강경파 주장대로 하면 국민 경제나 국익을 위해 아무것도 남기지 못하는 상황이 될 것이 자명했다. 한미 FTA는 어떤 측면에서 봐도 피할 수 없는 과제였고, 그렇다면 이로 인해 피해를 볼 것으로 예상되는 농축수산업계와 중소기업, 소상공인에 대한 보호장치를 하루 빨리 마련해 타협해야 했다. 강경파가 원하는 가치를 지키기 위해서라도 최대한 협상에 나서는 게 옳았다는 뜻이다.

나는 한나라당과 치열하게 교섭했다. 그 끝에 민주당이 요구해 확보한 피해대책안을 담고, 투자자 국가간 소송의 경우 정치적으로 마무리하는 방안으로 여·야·정 합의문을 만들고 가서명을 했다. 내가 이런 방식을 택한 이유는 하나였다. 합의문에 포함된 피해 보전 직불제의 기준 완화 등 농어업 피해 보전과 중소기업·소상공인 지원대책 등 지금껏 정부가 난색을 표해온 여러 대책들을 확실히 못 박기 위해서였다. 이는 민주당이 피땀 흘려 거머쥔 성과였다. 서면으로 매듭지어놓지 않으면 물거품이 된다고 생각했다. 그래서 위험을 무릅쓰고 욕 먹을 각오로 서명을 해둔 것이다. 가서명을 하면서 분명 '민주당 의원총회와 최고위에서 추인되지 않으면 효력이 없다'는 걸 전제로 했으나, 한나라당에서는 가서명한 협상안을 언론에 배포해버렸다. 민주당은 크게 반발했고 결국 의총에서 합의안은 거부당했다. 나에게는 '한나라당 2중대' 운운하는 비난이 쏟아졌다.

마지막 해법으로 나는 민주당 반대론자 56명과 이명박 대통령 간의 국회 내 토론을 요청했다. 이명박 대통령의 실리주의적 태도는 여기서도 드러난다. 그는 아시아태평양경제협력체APEC 회의 일정을 마치고 주저 없이 국회로 달려왔다. 민주당이 주장한 문제사안은 모두 미국과 협의해 반영하겠다고 약속했고, 민주당 반대론자들은 이 약속을 전제로 비준안 처리에 응하기로 합의할 수 있었다.

그러나 자유무역협정 처리는 끝내 원만하게 이뤄지지 않았다. 그해 11월 22일, 박희태 국회의장의 대리였던 정의화 부의장이 '자유무역협정 비준안'을 직권상정했다. 한나라당 의원 150명가량이 본회의장을 기습 점거해 한미 FTA 비준안을 강행 처리하려고 하는 순간, 김선동 통합진보당 의원이 "억지로라도 농민의 눈물을 흘려보라!"라고 외치며 최루탄을 던졌다. 노란색 최루가루가 국회 본회의장에 매캐하게 퍼져나가는 난장판 가운데 한미 FTA 비준안이 가결됐다.

그로부터 20여 년이 지났다. 산업통상자원부 발표에 따르면 2012년 한미 자유무역협정 체결 이후 10년간 대對 미국 수출은 242억 달러가 늘었다. 그중 31%인 75억 달러가 자유무역협정 효과인 것으로 나타났다. 무역수지 역시 발효 전에 비해 109% 증가했다. 연평균 100억 달러 이상의 추가적인 무역수지 흑자가 발생했다. FTA로 인해 피해가 우려됐던 소고기·의약품·자동차 분야 및 영화계 스크린쿼터 축소 역시 보완대책 수립과 함께 해당 분야의 경쟁력 강화로 당초 예상됐던 부작용은 현저히 완화했고 일부에선 긍정적인 변화도 나타났다.

민주당 반대파의 말대로 내가 자유무역협정으로 나라를 팔아먹었는지는 시간이 지난 뒤 미국이 대신 해명해주었다. 2017년 트럼프 대통령이 한미 FTA는 한국에 일방적으로 유리한 내용이라며, 미국의 일자리와 경제를 망쳤다고 비판하며 재협상을 요구한 것이다. 이때 미국의 상원 의원들과 각계의 전문가, 경제 실무자들과 접촉하면서 "한미 FTA는 윈윈이었다."라고 설득한 것 또한 나였다는 게 아이러니라면 아이러니다. 우리에겐 미국의 핵심 네트워크와 소통하며 우리의 입장을 전달할 수 있는 인적 역량이 아직도 많이 부족한 게 사실이다. 트럼프가 과격한 주장을 이어가면 한국의 경제적인 안정성과 전망이 타격을 입을 가능성도 컸다. 후에 나와 소통한 인사들이 트럼프에게 직접 우리나라의 입장을 전달했다는 이야기를 들을 수 있었다.

어쨌든 지금 와서 한미 FTA가 실패라는 주장을 하는 이는 아무도 없다. 물론 당시 나를 공격한 이들이 나에게 이 일을 다시 언급한 일도 없다. 나는 그들이 이 사안에 대해서 현재 어떤 태도를 보이든 상관없다. 이 쟁점에 대해서 진정 시대를 앞서 생각했던 노무현 대통령, 그리고 그 결정으로 인해 조금이나마 발전할 수 있었던 대한민국의 도정을 기억할 뿐이다.

동물국회 종식을 위하여

한미 자유무역협정 비준안을 가결하는 본회의장에 투척된 최루탄은 의회정치에 대한 테러나 마찬가지였다. 이날의 사건은 《월스트리트저널》("Will The Tear Gas Bomber Be Charged?"), 《ABC》("South Korean MP unleashes tear gas in parliament") 등 주요 외신에서도 다룰 정도였다. 김선동 의원은 결국

「총포·도검·화약류 등의 안전관리에 관한 법률」 위반으로 기소돼 의원직을 잃었으나, 의원 개인의 일탈로 치부될 문제는 아니라고 나는 생각했다. 전반적인 국회 문화를 바꿀 수 있는 계기로 삼아야 했다.

'최루탄 사건'을 계기로 나와 황우여 새누리당 원내대표는 이른바 「국회선진화법」(「국회법」 개정안)을 만들기로 결의했다. 사실 선진화법의 내용은 민주당 원혜영 의원·새누리당 남경필 의원 등을 필두로 한 여야 소장파 의원들이 여러 차례 회의를 통해 상당 부분 아이디어와 의견을 모아 마련된 상태였다. 단지 결행이 부족했을 뿐이었다. 나는 황우여 원내대표에게 말했다.

"당신이나 나나 원내대표는 1년만 하는 건데, 그 임기 내 나라를 위해서 남는 게 있어야 하지 않겠습니까. 우리 국회가 다른 건 몰라도 정치인들이 서로 치고 박고 하는 건 막아야지요. 국정 운영의 파트너가 될 사람이 서로 다른 의견을 갖고 서로 공격하고 방어하고 토론할 수는 있지만 주먹질을 하는 동물 국회는 전 세계 어디를 찾아봐도 유례가 없으니 우리 이것만은 반드시 해결해봅시다."

이런 내 제안에 황우여 원내대표도 기꺼이 동의했다. 민주당에선 노영민 의원, 새누리당에선 김세연 의원이 각각 카운터파트너를 이뤄 협상에 나서 만든 것이 지금의 「국회법」 개정안, 즉 「국회선진화법」이다. 이 법안은 2013년 5월 2일 본회의 안건에 올랐다. 18대 국회의원 192명이 참석해 127명 찬성, 찬성률 66.1%로 통과됐다. 현재 「국회법」 148조에 해당하는 △의장석 점거 금지 △회의장 출입방해 금지가 이때 생겼다. 국회에서 폭력행위도 금지했다(「국회법」 165조, 166조). 특히 '위험한 물건'을 휴

대하거나 위협 또는 재물 손괴 시 '7년 이하의 징역 또는 2000만 원 이하의 벌금'으로 규정했다.

나아가 뭐니 뭐니 해도 선진화법에서 새로 도입한 대표적인 제도는 바로 국회의장의 직권상정 제한과 '필리버스터'라고 불리는 무제한 토론이다. 그전에는 국회의장의 직권상정 제한조건이 없었다. 따라서 직권상정된 법안은 본회의에서 과반수만 찬성하면 통과될 수 있었다. 이는 실로 국회의장의 가장 막강한 권한이었다.

앞서 말했듯 국회 직권상정 수는 기하급수적으로 늘어나고 있었다. 나와 황우여 대표는 이것이 매우 큰 문제라는 점에 인식을 함께했다. 이에 따라 우리는 국회의장 직권상정에 천재지변, 전시 등 국가비상사태, 원내교섭단체 간 합의라는 구체적 제한을 설정했다. 이후 국회의장 직권상정은 19대 국회 7건, 20대 국회 2건으로 크게 줄었다. 의장의 역할은 어디까지나 마지막의 마지막까지 여야의 합의를 종용하고 지원해야 한다는 가장 기본적인 철학이 통한 것이다.

나는 국회의장이 된 후 단 한 번도 직권상정을 한 적이 없다. 각종 쟁점 법안마다 직권상정을 해달라는 요구가 빗발쳤으나 여야 합의라는 국회법의 대원칙을 고수했다. 법을 만드는 국회가 법을 지키지 않으면 그 권위를 어디서 찾을 수 있단 말인가?

이를 두고 내 후임인 22대 전반기 국회의장을 선출하는 과정에서 '의장의 (기계적) 중립은 필요치 않다' '중립은 몰가치가 아니다'라거나 '이재명 당대표의 마음이 나에게 있다' '민주당의 법안이 반드시 실현되도록 하겠다'라는 구호가 쏟아져 나왔다. 나는 그저 "직접 한번 해보시라."라고 말할 따름이었다.

국회의장은 국회법 제20조 2에 따라 당선된 다음날 소속 정당에서 탈당해야 한다. 국회의장 역할 수행에서 중립성이 중요하다는 이유로 2002년 신설된 조항이다. 국회미래연구원이 2020년 말 발간한 연구보고서는 국회의장 당적 보유 금지 조항이 없었을 때의 상황을 이렇게 설명한다. "국회의장과 관련하여 가장 큰 쟁점은 중립성이다. 의회가 '통법부'로 불릴 때는 청와대 지시에 따라 의장이 '날치기' 처리에 나서거나 여당 단독으로 의안을 처리하는 경우도 많았다. 심지어 민주화 이전에는 의장을 대통령이 지명하기도 했다." '중립성'보다 '선명성'이 중요하다는 주장은 우리 의회가 수십년간 치열하게 싸우고 토론해서 축적해온 가치를 순식간에 '통법부 시절'로 되돌리겠다는 얘기와 다르지 않다.

단순히 「국회법」에 의장의 중립 의무가 명시되어 있기 때문만은 아니다. 국회는 '민의의 전당'이지 '진영의 전당'이 되어서는 안 되기 때문이다. 정치는 우리 사회 전반의 극한 대립과 갈라치기를 종식할 의무가 있다. 여당 의원도 야당 의원도 모두 국민이 뽑은 국민의 대표다. 국회의 수장인 의장이 이들을 공정하고 균형 있게 대할 때, 그리하여 대화와 타협의 정치를 구현할 때 비로소 민의를 반영하고 화합을 도모할 수 있는 것이다.

구구절절 이야기가 길었다. 사실 이런 논리가 필요치도 않다. 국회의장석에 서서 본회의장을 바라보면 이루 말할 수 없는 무한한 책임감이 밀려온다. 그 자리의 무거움은 그 자리에 서면 알 수 있다. 왜 당적을 버리면서까지 중립을 지키는 것이 나라를 위한 일인지는 자연스럽게 깨닫게 된다. 평가는 후대가 할 것이다. 나에게는 조금의 후회도 남아 있지 않다.

제8부

우리 안의 파우스트

2013-2017

박근혜 정권

●
○

"나는 항상 악을 원하면서도 항상 선을 만들어내는 힘의 일부입니다. 나는 항상 부정하는 영靈입니다. 생성되는 모든 것은 당연히 죽어 없어지기 마련이니, 부정하는 것이 마땅하지 않겠습니까?"

나는 중학교 3학년 때 괴테가 쓴 『파우스트Faust』에 빠져들었다. 지금도 파우스트와 메피스토펠레스의 긴박한 대결에 매혹되던 순간이 생생하다. 그때 내가 이 책의 의미와 가르침을 모두 이해했던 것은 아니었겠지만, 인간의 양면성을 깊이 천착하게 만드는 한 줄 한 줄에 실로 감명을 받은 건 사실이다. 위의 문장은 파우스트 박사를 처음 만난 악마 메피스토펠레스가 자신을 소개하는 말이다.

2012년부터 2017년까지, 박근혜 정권 당시의 우리나라를 돌아보며 나는 파우스트를 생각한다. 인간은 노력하는 한 방황하리라는 파우스트의 말처럼, 그 자신 온갖 유혹에 빠져 죄를 짓고 고통을 겪지만 결코 더 나은 인간이 되는 일을 포기하지 않았고 끝내 신의 구원을 받는다. 파우스트는 인간 안에서 선악이 공존하는 더없이 복합적인 면모를 상징하고, 나는 이 시기의 대한민국이 바로 그러했다고 생각한다. 그런 복잡함이 바로 인간성의 본질, 나아가 인간이 모여 이루는 공동체의 본질이기 때문이다.

박근혜 전 대통령은 어떤 사람이었는가? 우리는 왜 박근혜를 선출했고, 또 그를 탄핵했는가? 박근혜는 이 책의 첫 장에서 다룬 박정희의 딸이다. 우리 모두는 그 사실을 제외하곤 박근혜의 인간적인 면모에 대해서 정확히 알지 못한다. 어디까지가 박근혜 대통령 본인의 것이고 어디부터가 아닌지 구별이 가지 않으니 마치 그림자에 의해 지배당하고 살아온 것 같다는 생각까지 드는 게 사실이다.

법적으로 명명백백히 밝혀진 사실에 대해 내가 다시 논하는 것은 의미가 없을 것이다. 마찬가지로 사람들의 흥미를 자극하는 소문과 뒷이야기를 풀어놓는 것은 대한민국 축적의 역사를 논하는 데 더더욱 무가치한 일이다. 다만 왜 그런 일이 일어났는가, 지금은 무엇이 달라졌는가를 논하는 것은 우리 미래를 위해 중요하다. 이명박은 우리에게 '어떻게든, 국민 모두가 잘살아보는 사회를 만들어야 한다'라는 화두를 남겼다. 그가 추진했던 경제와 실리 일변의 시대가 저문 뒤, 박근혜는 우리에게 '이 나라의 지도자는 어떻게 선출되어야 하는가'라는 화두를 남겼다. 둘 다 18년간 독재자의 위치에 머물며 우리 경제발전의 기반을 닦았던 박정희의 그림자와도 같은 질문이다.

사회적 화두로 떠오른 경제민주화

박근혜 정권은 우리 사회에 여러모로 중요하고 또 흥미로운 화두를 던졌다. 경제적으로는 경제민주화, 정치적으로는 탄핵이다. 2012년 대선의 가장 큰 히트상품은 바로 경제민주화였다. 정치, 언론, 재계, 그리고 모든 유권자들이 경제민주화라는 용어를 알고 논하게 됐다는 점에서 18대 대선 기간은 하나의 긴 경제학 강의였고, 강사로 나선 이는 1987년 헌법에 경제민주화를 못 박은 김종인 당시 새누리당 국민행복추진위원회 위원장이었다.

사실 경제민주화는 경제학에서 하나의 이론이나 학파로 정립될 만한 내용이 아니다. 그런데도 이 캐치프레이즈가 그토록 큰 공감대를 거둔 배경에는 관치금융과 정경유착으로 형성된 재벌 중심 경제체제가 고속성장과 더불어 비대해지며 심각한 부와 기회의 불평등이 초래됐기 때문이다. 특히 이명박 정부에서 실시한 이른바 'MB노믹스'는 대기업 위주로 성장하면 아래 계층에도 이익이 돌아간다는 낙수효과를 추구했으나, 결과적으로 부의 분배가 제대로 이뤄지기는커녕 사회적 불평등만 심화했다는 비판을 받아 마땅했다. 당시 10대 기업이 GDP에서 차지하는 비중은 절반 가까이에 이르렀다. 이에 김종인 위원장은 입법과 질서의 틀로 금산분리, 순환출자 금지 등을 규정해 대기업이 확실히 공정경쟁의 질서를 지키도록 하고 중소·중견기업을 진흥해야 효율적이고 공정한 경제를 만들 수 있다고 주장했다. 반대 진영에 있었지만, 나도 주목하고 높이 평가할 수밖에 없는 정책적 기획이었다.

역설적으로 재벌 중심의 경제 구조를 초래한 보수정권에서 이 같은 주장을 하고 나오니, 경제에 대한 전문성이 부족한 야당과 후보 캠프에서는 허를 찔린 듯 제대로 대응하지 못했다. 새누리당이 아주 구체적인 정책 체계를 제시하지 않았는데도 그랬다. 말하자면 선거전의 아젠다 다툼에서 완전히 주도권을 뺏기고 만 것이다. 그렇지만 이후 잘 알려졌듯, 실제로 박근혜 대통령이 당선된 뒤 경제민주화 논의는 국정 운영에서 그 자취를 감췄다. 인수위원회 자료에서 경제민주화라는 단어는 찾아볼 수 없었고 박 대통령의 5대 국정과제에서도 빠졌다. 김종인 위원장은 이와 관련해 언론과의 인터뷰에서 "별로 할 말이 없다. 인수위에 경제민주화를 아는 인간이 없다."라고 답했다. 그 대신 들어선 것이 '창조경제'였다. 후에 창조경제가 최순실 비선 사태로 직접적으로 연결된 것을 생각한다면, 나로서도 경제민주화와 창조경제의 그 큰 간극이 안타까울 따름이다.

비록 경제민주화가 구체화하지 않고 정치구호로 역할이 끝난 뒤 사라지긴 했지만 그 영향은 오래 남았다. 공정경쟁의 중요성, 정경유착에 대한 경고가 사회 전체, 특히 관료사회 전반에 퍼졌다. 말하자면 사회 전반의 의식이 높아졌다고 할 수 있을 것이다. 그런 면에서 '경제민주화'라는 용어는 생명력이 사그라들었으나 '경제민주화적인' 논의는 꾸준히 이뤄지고 있다. 훌륭한 정치 기획의 힘이라고 할 수 있다.

‘초이노믹스’는 왜 실패했는가

“빚내서 집 사라.”

이는 경제민주화와 더불어 박근혜 정권의 경제정책인 ‘초이노믹스’를 상징하는 말이다. 최경환 경제부총리가 의욕을 갖고 추진한 경기부양책인 초이노믹스의 방향성은 내수 활성화, 민생 안정, 그리고 경제 혁신이었다. 최경환은 이를 위해 주택담보인정비율LTV과 총부채상환비율DTI을 적극적으로 완화하는 등 부동산 금융규제를 풀었고, 기업투자 촉진을 위해 사내유보금에 과세하는 등의 방안을 포함한 대규모 재정 확대 정책을 폈다.

특히 여론의 관심을 끈 것이 부동산 금융규제 완화 정책이다. LTV는 집값에서 대출금이 차지하는 비율, DTI는 월소득에서 매달 갚는 대출원리금 상환액이 차지하는 비율을 뜻한다. 예컨대 LTV가 50%라면 100만 원짜리 집을 살 때 50만 원까지 대출받을 수 있다. DTI가 60%라면 월급 100만 원에서 부담할 수 있는 원리금 상한이 60만 원이라는 뜻이다. 즉, 이 기준을 완화하면 집값이나 소득 대비 더 많은 돈을 금융기관에서 빌릴 수 있다. 이에 발맞춰 한국은행은 금리를 역대 최저수준으로 끌어내렸다. 사실상 제로 금리라는 평가가 나왔는데, 빚을 내서 집을 사기 쉽도록 해서 부동산 시장 활성화를 노린 정책이다.

그 결과는 참담했다. 정책 시행 1년 5개월 만에 가계부채는 1035조 원에서 170조 원 이상이 늘어났다. 짧은 시간 내에 이렇게 가계부채가 급작스럽게 늘어나면 필연적으로 경제에 부담을 줄 수밖에 없다. ‘아베노믹스'를 벤치마킹해 무리하게 돈을 풀었으나 경제성장률은 오히려 2%대로 주저앉았다. 수출이 부진해 11개월 연속 마이너스를 기록했고, 엎친 데 덮친 격으로 중동호흡기증후군MERS 사태, 전 세계적 경기 둔화, 지지부진한 구조개혁으로 경제의 활로를 찾는 데 실패하고 말았다.

보통 한 국가의 경제정책에는 대통령의 이름을 붙인다. 대처리즘, 레이거노믹스, 페론주의, 아베노믹스, MB노믹스 등이 그랬다. 경제부총리의 성을 딴 '초이노믹스'는 상당히 독특한 사례다. 그만큼 최경환 부총리의 의중이 깊게 반영된 정책이라고 볼 수 있다. 그는 왜 이런 악수를 두었을까. 무엇보다 최경환 부총리가 전형적인 경제기획원 출신 관료라는 점을 지적해두어야 한다. 그는 두루두루 인망이 좋고 정책을 입안하는 데 특히 유능한 인물이지만, 금융을 다뤄본 적이 한 번도 없었다.

나는 경제 운영에는 세 가지 변수가 있다고 설명한다. 첫째는 조세, 둘째는 금융, 셋째가 예산이다. 조세는 인체로 말하면 골격과 같다. 뼈대가 비틀리면 몸 전체에 통증이 생기듯, 조세 역시 그 틀을 공정하게 제대로 정립하지 않으면 경제의 구조적 왜곡이 일어난다. 금융은 인체의 피와 같다. 온몸 각 부분을 잘 순환해 막힘과 걸림이 없도록 해야 한다. 육체의 혈행血行이 중요한 것처럼 돈의 흐름은 막힘없이 이어져야 한다. 나라의 살림살이 적재적소에 투자돼야 하는 예산은 살과 같다.

여기서 다루기가 가장 민감하고 어려운 것이 인체의 피, 즉 금융이라 할 수 있다. 이 금융 영역은 우리나라가 개인플레이를 잘해서 되는 게 아니라 국제금융의 복잡한 룰과 종합적인 정치·경제·안보 질서에 따라 여러 변수와 함께 작동하기 때문이다. 다시 말해 환율, 금리, 미국의 증시,

글로벌 투자가들의 심리 등이 종합되는 동태적 현상이라는 뜻이다. 금융시장에서 가장 싫어하는 것은 예측 불가능한 공권력의 개입인데, 이는 선진국 경제와 개도국 경제의 근본적인 차이이기도 하다. 한번 신뢰를 잃으면 글로벌 투자가들은 다시 그 시장에 투자하길 꺼린다. 따라서 국제 신뢰도를 쌓아가며 금융정책을 관리해야 한다. 경제총수에게는 우리 경제를 전 세계 금융시장과 항상 연결해서 들여다보는 지혜가 필요한 것이다.

경제기획원 출신 관료에게는 이런 경험이 적다. 앞서 설명했듯 김영삼 정권 때도 그러했고, 최경환 부총리도 마찬가지였다고 생각한다. 공정경쟁 질서, 경기부양, 건전한 재정을 토대로 우리 경제를 이끌겠다는 의지와 지식은 강했지만 막상 매일매일 돌아가는 금융시장 상황에 대해서는 민감하게 반응하지 못한 것이다. 그런데 경제부총리는 격변하는 국제경제 환경에서 미래를 대비해 우리 경제를 안정적으로 성장시킬 책무가 있다. 이를 위해 가동할 수 있는 정책 수단을 정확히 확보하고, 그게 갖춰지지 않았을 경우 최고 통치권자에게 정책 권한을 달라고 강력히 요구해야 한다. 경제정책의 방향을 세운 뒤 이를 실천하는 과정에서 모든 자원의 배분과 정책수단의 가동이 체계적이고 조직적으로 선순환하도록 운용해야 하고, 이를 위해 각 부처의 인허가권, 규제권과 역할이 큰 틀 속에서 조화를 이루도록 할 책임이 그 자리에 있다.

특히 부동산 시장은 심리적인 요인이 매우 큰 영역이다. 기본적인 대처를 수요-공급으로 하되 시장의 변동을 봐가며 미세 조정을 해야 하는데, 초이노믹스의 핵심이 "빚내서 집 사라."라는 구호로 요약돼 시장에 받아들여졌다는 점은 매우 큰 실패라고 하지 않을 수 없다. 엄청난 투기를 부추기는 정책이었다. 투기를 부추기는 경제 수장은 자격이 없다. 본인의 의도가 어떠했든 상관없이, 시장이 그렇게 해석하도록 내버려둔 것 자체가 경제 수장으로서는 매우 치욕스러운 일인 것이다.

정당이란 무엇인가

박근혜 대통령은 어떻게 보수정당의 대통령 후보로 선출됐을까? 세간의 이야기대로 그렇게 오랫동안 누군가의 기획과 조력으로 살아왔다면, 여의도에서 '선거의 여왕'으로 군림했던 그의 진실을 알고 있던 이는 진정 아무도 없었던 것일까? 아무리 청와대 깊은 내실에서 사적인 대화 없이 참모들과 거리를 유지하는 생활을 이어갔다고 해도, 대통령의 이상한 점을 아무도 알지 못했다는 것은 참으로 이해하기 힘들다. 나 역시 청와대 생활을 하며 대통령을 모셨고, 정당에서 여러 후보들을 보았으니 이런 상황은 상상이 되질 않는다.

결국 남는 것은 '도대체 정당은 무엇을 했느냐'라는 질문이다. 한국의 정당 시스템이 지도자를 배출하는 방식에 심각한 문제가 있지 않으냐는 의문이 남는 것이다. 그렇지 않고서야 어떻게 박근혜 같은 이가 정당의 검증에 걸러지지 않고 출마할 수 있다는 말인가.

정당은 그 내부에서 민주적인 절차에 따라 치열한 경쟁을 통해 정치인을 배출하는 것이 가장 기초적인 역할이다. 나는 이런 경선의 중요성을 믿고 존중하는 사람이다. 그래서 2010년 경기지사 선거 당시, 다소 불리한 룰 협상을 받아들일 수 있었고, 0.96%p의 차이로 유시민 국민참여당 후보와 단일화 경선에서 패배했을 때 미련 없이 그의 손을 번쩍 들어줄 수 있었다. 그것이 민주주의 정치제도 아래 정당의 존재 이유이기 때문이다. 실명을 밝히지는 않겠지만, 내가 수십여 년 동안 몸담았던 당 안에서도 당의 실권자들이 자신의 인맥을 자리에 앉히려고 공천권을 어이없이 휘두른 경우가 정말 많았다. 그런 식의 패거리 정치를 근본적으로 차단할 수 있는 제도적 보완과 개혁이 필요함은 더 말할 나위가 없다.

우리 정당 안에서 합리적인 경쟁구조가 점점 사라지고 있다는 사실 역시 지금보다 더 심각하게 받아들여야 한다. 국민의힘 같은 보수정당만의 문제가 아니다. 더불어민주당 역시 당 대표 일극의 권력 구도가 형성돼 오로지 '오너'의 의중과 심기에 맞춰 행동하는 양태를 보이고 있다. 선거에 나서는 후보를 공천하는 과정에서도 오너와 절대로 국민 전체를 대변한다고 볼 수 없는 일부 극성 지지자들의 영향력이 노골적으로 드러난다. 이런 상황에서 정당이, 과연, 제대로 된 지도자를 양성하고 선출할 수 있단 말인가.

이런 상황에서 나는 정당이 과연 필요한 조직인가 의문이 든다. 대통령이나 당 대표의 눈치를 보는 정당, 당원이 정당의 주인이라는 그럴듯한 말로 가린 팬덤 정당은 결국 대의 민주주의의 근간을 해치고 만다. 대통령 자격이 없는 박근혜가 유서 깊은 보수정당의 후보가 될 수 있었던 것은 당 대표 권력을 제어할 장치가 없는 정당 구조와, 확고한 팬덤 지지자들에게 충성한 결과다. 이런 정당이 나치즘과 파시즘, 그리고 페로니즘의 함정에 빠진다.

우리 정당구조에서는 중앙당과 당 대표에게 권한과 재정이 몰린다. 중앙당을 거느린 당 대표는 공천권, 인사권은 물론 국고보조금의 운용까지 막강한 권한을 행사한다. 엄청난 비용을 들여서라도 당 대표에 선출돼 당내 권력을 잡으려는 이유다. 더불어민주당 송영길 전 대표가 2021년 전당대회에서 돈봉투를 뿌렸다는 의혹으로 구속된 것 역시 이 같은 당내 권력문화 때문이다.

이를 해소하기 위해서는 미국식 정당구조인 원내정당에 대해 진지하게 고민할 필요가 있다. 정당정치의 근본과 같은 미국에는 중앙당과 당 대표가 없다. 공천은 중앙당이 주도하는 공천심사위원회가 아닌 국민참여경선제로 이뤄진다. 공천과 관련해 특정 인물이 주도권을 쥘 수 없기 때문에, 공천권 때문에 자기 소신을 버리거나 눈치를 볼 이유가 없다. 정당을 대표하는 이는 당 대표가 아니라 원내대표다. 의원들의 입법 활동과 원내 활동을 총괄하고 책임진다. 우리처럼 1년만 일하는 게 아니라 긴 기간 활동하는데, 철저하게 원내 중심이기 때문에 입법부 본연의 역할에 더 가까워지는 효과도 있다. 상·하원을 분리해 운영하는 양원제 역시 의회주의를 강화하는 요소다. 양원의 분산과 견제를 통해 권력의 조절을 추구하는 것이다. 대통령 등 외부의 간섭을 차단하는 효과도 있다.

우리는 상대적으로 정당의 개혁에 대해 논의한 경험이 없다. 어떤 정당이 훌륭한 정당인지, 어떤 정당이 필요한 정당인지에 대한 숙의도 얄팍한 게 현실이다. 만약 2017년 박근혜 대통령의 탄핵을 계기로 우리 사회가 정당의 역할에 대해 본격적으로 고민했다면 지금 우리 정치 환경은 또 달라졌을지도 모르겠다.

탄핵이 우리에게 남긴 것

박근혜는 박정희의 딸이다. 이 한 문장보다 그가 지닌 가치와 파워를 잘 보여주는 말이 없다. 그가 가진 모든 정치 경력과 자산 중 가장 중요한 것이기 때문이다. 박근혜 대통령이 정치에 입문한 뒤 여의도에서 보여준 오라aura는 우리가 오롯이 그의 혈통에 부여해준 것이었다.

그런 그가 역사상 처음으로 파면된 대통령이 됐다. 정권 출범 1475일 만의 일이다. 우리는 대통령 탄핵의 경험이 우리와 우리 사회에 어떤 가치를 지니는지, 여기서 앞으로 어떻게 나아가야 할지를 생각해야 한다. 단지 '나쁜 대통령' 몰아냈다는 쾌감과 효능감에만 빠진다면 우리는 같은 잘못을 반복할 위험이 크다.

우리는 탄핵을 거치며 '비선 실세'와 '문고리 권력'의 폐해를 절실히 깨달았다. 이는 그의 불행한 개인사에서 기인한 측면도 있다. 언젠가 인터뷰에서 박근혜 대통령은 가장 즐겨보는 프로그램으로 《동물의 왕국》을 꼽았다. "동물은 배신하지 않기 때문"이라는 이유에서였다. 부모를 총탄에 잃은 그가 주변 사람을 쉽게 믿기는 어려웠을 것이다. 그것이 비선실세와 문고리 권력을 탄생시켰다.

그러나 문고리 권력이 박근혜 대통령에게만 있었던 것은 아니다. 18대 이전 대통령은 물론이고, 탄핵 이후에 당선된 문재인·윤석열 대통령에게도 문고리 권력이라 불리는 이들은 (사실이든 아니든) 항상 존재했다. 대통령제가 가진 근본적인 한계에서 비롯된 측면도 있다. 결국 대통령 자신이 스스로 늘 경계할 수밖에 없다. 나에게도 문고리 권력이 생길 수 있다는 가능성을 늘 염두에 두고 인사와 대통령실 운영을 해나가야 한다. 노무현 대통령은 아예 독대를 받지 않으셨다. 이 정도의 강한 의지가 필요한 것이다. 언론 역시 문제의식을 갖고 대통령실 운영과 인사를 취재하고 감시해야 한다.

감시라는 측면에서, 공직 후보자 특히 대통령 후보자에 대한 더 철저한 검증이 필요하다. 그가 살아온 성장 배경과 주변 인물, 네트워크, 가족, 생각, 재산형성 등 모든 것을 아주 투명하게 분석하고 이를 토대로 대통령이 되더라도 그에 대한 경계 대책을 마련해야 똑같은 비극을 되풀이하지 않을 수 있다. 예컨대 윤석열 정권에서 일어나고 있는 김건희 여사의 특검 요구 역시 도이치모터스 주가조작 의혹이나 처가의 땅 투기 의혹을 제대로 검증하지 못한 탓에 벌어진 일이다. 이것이 윤석열 대통령의 리더십에 치명타를 주고 있다.

박근혜 대통령 탄핵은 결코 쉽게 이뤄진 일이 아니다. 무엇보다 국회 절차를 넘는 것부터 난관이었다. 당시 법제사법위원회 위원장은 새누리당 소속의 권성동 의원이었다. 그가 마음만 먹으면 탄핵안을 넘기지 않을 수 있었다. 그러나 권성동 의원은 그렇게 하지 않았다. 도저히 그냥 넘어갈 수 있는 일이 아니라는 판단이 섰기 때문이었을 것이다. 여당 의원들조차 '탄핵을 막을 수 없다'고 판단한 바탕에는 국민적인 공감대가 있었다. 그것이 정치적 압력이 되어 국회를 통과하고, 헌법재판소에서도 사실상 만장일치의 판결이 나올 수밖에 없었던 것이다.

나는 탄핵 국면으로 이어진 촛불시위를 보며 우리 국민의 위대함에 대해서 생각했다. 대통령을 잘못 뽑았다는 것을 반성하고, 그 행위가 잘

못됐으면 권좌에서 끌어내릴 수 있는, "대한민국의 주권은 국민에게 있고 모든 권력은 국민으로부터 나온다."라는 헌법원리를 실현하는 성숙한 민주의식이 형성됐다는 점에서 훌륭한 사회적 학습의 기회였다고 생각한다.

다만 이 직접 민주주의의 효능감이 권력에 대한 올바른 감시가 아니라 팬덤으로 옮아가고, 그 팬덤이 의회를 좌우하는 것은 옳지 않다. 건강한 직접 민주주의는 모든 국민이 정치적 의사를 잘 발휘하고, 그것이 대의 민주주의를 협치의 장으로 만드는 자양분이자 활력소, 촉진제가 되는 것이다. 최근 우리 정치권에서는 정당법이나 정치자금법이 뜻하는 정당 민주주의나 헌법적 질서가 의도하는 대의 민주주의의 기본이 공직선거 후보자의 공천과정, 공직자의 선출과정에서 왜곡되고 있음을 느낀다. 우리 시민사회의 민주적 역량을 결집하고 한 단계 더 성숙한 정치적 토양을 만들기 위해서는 그 경험을 가능케 한 박근혜 대통령 탄핵에 대해 건강한 토론을 계속할 필요가 있다.

제9부

정의로운 독선

2017-2022

문재인 정권

내가 문재인 대통령을 처음 만난 것은 참여정부 시절, 그가 청와대 민정수석비서관이었을 때다. 경제부총리인 나와 직접적인 교류는 없었으나 반듯한 몸가짐에서 강직하고 올곧은 성격이 읽혔다. 정치인의 풍모가 보였으나 또 한편으로는 절대로 정치인이 될 것 같지 않은 인상도 느껴졌다.

그런 그를 다시 보게 된 것은 슬프게도, 노무현 대통령의 영결식장에서였다. 헌화하러 나온 이명박 대통령을 향해 "살인자! 노무현 대통령에게 사과하십시오!"라고 외친 백원우 의원을 대신해 이명박 대통령에게 고개 숙여 사과하던 이가 상주 역할을 맡았던 문재인 대통령이었다.

생전 노무현 대통령의 가장 친하고 자랑스러운 친구로서, 어쩌면 백원우 의원의 외침은 문재인의 속마음이었을지도 몰랐다. 그런데도 예의를 잃지 않으며 문상객으로서 영결식을 찾은 현직 대통령을 맞이하던 그 순간은 많은 이에게 문재인이 '노무현의 마지막 비서실장'에서 '야권의 희망'으로 바뀌어 떠오른 장면이었을 것이다.

그렇게 정치의 길에 오른 문재인은 2012년 한 차례 고배를 마신 뒤, 2017년 박근혜 대통령 탄핵을 계기로 19대 대통령 자리에 올랐다. 나는 진심으로 문재인 대통령이 참여정부를 성공적으로 계승하길 바랐다. 동시에 그것이 참여정부 그대로의 회귀가 되지 않길 간절히 기원했다.

이명박과 박근혜의 비상한 시절이 막을 내렸고, 우리 사회는 다시금 참여정부의 훌륭한 점과 부족했던 점을 면밀하게 성찰한 뒤 앞으로 나아가야 했다. 그 과업에 문재인만 한 적임자는 없었을 것이다. "누군가를 제대로 알기 위해선 그의 친구를 보라고 하지 않습니까? 저는 문재인을 친구로 둔 것을 정말 자랑스럽게 생각합니다." 노무현의 이 말처럼, 문재인은 20여 년 동안 노무현과 깊은 관계를 맺어오며 노무현 정권 출범부터 민정수석, 시민사회수석, 비서실장을 두루 거쳤다. 그러니 노무현 정권에서 일했던 한 사람으로서 문재인 대통령에게 기대하는 바가 크지 않을 수 없었다.

한 달의 기적

2017년 5월 9일 제19대 대통령 선거 당일 오후, 압승이 예상되던 시점에 문재인 대통령이 나를 불렀다.

"주변의 모든 사람이 다 그럽니다. 국정기획자문위원회 위원장은 다른 후보가 없다고.”

나에게 국정기획자문위원회 위원장직을 맡아달라는 요청이었다. 노무현 대통령의 당선자 시절 인수위원회 부위원장으로서 거둔 성과를 평가한 것 같았다. 인수위 단계에서 각 정책을 추진하기 위해 법과 시행령을 어떻게 고치고, 행정요인은 무엇이 있으며 소요 예산 추계와 조달 방법까지 정리한 로드맵을 만든 것은 노무현 대통령 인수위가 처음이었다.

일반적인 인수위는 두 달여의 새 정부 준비기간에 움직이지만, 탄핵에 따른 보궐선거로 치러진 19대 대선에서는 선거 다음 날인 5월 10일부터 취임과 동시에 새 정부가 출범해야 했다. 이미 청와대 수석과 각 부처 장관들이 속속 임명되고 있었기 때문에 거대 인수위가 아닌 슬림한 국정기획자문위로 인수위를 갈음하기로 했다.

새로운 정권에 내 힘을 보탤 수 있다는 건 부담스럽지만 영광스러운 일이기도 했다. 나는 위원장직을 수락하면서 문재인 대통령에게 두 가지 사항을 요청했다. 바로 내일부터 정부가 일을 해야 한다는 점을 고려해 자문위가 혼선을 빚지 않으려면 첫째, 청와대·정부·여당 책임자가 자문위에 들어와야 한다. 그래야 언론에서도 ‘정책 혼선’이라고 비판하지 않을 것이다. 아니면 일을 하기도 전에 일하는 모든 과정이 새 정부의 마이너스가 된다. 둘째, 최대한 속도감 있고 짧게 운영하겠다. 계획은 만드는 과정을 통해 정책 자원과 수단을 점검하는 의미도 있으니 한 달 내에 끝내 7월 초에 대통령에게 결과를 보고하겠다. 문재인 대통령은 두 가지 요청 사항을 모두 흔쾌히 받아들였다.

이렇게 해서 월화수목금금금, 휴일 없이 일하는 한 달이 시작됐다. 자문위에는 위원장인 나를 비롯해 김태년 민주당 정책위의장, 장하성 청와대 정책실장, 홍남기 국무조정실장이 부위원장으로 참여했고 6개 분과위원회가 꾸려졌다. 각 분과위에서 실질적으로 일할 전문위원 총괄 단장은 김성주 의원이 맡았고, 당과 각 부처의 최고 우수 자원을 전문위원으로 끌어왔다. "가장 우수한 사람을 보내지 않으면 당신들 손해다. 할 수 없는 일, 하기 싫을 일을 떠맡을 수도 있으니 무조건 우수한 사람을 보내라."라는 나의 지시가 효과를 보았다.

우리는 매일 아침 8시부터 9시 반까지 회의를 열어 안건을 결정하고 진행했다. 나는 각 분과에 무슨 일이든 하루 안에 끝내라고 주문했다. 나는 위원들에게 말했다. "결론을 내지 못할 수도 있을 것이다. 결론을 내지 못하면 복수안으로 만들어서 다음 날 회의에 올려라. 내가 끝내주겠다. 토요일도 일요일도 없다. 한 달만 죽어라 일하자…." 이후 국정자문위는 85개 기관으로부터 290여 회 업무보고를 받았고, 210여 회의 공식·비공식 간담회를 열어 활발히 소통했다. '현장에 답이 있다'라는 기조 아래 노동과 교육, 경제와 안보 현장들을 수십 차례 직접 방문해 의견을 듣고 현황을 살폈다.

그 결과 △국민이 주인인 정부 △더불어 잘사는 경제 △내 삶을 책임지는 국가 △고르게 발전하는 지역 △평화와 번영의 한반도 등 5대 국정 목표를 선정하고, 20개 국정전략, 100대 국정과제와 421개 실천과제를 치밀하게 배치할 수 있었다. 이와 같은 비전과 과제를 실천할 5개년 계획도 수립했다. 문재인 정부 5년을 3단계로 구분해 목표와 실천 방안을 제시했고, 이를 실행할 178조 원의 예산 계획과 시행령까지 포함한 입법 계획을 담았다. 사무관으로 공직생활을 시작해 부총리를 거쳐 국회의원을 지내는 등 국정 운영을 50년 가까이 해왔지만, 한 달이라는 짧은 기간에 그 많은 과제를 마무리할 수 있었던 건 돌이켜봐도 기적 같은 일이었다.

종교인 과세 유예의 교훈

정신없었으나 보람찼던 자문위가 무사히 끝나고, 사고는 엉뚱한 데서 터졌다. 바로 종교인 과세 논란이다. 기독교인인 김진표가 당초 시행 예정이었던 종교인 과세를 막으려고 한다는 얘기다. 아직도 여전히 이런 오해를 하고 계신 분들이 많다.

종교인 과세는 박근혜 정부의 입법이었다. 정부에서 법안을 준비할 당시, 나와 나란히 원내대표를 해 친분이 있던 황우여 당시 교육부총리가 이에 대한 의견을 물어왔다. 나는 기재부 세제실에 있을 때부터 종교인 과세를 해야 한다고 주장한 사람이었다. 그래서 당연히 옳은 방향이라고 답했다. 다만 준비시간을 넉넉하게 잡아야 한다고 조언했다. 내가 과거 문화예술인 과세를 시행할 때는 10년의 준비기간을 들였다. 세금 계산과 신고 등은 매우 복잡하며, 문화예술인의 경우 심지어 소득의 개념과 구분조차 명확하지 않기 때문에 적응할 시간이 필요했다. 따라서 종교인 과세를 시행한다면 한번도 회계장부를 만들어보지 않은 교회, 사찰의 관계자들을 배려하면서 추진해야 조세 저항 없이 제대로 세금을 거둘 수 있다는 게 내 의견이었다.

그러나 박근혜 정부의 준비기간은 매우 짧고 촉박했다. 종교인 과세 법안은 2015년 12월 국회를 통과해 2018년 1월 1일부터 시행을 앞두게 됐다. 설상가상으로 그사이에 탄핵 열풍이 휘몰아쳤다. 과세를 준비하고 홍보해야 할 부처와 기관은 사상 첫 행정부 수장의 탄핵 앞에 손 놓고 기다리고 있었고, 언론도 이 문제에 좀처럼 관심을 두지 않았다. 이대로는 대혼란이 벌어질 것이 자명했다.

과세를 위한 아무 준비도 없이 조기 대선 국면이 다가오자 문제의 심각성을 이해한 주요 대선 후보들은 "종교인 과세를 2년 유예하도록 하자."라고 합의했다. 각 후보의 종교특별위원장이었던 나(문재인 후보 측), 이혜훈(홍준표 후보 측), 조배숙(안철수 후보 측) 등이 나서서 의견을 모았고 내가 이들의 의견을 모아 추후 대표발의 하기로 결정됐다.

그렇게 대선이 끝나고, 국정자문위 활동이 끝난 뒤 당초 계획대로 발의했더니 온 사회에서 난리가 난 것이다. 법안의 취지가 잘못 전달된 탓이었다. 과세 취소가 아니라 유예였지만 여론은 그렇게 받아들여주지 않았다. 이토록 예민한 문제를 조금 더 섬세하게 다루지 못한 잘못이었다. 결국 나는 김동연 경제부총리, 한승희 국세청장과 함께 의논하여 급하게 시스템을 만들어나갔다. '만들어나갔다'고 간단히 표현했으나, 돌이켜보면 국정자문위 활동만큼이나 전쟁 같은 급박한 시간이었다.

나는 우선 시행유예법안에 함께 대표발의 했던 의원들부터 설득했다. 공동발의 의원 24명 가운데 22명이 입장을 바꿔 법안을 철회했다. 그 뒤 김동연 부총리는 7개 종단을 일일이 예방하며 과세의 필요성을 역설했고, 나는 과세에 반대하는 보수 기독교계를 중심으로 한국기독교총연합회, 한국교회연합, 전국 18개 광역시도 기독교연합회 등 개별 단체부터 한기총·한교연·한장총 종교인 과세 공동대책태스크포스와도 수시로 연락하고 법안의 취지를 설명했다. 이런 각고의 노력 끝에 종교인 과세는 무사히 시행될 수 있었다.

이 일은 나에게 큰 교훈을 줬다. 내 시각에서는 옳은 취지였다 할지라도, 설령 국민이 나의 본의를 몰라주었다고 할지라도, 국민이 그것에 공감하고 동의하지 못했다면 그것은 국민의 탓이 아니라 나의 탓이다. 국민보다 반걸음만 앞서가고 결코 국민의 손을 놓지 말라는 게 김대중 대통령이 남긴 중요한 가르침이었다. 그분은 정치인에게 항상 국민이 생각하는 바를 찾고, 대중과 함께하며 '국민 속'에 있어야 한다는 것을 강조했기 때문이다. 나는 그 가르침을 자칫 소홀히 여기진 않았는지 깊이 반성하지 않을 수 없었다.

욕먹을 용기가 결과물을 만든다

나는 너무 앞서 나가다가 종교인 과세 유예라는 문제를 만들었으나, 많은 경우 정치권은 '앞서 나가지 않아서' 문제를 만들기도 한다. 아무것도 하지 않고 가만히 있거나, 손 놓고 뒤로 물러나 있는 식이다. 국정자문위 활동 이후 많은 정책이 로드맵대로 시행되었으나, 그중에서 보육과 교육 분야에 관해서는 지금도 아쉬움이 많다.

가장 시급한 것이 대학이었다. 당장 구조개혁을 하지 않으면 쓰러질 곳이 한두 곳이 아니었다. 구조개혁을 제대로 하려면 지방거점국립대학을 중심으로 재편해야 했다. 서울대·부산대·경북대 등 주요 국립대학은 아예 학부를 없애고 석·박사 중심 연구대학으로 바꾸고, 그 외 사립대를 포함한 쓸 만한 대학은 교육대학으로 전환해 유능한 학사를 양성한다. 나머지 대학은 선별해서 직업학교로 바꾼다. 이렇게 우산형으로 각 지역 대학 생태계를 재구축해야만 대학도 살고 지역도 살아남을 수 있다는 게 내 구상이었다.

보육 역시 이미 유보통합이 결정되고 집행만 남은 상태에서 가장 중요한 것은 어린이집과 유치원 교사의 자격을 통합하는 것이다. 보통 유치원 교사는 보육학과 교육학을 다 배우지만, 어린이집 교사는 보육학만 배우거나, 그마저도 없이 단기 연수를 통해 들어온 이들이 많다. 이에 대한 나의 플랜은 다음과 같았다. 어린이집 교사를 단계별로 재교육하고 이 과정에서 각 지역 대학원을 활용한다. 어린이집·유치원 교사 봉급은 국가가 준다는 것을 유아교육 예산의 첫 번째 원칙으로 삼고, 그 밖에 각 지방자치단체장이나 기초단체장이 보육시설에 추가로 지원하는 예산은 그들의 재량에 맡긴다.

이렇게 다른 건 몰라도 대학정책과 보육정책은 반드시 장기적인 안목을 갖고 추진해야 한다고 신신당부했으나, 문재인 정권에서 이 문제가 전혀 진전되지 못한 점은 답답할 따름이다. 그 결과 지금까지도 지방 대학 경쟁력 이슈가 우리 사회의 뇌관으로 남아 있고, 어린이집 대란은 계속 되풀이되고 있다.

원전 폐기 정책 역시 아픈 손가락이다. 자문위에서는 최종적으로 원전

폐기로 결론을 냈으나, 나는 신재생 에너지 비율이 20%에 달할 때까지 원전은 'one in one out' 정책을 취해야 한다고 꾸준히 주장했다. 5년 단임 대통령제 아래서 평균 두 개 내외의 원전의 설계 수명이 끝나는 것을 두 개 원전 신설로 대응해 에너지 경쟁력을 유지해야 한국 제조업의 경쟁력을 지킬 수 있다고 강조했으나, 문재인 대통령은 이 의견을 받아들이지 않았다.

결국 정권 재창출에 실패하고 안타깝게도 원전 정책의 연속성이 끊긴 점, 기후 변화로 인해 글로벌 기류가 원전을 인정하는 분위기로 흘러가고 있다는 점에서 지난 5년의 공백이 안타까울 뿐이다. 문재인 정권뿐 아니라 21대 국회 등 정치권이, 사용 후 핵연료를 안전하게 폐기·격리할 수 있도록 정한 「고준위 방사성폐기물 관리에 관한 특별법안」을 마지막까지 처리하지 못한 점은 원전 정책에 관한 직무 유기이다.

개혁이란 것은 필연적으로 논란과 반발을 수반하기 마련이다. 힘들고 어렵지 않으면 애초에 개혁이 아니다. 공공이 각 업계의 이해관계를 조정하고 '욕먹을 용기'를 내지 않으면 아무것도 이뤄지지 않는다. 공공영역의 부작위는 가장 무책임한 자세다.

코로나 극복과 선진국 도약

아쉬운 점을 먼저 말하긴 했으나, 문재인 정권 5년간은 우리나라가 지난 몇십 년간 축적해온 에너지가 분출한 시기다. 오랫동안 개발도상국에서

머뭇거렸던 국격이 명실상부 선진국 반열에 올라선 시기가 문재인 정부 때다. 대한민국은 유엔무역개발회의UNCTAD에서 만장일치로 선진국으로 지정됐으며 세계무역기구WTO 기준 주요국 무역 규모는 8위에 올랐다. 경제협력개발기구OECD 전망을 기준으로 명목 GDP는 9위, UN이 발표한 글로벌 혁신지수는 5위, 군사력 평가는 전 세계 6위로 집계됐다. 이에 더하여 당시 도널드 트럼프 미국 대통령은 한국을 포함한 G11 회의를 만들자고 제안했다. 이때의 성과 덕분에 지난해 조 바이든Joe Biden 대통령을 중심으로 한국과 인도를 포함한 G9 창설 논의가 진행된 것이다.

무엇보다도 이 시기엔 우리나라의 문화적인 성취가 극에 달했다. 봉준호 감독이 〈기생충〉으로 미국 아카데미를 포함한 유수의 영화제에서 상을 받았고, 〈오징어게임〉은 전 세계 드라마 시장을 석권했다. BTS를 포함한 K팝 아이돌의 활약도 눈부셨다. 이는 김대중 대통령의 결단에 의해 추진된 한일문화시장 개방을 필두로, '지원하되 간섭하지 않는다'는 문화정책 원칙이 이후 정부에서도 꾸준히 유지되며 거둔 성과라고 해도 과언이 아니다.

나는 이 같은 한국의 위상 변화를 해외에서 몸소 느낄 수 있었다. G20 국회의장 회의에서 선진국 의장들을 만났을 때 일이다. 그들이 한국의 과학기술과 경제발전을 언급하며 "한국은 명실상부한 선진국"이라고 말하기에 나는 "숨 가쁘게 달려와서 아직 해결해야 할 문제가 많아 선진국이라기엔 부족하다."라고 겸양의 답변을 했다. 그들은 정색하며 반박했다. 한국의 경제 규모나 1인당 GDP가 높아졌다고 선진국 취급하는 것이 아니다. 주요 유명 대학에 한국 석·박사 학생과 교수들이 포진해 있고,

음악·미술 등 전 분야에서 세계적인 스타플레이어가 배출되고 있다. 넷플릭스에서는 한국 드라마가 계속 상위권에 오른다. 세계는 소득이 훨씬 높은 아일랜드를 선진국이라고 평가하지 않지만, 한국은 그러한 측면에서 대단하고 돋보인다는 얘기였다.

영국의 존 프랜시스 맥폴John Francis McFall 상원의장은 "한국 드라마 〈이상한 변호사 우영우〉를 보고 감동받았다. 한국 작가들의 우수성과 창의성이 놀랍다. 대부분 장애인 관련 정책들은 '장애인이 비장애인과 같은 수준으로 대접받고 살아갈 수 있을까'에 초점이 맞춰졌는데 우영우는 그 선을 뛰어넘었다. 많은 부조리와 사회모순을 장애인의 시각으로 보고 잘못된 점을 지적하고 고쳐주는 사례로 스토리가 만들어졌다."라고 감탄했다. 또 일본 정치인들은 "왜 한국은 우영우를 만들고 일본은 못 만들어내는지 반성해야 한다."라고 했다. 외교적 수사도 있었겠으나, 그 안에 분명한 진심과 찬탄이 느껴졌다. 외국 정치인들과 오래 교류했으나 이런 반응은 처음이었다.

특히 2020년 발발한 코로나 사태는 정치적으로, 경제적으로, 사회적으로 일대 큰 변화를 일으키며 우리 정부 시스템의 힘을 보여줬다. 지난 100년간 코로나19에 비견할 수 있는 사건은 1918년 발생해 2년간 전 세계에서 2500만~5000만 명이 사망한 스페인 독감이다. 그러나 이때는 지금처럼 세계화가 돼 교류하며 살던 시대가 아니었기 때문에 삶이나 경제에 미치는 영향은 코로나19보다 적었다. 코로나19는 질병보다는 오히려 1·2차 세계대전, 1930년대 대공황과 비교해야 한다. 사실상 세계 3차대전이 발발한 것과 비슷한 수준의 변화를 자아냈기 때문이다.

우리는 코로나로 인해서 '국가의 귀환'이라는 흐름을 마주하게 되었다. 코로나19로 한국을 비롯한 각 나라는 적극적인 재정확장 정책을 썼다. 이는 케인스주의의 복권이라고 할 만했다. 작은 정부가 아니라 강하고 유능한 정부가 중요해졌다. 탈세계화와 디지털화 또한 코로나가 촉진한 패러다임의 변화다. 이미 2010년 후반부터 신냉전 질서에 따른 자국중심주의로 각국의 정치·경제 정책이 큰 틀에서 선회했는데 코로나가 이를 가속시킨 것이다. 경제적으로 봤을 때도 공급망 조정에 따른 리쇼어링 reshoring, 국가전략 상품이나 기간산업에 대한 보호가 강화됐다. 사회 전반의 변화와 맞물려 진행된 디지털화도 놀라울 정도였다. 온라인을 기반에 둔 비대면 산업이 비약적으로 발달하고, 한국에서도 재택근무와 '언택트' 학교 수업 등이 빠르게 정착했다. 천천히 진행되던 4차 산업혁명의 속도가 급속히 빨라진 것이다.

코로나19를 계기로 공공의료 수준, 의료 인프라 접근성 등이 얼마나 중요한지가 다시금 중요한 세계적 화두가 되었다. 세계의 많은 나라들이 국경을 봉쇄해 자국민을 지킬 수밖에 없었지만, 한국은 달랐다. 2015년 메르스 사태를 겪은 뒤 공공의료 시스템이 비교적 잘 작동했고, 전 세계 최초로 이뤄진 드라이브스루 검진을 포함해 신속하고 폭넓은 검진, 역학조사관에 의한 감염경로 파악 등이 그 효과를 발휘했다. 문재인 정권은 국가통제를 최대한 낮은 수준으로 유지하며 방역과 경제를 모두 잡으려고 노력했고, 상당한 성공을 거뒀다.

이는 정부의 훌륭한 방역 지침뿐만 아니라 국민의 성숙한 시민의식과 협력 정신에 크게 빚진 성과다. 물론 정부의 정책에 비판적인 사람들이 없는 건 아니었지만, 일부 국가의 마스크 반대 시위와 같은 커다란 사회적 갈등은 존재하지 않았다. 방역 협조가 국민 전체의 기조가 될 수 있었다. 2차 유행이 한창이던 2020년 8월 28일 정은경 당시 질병관리본부장이 방역지침 준수를 주문하자 방역 참여 분위기가 고조되고, 그럼으로써 다시 확진자 수가 줄어드는 선순환 구조가 구축됐다. 신뢰가 선순환을 만드는 핵심 자원이라는 것을 코로나19 방역전이 보여준 것이다.

이를 두고 일부 서양 국가에서는 한국이 '통제사회'라는 식으로 비난하기도 했다. 프랑스 석학 기 소르망Guy Sorman이 "유교문화가 선별적 격리 조치의 성공에 기여했다. 한국인들에게 개인은 집단 다음이다."라고 말해 논란이 일었고, 이에 대해 주프랑스한국대사관에서 즉각 반박하기도 했다. 당시 KBS와 서울대가 대규모 사회조사를 한 결과에 따르면 '정부에 순응하는 수직적 국민'이 아니라 '민주적 사회성이 높은 수평적 개인'이 방역지침을 더 잘 따랐다. 국가 체제에 수동적으로 순응한 게 아니라 동료 시민의 안전을 위해 능동적으로 방역에 따랐다는 뜻이다. 우리의 방역 성공을 '동아시아 특색' '유교사회' '감시국가' 등으로 해석하는 것은 옳지 않다. 오히려 당시 시민의식이 여느 선진국보다 상당한 수준으로 올라왔다고 봐야 정확한 해석일 것이다.

트레이드 오프 관계인 방역과 경제를 잘 조율한 것도 성과다. 방역을 조이면 경제가 휘청하고, 경제를 활성화하자니 방역이 느슨해지기 마련이다. 정부는 '사회적 거리두기'라는 방역 정책을 1~3단계로 나눠서 매일 확진 현황과 경제 생활을 고려해 조절했다. 중앙정부와 지방정부는 매일 아침 회상회의로 소통하고 마스크 5부제·생활안전센터 등으로 방역을 관리했다. 또 세 차례의 추경으로 긴급재난지원금, 소상공인지원금 등을 지급하며 경제위기를 방어했다. 단기전이 아니라 장기전이라는 생각으로 안정적 관리에 역점을 둔 것이다. 이는 문재인 정권이 달성한 크나큰 공이라고 말하지 않을 수 없다.

이때 재정을 많이 썼다는 이유로 야당인 국민의힘과 보수언론에서는 비판의 목소리를 적극적으로 내기도 했다. 잘못된 주장이다. 우리는 다른 나라에 비해 재정을 덜 썼으며, 더욱이 재정을 많이 쓴 나라가 경제 회복도 빨랐다. 예컨대 2024년 5월 17일 미국 연방준비위원회는 '왜 팬데믹 이후 미국의 경제 회복이 가장 빨랐나?'라는 주제의 아티클을 발표했다. 그에 따르면 2020년 1월부터 2021년 9월 사이 정부의 확장재정 규모가 클수록 팬데믹 이후 회복이 빨랐다는 상관관계가 발견됐다.

재정정책의 절대 비율은 있을 수 없다

윤석열 정권은 취임 초부터 전임 정권이 '재정을 낭비했다'는 프레임을 짰다. 코로나 국면에서 돈을 많이 풀었고, 재난지원금 등 선심성 지원이 많았으며, 이로 인해 국가채무비율이 50%가 넘게 됐고 이는 다 미래세대가 갚을 빚이라는 게 그런 측의 주장이다.

틀렸다. 그것은 전형적인 '건전재정 도그마'일 뿐이다. 국가채무비율이 50%가 넘으면 대한민국 재정이 무너진다는 식의 호들갑이 대표적이다. 특히 코로나를 거치며 많은 선진국들의 국가채무비율은 50%를 넘겼다. 재정이 튼튼하기로 유명한 독일의 국가채무비율은 2023년 말 기준 63.6%다. 코로나 국면에는 70%를 넘어서기도 했다. 하지만 재정이 불건전해서 독일 경제가 무너지고 있다고 생각하는 바보는 없다. 하물며 우리가 우리 스스로를 그런 바보로 만드는 잘못을 저지르면 안 된다.

국가는 영속하는 것이다. 오늘 우리가 늘리는 국가채무를 50년 뒤 반드시 세금을 거둬서 갚는 게 아니라는 뜻이다. 재정이라고 하는 것은 국가 경제를 꾸려나가는 자금 조달의 한 방법일 뿐이다. 경제를 위해 복무하는 수단이지 재정 그 자체로 목적이 될 수 없다. 결국 우리가 물어야 할 것은 '재정을 얼마나 아껴 썼느냐'가 아니다. '경제가 잘 돌아가고 있느냐'가 우리가 가장 중요하게 신경 써야 할 과제다. 다시 말해 재정 건전성이 아니라 경제 건전성이 더 우선순위에 있어야 한다.

그때 함께 고려할 점은 국제사회에서 한국경제가 어떤 평가를 받느냐이다. 재무 불건전성 때문에 그 나라 경제가 제대로 작동하지 않고, 그 나라가 발행하는 외국환평형기금채권의 이율이 높아져 국제사회에서 발행할 수 없다면 문제다. 그렇지 않다면 채무비율 자체가 문제가 될 수는 없다. 더불어 재정 건전성을 따질 때 가장 중요한 것은 상대적인 위치다. OECD 국가 중 재정 건전성 순위가 몇 위인지, 그래서 국제금융시장이 그 나라 재정 위험성을 어떻게 평가하는지를 세밀하게 파악해야 한다. 재정 건전성의 중요도는 국제금융시장에서 자국 화폐가 태환성을 갖고 있느냐에 따라 달라질 수 있기 때문이다.

미국 달러나 일본 엔화는 세계적으로 교환가치를 인정받는 지급결제수단이다. 그런 나라는 재정 건전성 논란에서 훨씬 자유롭다. 일본

(252.4%)이나 미국(122.1%)의 채무비율은 상당히 높지만, 두 나라의 경제력을 의심하는 이가 없는 것은 이런 까닭이다. 반면 한국의 원화는 태환성을 확보하지 못했기 때문에 미국 일본 등과 동일선상에서 재정 건전성을 평가할 수 없는 것은 사실이다. 그러므로 OECD 내에서 건전성 상대 순위가 중요하고, 국제금융시장에서 그 나라의 상환능력을 어떻게 평가하느냐가 중요하다. 그리고 이 기준으로 따져보았을 때, 한국은 한 번도 위험한 수준에 도달한 적이 없다.

코로나19 팬데믹 당시엔 모든 나라가 똑같이 확장재정 정책을 썼고, 그에 따른 누적적인 부담을 지금도 지고 있다. 그렇지만 그 덕분에 경기 불황의 피해를 줄일 수 있었던 것이다. 그런데 단순히 '그때 재정을 얼마나 써서 부채비율이 이만큼 늘어났다'라는 재정 도그마에 빠져서 연구개발R&D 예산을 줄이거나 교육 투자를 줄이는 것은 미래 성장 동력을 해치는 제 살 깎아 먹기, 본말전도에 불과하다.

기획재정부가 균형재정에 집착하는 것은 그게 가장 국민에게 설명하기 쉽기 때문이다. 재정을 낭비하면 안 된다는 명제를 비판할 이가 누가 있겠는가. 그러나 경제는 늘 순환한다. 경제와 재정은 정태적으로 보지 말고 동태적으로 관리하는 것이 중요하다. 확장기에는 민간 자체로도 성장하고 있기 때문에 재정을 긴축해 운용하고, 이때 만들어진 흑자로 수축기에 적자재정을 운용해야 한다. 경기변동의 주기는 보통 4~5년 단위로 오기 때문에 그 주기에 맞춰서 국제사회에서 상대적인 재정 건정성 순위가 떨어지지 않도록 관리하는 것이 정부가 할 일이다. 그러지 않고 기계적인 재정 건전성을 매년 확보하는 것은 어리석기 짝이 없는 행동이다.

나 역시 그런 실수를 저질렀다. 나는 2004년 경제부총리 이임사에서 "균형재정의 도그마에 빠져 재정정책을 좀 더 적극적으로 쓰지 못한 게 아쉽다."라고 고백하기도 했다. 지금도 그렇지만 당시도 과학기술 패권 경쟁이 치열하게 일어나고 있었다. 후발 추격자와 격차를 벌리기 위해서는 적극적인 재정투자로 민간투자의 마중물 역할을 해야 했는데, 재정 건전성에 대한 집착으로 투자기회를 놓친 게 아닌가라는 통렬한 반성을 멈출 수 없었다.

그런 점에서 바이든 대통령은 과학기술 패권전쟁의 본질과 중요성을 간파하고 정책을 펼치고 있다. 인공지능이 향후 세계 경제를 이끌어갈 것을 알기 때문에 수단방법을 가리지 않고 재정을 적극 동원해 전 세계 주요 반도체·IT·배터리 기업을 자국 내 유치하고 있는 것이다. 이것이 국제사회에서 패권적 자국중심주의라고 비판받기도 하지만, 바꿔 말하면 미국을 위해 잘하고 있다는 뜻이다.

반면 한국은 내가 경제부총리 때 했던 실수를 되풀이하는 게 아닌지 우려스럽다. AI 반도체 산업에 대한 우리의 재정지원 강도가 미국과 일본의 그것에 비하면 지극히 약하기 때문이다. 미래산업의 주도권을 쥐는 것이 건전 재정보다 더 중요한 과제다. 지금 극심한 저출산 현상과 국가의 사회복지 지출을 생각해도 마찬가지다. 건전재정 도그마에 빠져 꼭 필요한 시급한 지출을 하지 못하고 실기하면 국가경쟁력을 떨어뜨릴 수 있다. 경제 앞에 재정정책의 절대 비율은 있을 수 없다.

“나를 감시하고, 나를 흔드는 사람도 감시해달라”

문재인 대통령은 강력한 지지기반을 딛고 대통령 자리에 올랐다. 박근혜 대통령에 대한 실망과 촛불시위의 여망을 안고 출발한 새 정부에 대한 지지는 대단했다. 집권 초 지지율은 80%에 육박했다. 정권 초기 지지율엔 당연히 사람들의 기대감이 반영되기 마련이지만, 문재인 대통령에 대한 지지는 과거 어느 정치인에 대한 지지와도 조금 달랐다. “우리 ‘이니’ 하고 싶은 거 다해.” 이 문장은 한동안 문재인 대통령 지지그룹의 캐치프레이즈였다. 문재인 대통령의 안경테가 품절되고, 더불어민주당 상징색인 파란색과 문재인 대통령을 합한 ‘이니 블루’ ‘이니 굿즈’가 유행이 됐다. 아이돌 팬클럽을 연상케 하는 현상이었다.

정치인 팬클럽은 이전에도 존재했다. 아니, 원래 확고한 지지 세력이 없는 정치인은 절대로 대통령이 될 수 없다. 노무현 대통령을 대통령으로 만든 가장 큰 원동력은 대한민국 최초의 정치인 팬클럽을 지향한 ‘노사모(노무현을 사랑하는 사람들의 모임)’였고, 박근혜 대통령 역시 ‘박사모’라는 팬클럽 조직이 있었다. 한국뿐인가? 미국의 케네디 대통령은 TV 토론에서 보여준 그의 멀끔한 외모와 매력적인 화술로 지지 세력을 끌어모은 대표적인 정치인이다.

그러나 정치인 팬덤은 조건 없는 애정을 표하는 아이돌 팬덤과는 달랐다. 노사모가 어떠했나. 그들은 지역주의 타파라는 가치를 내걸고 부산에 출마해 끊임없이 도전하는 노무현의 사상과 가치에 매료된 사람들이었다. 노무현 대통령은 이들을 믿고 대통령이 될 수 있었다.

김대중 대통령이 만든 전통인데, 민주당의 대통령 후보들은 캠프 위주가 아니라 당 주도로 선거를 치렀다. 선거 국면이 되면 후보의 사람들은 뒤로 물러나 있고 선거의 총 책임을 당이 맡았던 것이다. 2002년 대통령 후보가 된 노무현도 그렇게 하려고 했다. 그런데 당의 보고를 받아보니 실제 재정 상태가 장부와 달랐다. '어떻게 된 일이냐'고 묻는 노무현 후보에게 당은 "선거만 치르면 다 해결됩니다."라고 답했다. 선거공영제도가 철저하지 않아 정치 후원금으로 선거를 치르던 시기였다.

노무현 후보는 이 말을 듣는 순간 '내가 이런 식으로 선거를 치르면 대통령에 당선되기도 어렵겠지만, 당선된다고 하더라도 올바른 대통령을 할 수 없다'고 생각했다. 결국 당의 돈을 쓰지 않기로 했다. 그래서 만든 게 노란 돼지 저금통이다. 노무현 대통령이 깨끗한 선거를 치를 수 있었던 것, 그 순간 돼지 저금통 아이디어를 떠올릴 수 있었던 건 노사모를 믿었기 때문이다. 즉, 깨어 있는 시민의 힘을 믿었기 때문이다. 바로 이것이 팬덤 정치의 긍정적인 힘이다. 동시에 노사모는 노무현 대통령을 견제했다. 노무현 대통령이 당선된 뒤 노사모에게 "이제 여러분은 무엇을 하지요?"라고 묻자 그들은 "감시!"라고 외쳤다. 대통령은 웃으며 "나도 감시하고, 나를 흔드는 사람도 감시해달라."라고 당부했다. 나는 노무현 대통령이 옳은 길을 갈 수 있었던 건 이런 지지자들의 힘 덕분이라고 생각한다.

지금은 어떠한가? 노사모가 보여준 비판적 지지의 가치는 시간이 지나며 퇴색됐다. 간접 민주주의 제도 아래서 시민은 언제나 정치인의 활동을 비판적이고 이성적인 기준에서 판단하고 그들의 활동 내용에 따라 지지 여부를 오갈 수 있어야 한다. 내가 응원하는 정치인에 대한 '무조건적인 지지'는 결코 올바른 정치 문화라고 할 수 없고, 반대 세력에게 욕설과 문자폭탄을 보내는 것을 정당한 정치참여라고 포장할 수 없다.

이런 환경에서는 정당과 정치인도 팬덤과 지지진영의 눈치를 보게 된다. 당내 다른 의견, 쓴소리는 억압된다. 정부 역시 운신의 폭이 좁아질 수밖에 없다. 아我와 피아彼我의 구분은 곧 나와 적을 규정하는 것이다. 내가 아니면 모두 적인 세상에서 정치는 대화와 아니라 전쟁이 된다. 타협의 여지가 사라진다. 의회를 지지자들에게 어필하는 선동장으로 활용하는 정치인들이 활개를 치게 된다. 정치의 엔터테인먼트화, 정치인의 아이돌화는 그 자극성으로 정치의 몰입도는 높여줄지 모르겠으나 결국 민주주의의 가치를 훼손할 뿐이다.

그 결과가 지금 바로 여기다. 진영의 주장에 반대하거나 이의를 제기하는 정치인을 향해 '수박'이라고 부르며 적이나 배반자로 여긴다. 당의 명령에 절대복종하지 않으면 패륜아가 된 것처럼 비난받는다. 이른바 '개딸'이나 '태극기 부대'로 불리는 진영세력의 요구가 곧 민의와 일치하지는 않는다는 것을 애써 무시하고 있다. 그래야 당권을 잡고 대통령이 될 수 있기 때문이다.

이 문제와 관련해 문재인 대통령은 치명적인 실수를 저질렀다. 2017년 대선후보로 확정된 뒤 '지지자들이 상대 후보에게 18원 후원금, 문자폭탄, 비방 댓글 등을 보내는 것에 대해 어떻게 생각하느냐'는 질문에 그는 "치열하게 경쟁하다 보면 있을 수 있는 일이다. 경쟁을 더 흥미롭게 만들어주는 양념 같은 것"이라고 답했다. 비록 후에 이 발언을 정정하고 사과하기는 했으나, 이후 '양념'과 '양념문화'는 정치판에 보편적으로 자리 잡아버렸다. 각 진영의 극단적인 지지자들의 활동은 중도층과 상식적인 지지자를 피로하게 하고, 결국 악화가 양화를 구축해 정치 공론장을 황폐화하고 있다.

문재인 정권은 여러 분야에서 잘한 점도 많았지만, 나는 이 정권의 가장 큰 패착은 나와 적을 구별하는 정치에서 비롯됐다고 생각한다. 조국 사태가 그렇게 발생했으며, 추미애 법무부 장관과 윤석열 검찰총장의 갈등이 그렇게 커졌고, 중도층의 정치혐오가 그렇게 퍼져나갔으며, 단단한 지지 세력의 반대쪽에서 공고한 안티진영이 구축됐다. 그렇게 이쪽도 저쪽도 '모 아니면 도' 식의 양보 없는 대결이 시작됐다. 대통령은 '하고 싶은 것을 다 하는 사람'이 아니라, '해야 할 일을 해야 하는 사람'이다. 문재인 정부는 촛불시위에서 모인 전 국민적인 동력으로 국정 전반을 개혁하는 동시에 통합의 정치로 승화해야 했는데 그러지 못했다. 그 결과는 5년 뒤 대선 결과로 나타났다.

부동산, 참여정부의 실패를 되풀이하다

반대진영을 키운 것이 정치적인 패착이었다면, 부동산은 정책적인 패착이었다. 안타깝게도 문재인 정권은 부동산에 이념적으로 접근하여 노무현 정권과 똑같은 실수를 저질렀다. 이는 인재풀이 비슷하게 겹칠 때부터 예고된 수순이었다. 김수현 청와대 정책실장으로 대표되는 시민사회단체 출신이 경제정책의 실권을 쥐었고, 이들은 현실 처방을 해왔던 기획재정부를 뒤로한 채 국토교통부를 직접 지휘하며 부동산 정책을 이념적으로 다루고 말았다.

이때 부동산 정책의 큰 방향은 집값 상승으로 인한 소득을 환수하고, 투기 수요를 조장할 수 있는 도심 내 재건축을 규제하며, 조세를 강화해 수요를 억제하는 데 초점이 맞춰져 있었다. 이는 현실과 다소 동떨어진 처방이었는데, 집값 상승의 원인이 서울 아파트의 공급 부족에 있다는 사실을 외면한 결과였다. 대외여건도 문재인 정권에 불리했다. 정권 내내 0.75~1.5% 수준의 사상 최저금리가 이어졌고, 2019년부터는 코로나19로 인해 세계 각국이 적극적인 재정확장 정책을 펼치며 유동성이 크게 늘었다. 부동산 등 실물자산의 가치가 급등할 수밖에 없는 환경이었던 셈이다.

이런 상황에서 김수현 정책실장 주도로 추진된 초기 부동산 정책은 노무현 정부 당시와 유사한 것이었다. 투기과열지구를 지정하고 대출을 규제한 것은 불안심리를 자극해 기존 집값을 상승시켰고, 재건축 규제 강화로 사람들이 선호하는 지역의 새집이 줄자 수급 불균형이 초래됐다. 취득세 강화는 주택 구입비용 증가의 요인이 돼 덩달아 집값이 올랐고, 다주택자 양도세 중과는 '차라리 자식에게 넘긴다'는 심리를 자극해 증여만 늘고 매물은 줄어드는 역효과를 냈다.

무엇보다 공급정책에서 실기失期한 것이 치명적이었다. 문재인 정권은 4년 차에 실시한 8·4 대책에 이르러서야 처음으로 구체적인 수도권 공급 확대 방안을 제시했다. 부동산은 결국 수급의 문제인데, 공급이 충분하다고 주장하면서 부동산 관련 세제만 32차례나 뜯어고친 것이다. 그 결과 부동산 세제는 전문가인 세무사도 계산할 수 없는 누더기 세법이 되고 말았다. 세법이 얼마나 복잡했는지, 국세청이 매년 발간하는 『주택과 세금』이라는 소책자 안내서가 서점가에서 베스트셀러에 등극하는 기현상이 일어나기도 했다. 특히 양도소득세의 경우 '양포세(양도세를 포기한 세무사)'라는 신조어가 나올 정도로 복잡해졌다.

결국 집값을 잡으려는 노력이 집값을 폭등시키는 결과를 낳고야 말았다. 통계마다 다르지만 서울 아파트값은 두 배가량 올랐다. '영끌' '부동산 우울증' '벼락거지' 같은 부정적인 부동산 키워드가 뉴스를 도배했다. 민심이 들끓자 결국 청와대가 나서서 사과하며 진정에 나섰다. 박수현 국민소통수석이 언론 인터뷰에서 "부동산 정책에 대해서 너무나 죄송하고 드릴 말씀이 없다. 다만 다음 정부에서 이런 일이 없도록 최선을 다해 토대를 마련하는 것이 저희가 해야 할 일"이라고 사과했으나 돌아오는 국민의 반응은 차가웠다.

나는 일찍이 국토부의 김현미 장관과 공무원들에게 수급을 중심으로 한 부동산 정책의 방향에 대해 당부한 적이 있다. 김 장관이 본인과 과장급 이상 공무원들을 대상으로 한 강의를 마련해주었고, 나는 그 자리에서 이렇게 강조했다. "수도권 집중이라는 난제는 5년 단임 정부에서 단기간에 해결할 수 없다. 중장기적인 지역균형발전을 꾸준히 추진하면서, 수도권의 주택 공급 부족으로 시장에 '패닉 바잉'이 일어나지 않도록 수급을 적절히 관리해야 한다. 주택 공급 부족 시그널이 뜨면 부동산 투기자금이 유입해 가격이 폭등하고, 정부의 경제 운영에 대한 신뢰 자체가 무너지기 때문이다."

나는 임대주택 단지를 주거 환경이 좋은 곳에 낙인효과가 없도록 대대적으로 만들어야 한다고 강조했다. 도표와 차트를 제시하면서 구체적인 대안 두 가지를 제시했다. 그중 하나는 앞에서 상세히 설명했던 올림픽대로를 지하화하는 안이었고, 다른 하나는 국가가 서울 근교에 소유하고 있는 골프장 두 곳, 즉 88골프장과 뉴서울골프장을 빠르게 공공임대주택으로 개발해야 한다는 안이었다. 도심에서 차로 40~50분 거리에 있는 그 골프장은 최적의 주택단지가 될 수 있었다. 대지 조성비도 들지 않으므로 건축 비용도 싸게 들 수 있었다.

그렇게까지 열심히 설득을 했는데, 안타깝게도 관료들에게 돌아온 답은 "물론 좋은 안이지만, 둘 다 워낙 큰 프로젝트이고 지금 여기저기 집 지을 데가 많으니 차후에 검토하겠습니다."였다. 그들의 충심은 이해하지만, 그런 식으로 정부가 중대한 결정을 자꾸만 미루어서 우리 사회에 만성적으로 고착화된 게 지금과 같은 집값 폭등이란 점은 부정할 수 없을 것이다. 부동산 정책의 실패는 선거 결과로 나타났다. 서울시장 보궐선거에서 졌고, 대선까지 졌다. 부동산으로 정권을 두 번 뺏긴 것이다.

법조인의 원칙이 아닌 정치인의 결단으로

내가 지난 수십 년간 관료로, 정치인으로 국정에 참여하며 깨달은 게 있다. 정치인은 국가와 사회의 전체 미래를 설계하고, 비전을 세우고, 결단을 내릴 수 있어야 한다는 것이다. 정치인은 결단을 내려서 문제를 실질적으로 해결하고 변화시켜야 한다. 박정희가 그랬고, 김대중이 그랬고, 노무현이 그랬다.

그들은 '일이 되는 방향'으로 끌고 가는 것을 가장 중요하게 여겼다. 김대중 대통령이 IMF 극복을 위해 정리해고를 단행할 때 왜 울지 않았겠는가? 노무현 대통령이 욕먹을 각오를 하고 자유무역협정을 추진할 때 왜 두렵지 않았겠는가? 그 방법이 아니고서는 나라의 미래를 올바로 이끌어 갈 수 없겠다는 판단이 서면 그때부터는 좌고우면하지 않고 주어진 조건 아래서 최대의 성과를 내는 방안을 고민하는 것이다. 반드시 해야 하는 일이라면, 그때 강한 의지와 강도가 필요하다면 그것을 가지고 해결해내는 것이 대통령의 일이고 책임이다. 그래서 최고지도자는 때때로 외로운 것이다.

나는 문재인 정권이 이뤄낸 성과도 패착도 모두 원칙주의를 중시하는 성정에서 비롯됐다고 생각한다. 문재인 대통령은 법과 제도에 의해 절차적으로 완벽하게 완성된 세상 안에서 행동했다. 그의 주장과 행동 기저에 논리적 결함은 없었다. 그래서 타협도 양보도 없었다. 그러나 사람과 사람이 부딪치는 정치는 그런 것이 아니다. 정치에서 이런 태도로 이룰 수 있는 것은 아무것도 없다.

한일관계가 그 대표적인 사례다. 한일 과거사 논란의 출발은 1965년 박정희 정권에서 이뤄진 한일청구권 협정이다. 경제개발을 위한 돈이 필요했던 한국은 10년에 걸쳐 연 3000만 달러와 식민치하 피해를 바꿔 국가 기간산업 조성에 썼고, 일본은 이 협정을 통해 한국에 대한 식민지배 과오 청산은 물론 제국주의 시절 자국 내 국민이 입은 피해배상까지 끝내

버렸다.

이에 대해 진보적 법조인들은 피해자와 연대해 오랫동안 일본과 한국 사법부에 피해배상 소송을 제기했다. 1965년 정부가 받은 돈이 실제 피해자들에게 전혀 돌아가지 않았기 때문이다. 여기에 달라진 국제법 기류도 한몫했다. 개인이 국제법 주체로서 권리와 의무를 갖는다는 '개인의 국제법 주체성'을 인정하는 흐름이 감지된 것이다. 일부에서는 강제징용 같은 반인권적 행위는 '국제적 강행규범' 위반이기 때문에 국가 간 합의로 개인의 청구권이 소멸될 수 없다고 주장했다. 이런 기류에 맞춰 국내에서도 2018년 강제징용 노동자 재판에서 승소 판결이 나왔다. 이에 반발해 일본이 한국의 화이트리스트 배제 등 수출규제조치를 취하며 양국 관계는 극단으로 치달았다.

당시 문희상 국회의장은 이런 상황을 해결해야겠다고 마음먹었다. 그는 학교 선후배이자 정치 동료로 오랫동안 마음을 맞춰온 나와 함께 대책안을 만들었다. 그게 이른바 '문희상 안'이다. 문희상 안의 골자는 이렇다. 가장 중요한 것은 일본 지도자의 진심 어린 사과다. 「김대중 오부치 선언」의 정신으로 돌아가 간곡한 사과가 필요하다는 것이 첫 번째다. 두 번째는 배상 방법이다. '기억·화해·미래 재단'의 펀드를 만들어 양국 국민, 일본의 전범 기업과 포스코처럼 한일청구권 자금으로 설립된 한국 기업이 자발적으로 성금을 내 재원을 만들어 배상한다는 것이다. 양국 정상이 이 해법으로 만나 대타결해 과거를 보듬고 미래로 나아가자는 구상이었다.

나는 특사 자격으로 일본에 가 니카이 도시히로二階俊博 자민당 간사장 등 일본 주요 중의원들과 문희상 안에 대해 논의했다. 일본의 반응도 긍정적이었다. 최종적으로 이 안이 결렬된 것은 문재인 대통령의 반대였다. 여러 가지 이유가 있었겠으나, 문재인 대통령의 법률가적 소신이 이 정치적 결단을 넘을 수 없었던 것으로 추측한다. 설사 이 방법으로 문제를 해결한다고 해도 이에 동의하지 않는 피해자들이 또 다른 소송을 제기하는 것을 막을 수 없기 때문에 소용없다고 판단한 듯하다.

결국 문재인 정권 기간 내내 한일관계는 냉각 일로를 걸었다. 나는 2020년부터 한일의원연맹 회장을 맡아 일본 측과 이 문제로 수차례 이야기하였으나 일본 측 역시 답답한 것은 마찬가지였다. 그사이에 코로나19로 양측 교류가 힘들어지며 깊은 불신과 함께 대화는 중단되고 말았다. 그 결과는 윤석열 정권의 한일협정이었다. 여기엔 배상에 대한 내용만 있고 사과는 없다. 국가백년대계에는 나라의 품격을 지킬 의무도 있다. 윤 대통령은 일본 총리대신들이 이미 과거 몇 차례 사과한 바 있다고 공개발언을 하기도 했다. 우리 국민들이 그것을 모르는 게 아니다. 사과한 뒤 독도 영유권을 주장하고, 사과한 뒤 역대 총리가 전범을 모신 야스쿠니 신사에 공물을 보내는 행위에 분노하는 것이다. 자민당 내 일부 정치인들이 보여주는 시대착오적인 발언에 분노하는 것이다. 그 때문에 진정한 사과로 받아들이지 않는 것이다. 그것이 한일관계에서 과거사 문제를 끊임없이 상기시키는 근본적인 이유인데, 이를 해결하지 않은 채 배상 문제를 양보할 수는 없다. 사과는 윤 정부가 아무리 강조해도 지나치지 않은 것이었다.

한일관계는 매우 독특해서 외교적 수완을 뛰어넘는 정치적 결단이 불가피하다. 그런 걸 하지 않고서는 아무것도 이룰 수 없다. 만약 문재인 정권에서 문희상 안이 이뤄졌더라면 제대로 된 사과도 보장받고 배상 문제도 해결할 수 있었을 것이다. 완벽하지는 않지만 적어도 지금보다는 더 나은 결과를 얻을 수 있었던 것이다. 나는 이것이 두고두고 아쉽다.

요컨대 '문재인 대통령이 법조인의 원칙이 아닌 정치인의 결단을 내렸다면 어땠을까' 하는 순간이 여러 차례 있었다. 조국 사태 때 '법적으로 절차적으로 문제가 없다'라고 기다릴 게 아니라 좀 더 빨리 대응했다면 어땠을까? 진영의 도덕성이 공격받는 일도 없었을 것이고 조국 개인을 위해서도 낫지 않았을까? 추미애 법무부장관과 윤석열 검찰총장의 갈등이 극에 달했을 때, 대통령이 절차적 정당성보다는 정치적 결단력을 보였다면 어땠을까? 둘 다 해임하거나 검찰총장만이라도 해임했더라면 상황은 달라지지 않았을까? 역사에 가정은 없다지만, 언제나 아쉬움이 남는 대목이다.

제10부

우리가 축적해둔 것은 어디로 가는가

2022-2024

윤석열 정권

2022년 3월 9일, 0.73%p 차이로 윤석열 대통령이 20대 대통령에 당선됐다. 역대 대통령 선거 최소 득표 차이였다. 이후 벌어진 국회와 정부, 더 정확히는 거대 야당과 용산 대통령실의 줄다리기는 이 득표율 차이에서 비롯된 것이다. 윤석열 정부의 출범과 맞물려 나는 21대 국회 후반기 국회의장이 됐다. 입법부의 수장으로서 행정부의 수장인 대통령과 만날 몇 차례의 기회가 있었다. 직접 만난 자연인 윤석열은 호방하고 깍듯하며 솔직한 이였다. 그러나 국회의장으로서 마주한 윤석열 대통령은 말 그대로 '비토veto의 정치'를 거듭했다.

그의 신념, 그의 고집이 완전히 틀렸다는 얘기가 아니다. 다만 그 태도와 자세와 형식이 너무 서툴고 투박하다는 것은 문제다. 첫 공직선거 출마에서 일국의 수장 자리에 오른 자로서, 어쩌면 당연한 결과일지 모른다. 그러나 대통령은 대통령으로서 걸맞은 일을 잘 수행해야 한다. 국정 운영에 관한 한 국민은 신인이라고 봐주는 법이 없다.

21대 후반기의 국회는 여태까지 한번도 접해보지 못한 상황에 놓여있었다. 민주당은 거대 야당이 처음이었고, 국민의힘은 소수 여당이 처음이었다. 각자의 역할이 무엇이고, 각자가 처한 자리에서 어떤 식으로 어떻게 해야 할지 몰라 우왕좌왕하기 일쑤였다. 혼돈의 여의도였다.

무엇보다도 대선이 끝난 직후의 뜨거운 열기가 남아 있었다. 이긴 쪽도 진 쪽도 흥분과 아쉬움이 남았다. 이런 열기는 팬덤 정치의 과부하로 이어졌다. 여당 지지자는 여당 지지자대로, 야당 지지자는 야당 지지자대로 상대에게 증오의 언어를 내뱉었다. 결단코 협력할 수 없는, 서로를 동료 시민으로 인정하지 않는 듯한 분위기가 이어졌다. 이는 여의도에 그대로 전염됐다. 아니, 사실 여의도의 수준 낮은 정치가 지지자들을 감염시킨 것이다. 한 사람 한 사람이 입법기관인 정치인들이 자신의 본분을 잊은 채 지지자를 선동하고 동시에 지지자에게 휘둘렸다.

특히 문재인 대통령 사저 인근은 보수 유튜버의 방송, 보수단체의 시위로 몸살을 앓았다. 전직 대통령 가족과 마을주민들도 힘들었지만, 국민 통합에도 저해되는 일이었다. 나는 이후 대통령과 국회의장단 만찬에서 이 같은 사항을 건의했다. 당초 부정적인 반응을 보였던 윤 대통령이 내 말을 흔쾌히 받아들였다. 실제로 며칠 뒤 평산마을 경호 강화가 지시됐다. 민주당에서도 환영의 뜻을 보였고, 나로서는 이런 식으로 경직됐던 양 진영의 분위기가 해빙될 것이라는 기대가 컸다.

팬덤정치를 극복하기 위해

무엇보다 반가웠던 것은 개헌과 선거제 개편에 대한 윤석열 대통령의 생각이었다. 그는 조선일보와의 인터뷰에서 개헌이 필요하고, 중대선거구제로의 전환에 대해서도 긍정적인 반응을 보였다. 당시 나 역시 이 두 가지에 대한 필요성을 절감하고 있었다. 1987년 이후 한국은 어마어마하게 성장하고 달라졌는데, 나라의 기본 틀인 헌법은 그대로였다. 대학생에게 중학생 옷을 입힌 꼴이었다. 우리나라는 굉장히 경직적인 헌법 체계를 갖고 있다. 독일의 경우 1949년 이후 66차례, 1990년 통일 이후로 따지면 31차례나 개헌을 한 연성헌법 체계를 갖고 있다. 조문도 구체적이고 실천적이다. 지나치게 경직된 우리 헌법이 상징성 외에 별다른 기능을 하지 못하는 것이 안타까워 의장 임기 내에 개헌의 초석을 닦고 싶었다.

선거제 개편의 경우, 나는 근래 정치권을 지배한 팬덤 정치와 진영정치에 대해 심각한 문제의식을 느끼고 있었다. 문자폭탄으로 말할 거 같으면 나 역시 할 말이 많은 사람이기 때문이다. 그래도 나는 20년간 굳은살이 박일 대로 박인 사람이었으나, 이제 막 정치에 발을 디딘 정치신인들이 진영에 물들고 팬덤에 겁먹어 한 사람의 헌법기관으로서 제 역할을 하지 못하는 상황을 막는 것이 내 마지막 정치 소명이라는 생각이었다.

내가 파악한 진영정치와 팬덤정치의 제도적 원인은 바로 소선거구제였다. 한 표만 더 얻으면 모든 걸 차지하니 진영논리에 목을 맬 수밖에 없었다. 이런 승자독식의 선거제도는 민의도 왜곡한다. 21대 국회에서 양당의 득표율 차는 8.4%p였으나 의석 수는 79석이나 차이가 났다. 최근에 치러진 22대 총선 역시 마찬가지다. 더불어민주당과 국민의힘 득표율 차이는 5.4%p지만 의석 수 차이는 71석이다. 이를 해결할 수 있는 것이 도농복합형 중대선거구제였다. 사표 비율을 줄여 대구에서 더불어민주당 국회의원이 나오고, 광주에서 국민의힘 국회의원이 나올 수 있는 제도다. 둘 다 우리 사회를 위해 반드시 필요한 과제지만, 좀처럼 앞으로 나아가지 못하는 난제다.

특히 개헌의 경우 대통령의 의지가 중요하다. 역대 대통령이 모두 취임 전에는 개헌을 이야기하지만, 막상 대통령직에 오르면 모르쇠하기 일쑤다. 개헌이 이슈 블랙홀이라고 생각하기 때문이다. 그런 차원에서 먼저 개헌 이야기를 꺼낸 윤석열 대통령의 인터뷰가 반가웠던 것은 당연지사였다. 어쩌면 2년 이내에 개헌을, 적어도 개헌의 물꼬를 틀 수 있지 않을까 하는 기대가 커진 것이 사실이다.

그러나 21대 국회가 끝나고 집권 절반이 지나가는 이 시점까지 선거제 개혁과 개헌은 당면 과제로 받아들여지지 않았다. 그리고 선거가 끝나자 마치 처음 하는 이야기라는 듯 선거제 개혁과 개헌을 해야 한다는 주장이 나왔다. 지난 2년 내내 했던 이야기의 되풀이었다. 허탈한 노릇이다.

예산안 처리와 이태원 참사에서 드러난 국정 철학

국회는 예상대로 대결국면이었다. 야당과 정부 여당은 끊임없이 대립했다. 그러던 와중에 2022년 10월 29일 이태원 참사가 발생했다. 서울 도심 한복판에서 159명이 목숨을 잃는 사상 초유의 재난이었다.

많은 이들은 세월호 사태를 떠올렸는데, 바로 이 지점에서 이태원 참사가 정쟁화되어 버렸다. 정부 여당의 일부 인사들은 박근혜 정부가 끝내 실각하게 된 단초이자 시작점으로 세월호 참사를 꼽는다. 보수진영에서는 이태원 참사를 보며 '밀리면 박근혜 정부처럼 된다'는 불안감이 증폭됐다. 나라의 안전을 책임져야 하는 정부가 사과하고 책임소재를 밝혀내고 수습하면 될 일이 눈덩이처럼 커졌다. 급기야 야당은 이상민 행정안전부 장관 탄핵안을 제출했다.

더 심각한 문제는 탄핵안을 둘러싼 힘겨루기가 2023년도 예산안 처리와 맞물린 것이다. 탄핵안과 예산안은 거래 대상으로 전락했다. 국가 예산안이 제때 통과되지 않으면 지방정부의 예산안에까지 영향을 미친다. 그 피해는 저소득층, 복지 사각지대의 국민들에게 오롯이 돌아갈 터였다. 그대로 내버려둘 수 없었다.

치열한 물밑 협상이 벌어졌다. 나는 박홍근 더불어민주당 원내대표, 주호영 국민의힘 원내대표와 공식·비공식적으로 끊임없이 소통했다. 10·29 이태원 참사로 촉발된 국정조사특별위원회 구성 문제로 여야가 교착상태에 빠지자 국조특위를 구성하되(야당 입장 반영) 예산안 처리를 선행하겠다(여당 입장 반영)는 조건으로 합의를 중재했다. 11월 23일에 양측은 극적으로 합의했다.

그러나 이번엔 예산안 내용이 문제가 됐다. 법인세 인하와 대통령령으로 설립된 행정안전부 경찰국·법무부 인사정보관리단 예산을 놓고 양측의 지리멸렬한 줄다리기가 이어졌다. 나는 세 번의 중재안을 냈고, 예산안 처리시한을 4차례나 연기하며 여야 합의를 종용했다.

당초 합의안대로 야당에는 예산안 우선 처리의 필요성을, 정부 여당에는 준예산의 위험성을 끊임없이 설득했다. 야당의 비판을 받으면서 12월 1, 2일에 예정된 본회의를 연기했고, 법정시한(12월 2일)과 정기국회 시한(12월 9일), 1차 협상 시한(12월 15일), 2차 협상 시한(12월 19일), 최종 시한(12월 23일)까지 인내심을 갖고 여야 합의안을 촉구했다.

협상을 진행하면서 느낀 점은 사실상 결정권을 쥔 용산이 협상에 나올 의지가 없다는 것이었다. 예산안을 만들어온 정부는 여야를 포함한 국회에 예산안의 취지와 당위를 설명하고 설득할 의무가 있다. 내가 정부에 있었을 때는 수시로 국회에 나와 상임위와 원내대표단에게 설명하고 설득하는 밑작업을 거쳤는데, 이번에는 그런 과정이 전혀 없었다.

특히 기획재정부에서 함께 일했던 추경호 경제부총리에게 강하게 경고했다. "나라 살림의 총책임자로서 야당과 대통령실을 설득할 책임과 의무가 자네에게 있다."라고 다그치자 추 부총리는 수긍하는 듯했으나 아무래도 여의찮은 모양이었다. 김대기 비서실장, 최상목 경제수석 등 대통령실 관계자와 한덕수 국무총리를 포함한 정부 인사에게 "대통령에 간언하시라."라고 요청했으나 성과는 없었다.

결국 대통령을 직접 설득하기로 했다. 12월 5일 국가조찬기도회를 계기로 윤석열 대통령과 독대 시간을 가질 수 있었다. 나는 그 자리에서 당면한 한국 경제의 어려움, 준예산의 위험성, 이상민 행정안전부 장관의 거취에 대해 내 솔직한 의견을 전했다. 당시 한국을 둘러싼 경제환경은 녹록잖았다. 고환율·고물가·고금리로 연일 신문 헤드라인이 도배됐다.

경제의 버팀목인 수출이 줄어들면서 무역수지는 8개월 연속 적자를 기록하고 있었다. 가계부채가 늘어나고 채권시장도 불안정했다.

나는 대통령에게 간곡히 말했다. "이러한 상황에서 예산안이 이상민 장관에 대한 해임건의안과 엮여 여야 대립이 격화하면 2014년 「국회선진화법」 시행 이후 최초로 정기국회 내 처리가 불발될 우려가 있습니다. 그렇게 될 경우 준예산을 편성해야 하는 최악의 상황도 배제할 수 없습니다." 나는 그에게 최선을 다해 설명했다. 준예산은 우리 헌정사에서 1960년 제3차 헌법개정 때 도입된 제도지만, 단 한 차례도 편성된 적 없었다. 만약 사상 첫 준예산이 편성될 경우 국제사회가 대한민국의 위기관리 능력에 의구심을 갖게 돼 외국 자본이 이탈하는 등 새로운 경제위기를 초래할 가능성이 있다. 그렇기 때문에 역대 모든 정부에서 준예산으로 경제위기를 자초하는 것을 막기 위해 마지막까지 여야가 타협을 이뤄냈던 것이다. 그런데도 지금은 정부 쪽에서 준예산의 가능성을 언급하고 있다. 있어서는 안 될 일이다.

이상민 장관의 거취에 대해서도 대통령에게 말을 이어갔다. "제 생각에는 이상민 장관 역시, 그가 좀 더 일찍 정치적 책임을 지고 사의를 표명하는 것이 옳습니다." 「재난안전관리기본법」에는 국가와 지방단체가 국민의 생명과 재산을 보호할 책무를 지고 사고 예방 노력을 하도록 되어 있고(제4조) 행안부 장관이 재난 및 안전관리 업무의 총괄·조정 책임자(제6조)로 규정되어 있다. 장관이 스스로 자리에서 물러나야만 여야가 극한 대립으로 치닫는 것을 막을 뿐 아니라 장관 본인 앞날을 위해서도 바람직하다. 세월호 참사 당시 이주영 해양수산부 장관은 즉각 사의를 표명하고 사고 현장인 팽목항에서 사태 수습을 지휘하다가 12월에 자리에서 물러났다. 그렇기 때문에 이후 총선에 출마해 당선되고 국회부의장까지 지낼 수 있었던 것이다.

나는 이런 이야기를 진솔하게 털어놓고 마지막으로 여소야대 국회에서 야당과 지속적인 대화와 타협을 통해 협치를 이끌어낸 노태우 대통령과 김대중 대통령의 리더십을 참조해달라고 간청했다.

윤석열 대통령은 내 말이 다 맞으나, 자신이 이태원 참사에 관해 지금 강한 의심이 가는 게 있어 아무래도 결정을 못 하겠다고 말했다. 내가 그게 무엇인지 물었더니, 자신은 이 사고가 특정 세력에 의해 유도되고 조작된 사건일 가능성도 배제할 수 없다는 것이었다. 그럴 경우 이상민 장관을 물러나게 한다면 그것은 억울한 일이라는 얘기를 이어갔다. 나는 속으로 깜짝 놀랐다. 극우 유튜버의 방송에서 나오고 있는 음모론적인 말이 대통령의 입에서 술술 나온다는 것을 믿기가 힘들었다. 윤 대통령의 의구심이 얼마나 진심이었을지는 알 수 없으나, 상당히 위험한 반응이었다. 나는 "그런 방송은 보지 마십시오."라고 말하고 싶은 생각이 굴뚝 같았지만 꾹 참았다.

이상민 장관은 그대로 유임되었지만, 우여곡절 끝에 예산안은 크리스마스를 앞두고 겨우 통과됐다. 최악의 상황은 피한 셈이었다. 그렇지만 이 일은 내가 윤석열 정부의 앞날을 가늠하게 된 첫 지표가 되었다. 대통령이 결정하지 못하면 주변 이들이 강하게 진언해야 할 필요가 있는데, 아무도 대통령에게 '노'라고 말하지 않는 것이다. 대통령이 잘못된 생각을 하면 참모들이 바로잡아 줘야 하는데, 아무도 그러지 않는 것이다. 조

그만 회사도 그런 식으로 운영해선 제대로 굴러가지 않는데 나라 살림이야 말해서 무엇 할까.

거부권 정치

첫 시작은 「양곡관리법」이었다. 쌀이 일정 비율 초과생산 되거나 가격이 떨어질 경우 정부가 초과 생산량을 의무 매입하는 내용을 담고 있었다. 더불어민주당과 국민의힘은 처음부터 법안을 놓고 대립했다. 좀처럼 양측의 간극이 좁혀지지 않았다. 민주당은 농림축산식품해양수산위원회에서 법안을 단독 처리했고, 권성동 국민의힘 원내대표는 "민주당이 일방적으로 법안을 처리할 경우 대통령께 거부권(재의요구권)을 행사하라고 건의하겠다."라고 맞섰다. 결국 내가 두 차례 기존 민주당 법안보다 완화된 안을 중재안으로 냈으나 여당은 받아들이지 않았고, 결국 나의 1차 중재안이 야당 단독으로 국회 본회의를 통과했다.

법인세도 그렇고 「양곡관리법」도 그렇고 내가 중재안에 집착한 까닭은 무엇인가. 야당 일각에서 의장의 권한으로 법안을 직권상정해달라는 압력이 거셌으나 왜 그러지 않았나. 나는 대통령 거부권 행사가 공공연히 예고된 가운데 법안 처리를 강행하는 것이 무의미하다고 생각했다. 더 엄격하게 이야기하자면, 무력화될 것이 뻔한 법안을 통과시키는 것이야말로 의회의 입법권을 훼손하는 행위였다. 그런 식으로 「양곡관리법」을 통과시키는 것이 진정 농민을 지키기 위해서였을까? 아니면 대통령의 거부권을 정쟁의 기회로 삼으려는 것이었을까? 단언하건대 나는 후자라고 생각한다. 백번 양보해 의도는 농민을 위한 것이었을지라도, 결과가 그렇지 않다면 다른 방법을 생각했어야 했다. 그러나 야당은 그렇게 하지 않았다.

여당은 대놓고 대통령 거부권을 종용했다. 그것이 국가 운영에 책임을 지고 있는 집권 여당의 태도인가? 「양곡관리법」을 시행하면 정말로 나라가 망하고 재정이 파탄 나는가? 그렇다면 그렇게 되지 않을 타협안을 만드는 것이 여당의 책무이다. 도대체 대통령이 거부권을 행사해서 누가 이득을 본단 말인가.

나는 「양곡관리법」이 허공에 대고 하는 헛주먹질이 되지 않도록 끝까지 합의를 종용했으나, 이는 '수박'이라는 멸칭으로 돌아왔다. 야당은 민주당 출신 의장이 정부 여당 편을 든다고 했고, 여당은 민주당 출신 의장이 결국 친정에 기운다고 했다. 대통령에게 무조건 거부권을 행사하는 것이 옳지 않다는 의견을 직간접적으로 전달하기도 했으나 의미가 없었다. 끝내 21대 국회 후반기에는 야당의 법안 강행, 협상의 의지와 재량이 없는 여당, 거부권을 밥 먹듯 행사하는 정부라는 삼각 편대로 사이좋게 공멸하는 일이 반복됐다.

한번 거부권을 행사하니 두 번은 쉬웠다. 이어 「간호법」(10월 12일), 「노란봉투법」(12월 3일), 「방송 3법」(2024년 1월 25일), 「이태원참사특별법」(2024년 1월 30일), 「채상병 특검법」(2024년 5월 21일)…. 윤석열 대통령은 취임 후 약 2년 동안 총 14차례 거부권을 행사했다. 제13대 국회 이후 총 30건의 거부권이 돌아왔는데 그중 윤석열 대통령이 제기한 것이 46.7%에 달한다. 민주화 이후 역대 대통령 중에서 가장 많은 거부권 행사였다.

'노'라고 말하는 참모의 중요성

의회주의의 본령은 무엇인가. 내가 성인이 되어 공직사회에 들어온 후 아홉 명의 대통령을 거치며 느낀 핵심은 이것이다. 열 가지를 주장하면 그 열 가지를 다 관철하려는 게 아니라 공통되는 대여섯 가지부터 먼저 처리하고 난 다음 하나하나 타협해나가는 것. 주어진 제약 조건 아래서 끌어낼 수 있는 최대의 합의를 만들어내는 것.

이것은 내가 정치생활을 하는 내내 지켜온 원칙 가운데 하나다. 앞서 설명한 한미 FTA 비준안 처리에 이런 원칙으로 임했고, 국회의장이 되고 난 뒤 내가 여야와 정부에 제안한 수많은 중재안과 타협안들이 역시 이런 원칙에서 나왔다.

지금은 그런 의미에서 정치가 사라진 것이 아닌가. 야당은 거부권을 유도하는 표결을 하고, 여당은 거부권을 촉구하고, 대통령은 거부권을 행사하는 거부권의 정치, 비토의 정치, 마이너스 정치가 횡행하고 있다. 이런 정치 리더십 아래서 우리는 선진사회로 나아갈 수 없다.

당연히 이 사태를 초래한 가장 큰 원인은 극렬한 진영 갈등이다. 여야 모두 이 혐의에서 벗어날 수 없다. 그러나 정권의 입장에서 보자면, 이런 상황에서도 올바르게 국정을 운영할 수 있는 최후의 보루가 있다. 바로 '노'라고 말하는 참모들이다.

박근혜 대통령의 비극은 그 곁에서 아닌 건 아니라고 말할 수 있는 참모가 없었다는 점이다. 최측근이라고 불렸던 최경환 경제부총리도 그러지 못했고, 대통령 옆에서 수많은 업무를 처리한 안종범 경제수석도 마찬가지였다. 대통령의 참모란 단지 열심히 일한다고 잘하는 게 아니다. 아닌 것은 아니라고 진언해 대통령을 올바른 방향으로 이끌어나가는 것이 잘하는 것이다. 나는 김대중 대통령을 처음 모실 때도, 노무현 대통령을 처음 만났을 때도 모두 대통령 의견에 반대하며 인연을 맺었다. 나에게는 그분들과 맞설 용기가 있었고, 김대중과 노무현에겐 그런 나를 높이 평가해줄 아량과 안목, 그리고 여유가 있었다.

윤석열 대통령의 최근 행보를 보면 용산 대통령실에도 대통령에게 직언할 수 있는 이는 많지 않아 보인다. 농담 반 진담 반으로, 나는 보수정당이 상대적으로 '노' 하는 이들을 받아들이지 못하는 것 아닌가 짐작한다. 아무리 뛰어난 재능을 가진 이도 완벽하지 않다. 반드시 오판의 가능성이 있다. 그런 점에서 노무현 대통령은 자신을 비판하는 것을 고맙게 생각했다. 공인으로 가기 위한 큰 덕목이다. 상사에게 '노'라고 하는 것은 상사 입장에서 매우 고마운 일이고, 거꾸로 부하 입장에서는 상사의 잘못을 분명한 논리로 비판하고 증거를 제시해 행동을 바꾸게 만드는 것이 자기의 의무를 다하는 것이다. 물론 인간적으로 쉽지 않은 일이지만 내가 노무현 대통령에게 배운 가장 중요한 가르침, 그래서 다른 모든 대통령과 리더들에게 반드시 알려주고 싶은 게 바로 이런 것이다.

나 역시 상사에게 '노'라고 말하는 입장에만 있었던 것이 아니다. 참모가 나에게 '노'라고 하는 순간도 많았다. 공사를 막론하고 인간과 인간의 관계에는 신뢰가 가장 중요하다. 정확하고 정직하게 아니라고 말하는 부하는 많은 고민 끝에 이야기를 꺼낸 것이다. 듣는 이는 그만큼 진지하게 귀를 기울이는 것이 옳다.

2024년 5월 2일 본회의에서 나는 「채상병 특검법」을 처리했다. 사실 나는 본회의 직전까지 고민이 깊었다. 임기 내내 관철한 대로 여야 합의의 원칙을 깨고 싶지 않았다. 대통령 거부권 행사가 뻔한 가운데서, 결국 부결될 법안을 올리는 것보다 최대한 여야 합의안을 만드는 것이 옳다고 생각했다.

이런 내 생각에 '노'라고 반대한 것은 의장실 수석비서관을 비롯한 보좌진들이었다. 첫 번째는 그날 표결하지 않으면 「국회법」의 신속처리안건(패스트트랙) 제도 취지대로 21대 회기 내에 입법 절차를 최종 마무리할 시간이 없다는 것이다. 두 번째는 「채상병 특검법」은 이미 국민들의 판단이 끝난 사안으로, 그것이 총선 결과로 나타났다는 설명이었다. 내가 결심을 바꾼 것은 보좌진들의 마지막 논리였다. 이걸 어떤 형태로든 마무리 짓지 못하고 22대 국회로 넘길 경우, 새 국회와 새 국회의장에게 큰 부담이 된다는 얘기였다. 분란을 종식하는 것이 아니라 분란을 이전한다는 말이었다. 우리가 총대를 메고 끝내줘야 한다는 보좌진들의 말은 곰곰이 생각하면 할수록 맞는 얘기였다. 결국 나는 오랜 논의 끝에 생각을 바꿨고, 그것이 옳은 결정이었다.

정부 성공의 키워드, 일관성

나는 이 책에서 지금까지 우리의 역대 열 정권이 쌓아온 축적의 특징들을 정리해보았다. 죽음과 부패가 지배하는 공동체의 분위기를 일소한 뒤 국가 구성원 한 사람 한 사람이 나라의 발전을 함께하고 있다는 감각을 이끌어내는 추진력, 훌륭한 테크노크라트를 알아본 후 그에게 힘을 실어주는 권력의지, 일의 책임자가 반드시 현장을 찾아서 정책이 집행되는 과정을 치열하게 챙기는 열정과 성실함, 끊임없이 공부하고 성찰하면서 참모들의 의견에 진지하게 귀를 기울일 수 있는 지도자의 존재 등이 그것이었다.

또 의회를 존중하는 협치의 문화를 견지하면서도 이념에 얽매이지 않는 국정 과제를 뚝심 있게 구현해나가는 돌파력, 특정인의 사익에 기울어지지 않으며 철저한 투명성을 전제로 한 실용주의, 공동체의 미래와 사람들의 삶을 우선적으로 살피는 국가재정 운용, 패거리를 짓지 않는 정당 문화와 이를 위한 철저한 인사검증 시스템… 등등이 내가 주목했던 우리나라의 축적된 역량, 우리가 걸어온 지난 과거에서 반드시 되새겨야 할 귀중한 지침들이라 할 수 있다. 아직 현재진행형인 윤석열 정권과 우리 정치권은 이 같은 유산을 바탕으로 앞으로 새로운 50년의 비전을 그려나가야 한다.

나는 앞서 현재의 출산율이 곧 우리의 젊은 세대가 이 나라에 매기는 점수와도 같다고 말한 바 있다. 즉, 지금의 초저출생 현상은 국민들은 더 이상 이 나라에서 아이를 낳고 기를 수 없다고 판단했다는 증거와 다름없다. 제대로 된 나라라면, 모든 국가의 모든 가용자원을 저출생 문제 해결에 투입하는 것이 옳다.

다행히 꾸준한 문제 제기로 정치권이 문제의 심각성을 인지하고 있다. 22대 총선에서는 여야 공히 저출생 대책을 1호 공약으로 내세운 것이 그 증거다. 이제 실천하는 일만 남았다. 이 장기과제의 토대를 탄탄하게 닦는 것이 윤석열 정권이 받아든 시대 과제가 아닐까. 다행히 대통령의 의지가 확고하다. 저출생대응기획부를 신설하고 사회부총리급으로 격상하겠다고 발표했다. 그 외에도 유연근무제 확대, 아빠 육아휴직 확대 등 바람직한 정책을 속속 추진하고 있다. 그의 강력한 추진력이 유감없이 발휘되길 기대하고 있다.

그러나 저출생은 몇몇 정책의 조합으로 해결할 수 있는 문제가 아니다. 그러기엔 이미 너무 멀리 와버렸다. 무엇보다도 사람들의 인식을 바꾸는 것이 필요하다. 지금 우리 젊은이들은 결혼과 출산이 자신들의 인생에 걸림돌이라고 여기고 있다. 그들의 부모와 선배들의 인생을 보고 내린, 어찌 보면 지극히 합리적인 선택이다. 젊은 세대뿐만이 아니다. 부모 세대 역시 "손주는 보고 싶지만 이렇게 힘들 거 생각하면 내 자식에게 낳으라고 말 못하겠다."라는 이들이 늘고 있다. 전 국민적 인식이 바로 그러하다.

결국 저출생을 해결하기 위해서는 이런 인식과 현실을 바꾸는 것이 필요하다. 결혼과 양육이 인생의 걸림돌이 아니라 행복이고 오히려 플러스가 되도록 만들어야 한다. 말로만 떠들어서는 아무 효과가 없다. 실질적인 결과로 설득하기 위해서는 상당한 시간이 걸린다. 정권은 인내심을 갖고 정책을 추진해야 한다. 장기과제로서 그 연속성이 끊겨서는 안된다. 실제 MZ세대(만 19~39세)의 62.5%가 저출생 문제가 해결되지 않는 이유로 '단기적, 임기응변식 정책'을 꼽았다.(2023년 5월, 《엠브레인》) 인구학 권위자인 영국 옥스퍼드대의 데이비드 콜먼 명예교수도 "대통령과 여당이 바뀌어도 저출생 대책의 일관성을 지켜야 한다."라고 진단했다. 10~20년 꾸준히 추진해야 국민들이 믿는다. 믿고 가정을 꾸리고 믿고 아이를 낳고 믿고 인생을 영속할 수 있다.

이런 '일관성'을 위해 필요한 것이 바로 개헌이다. 아이를 낳고 기르는데 필요한 보육·교육·주거는 나라가 책임지겠다고 헌법에 못 박는 것이다. 조문도 추상적이지 않도록 구체화해야 한다. 구체적으로 적시해야 국가가 지켜야 할 의무가 되고, 이를 지키지 않는 정권은 탄핵에까지 이를 수도 있다는 강력한 의지를 보여줘야 나라에 대한 신뢰가 생긴다.

나는 국회의장 임기 마지막 반년 동안, 현재 10장, 130조로 끝나는 헌법의 마지막에 저출생 조항을 넣는 구상안을 만든 바 있다. 이는 아래와 같다.

제11장 지속가능한 인구정책

제131조

① 국가는 국민의 임신·출산 및 양육을 지원할 의무를 진다

② 국가는 국민이 가족생활을 향유할 수 있도록 노력할 의무를 진다.

제132조

① 국가는 의무교육을 받기 전 아동의 보육에 필요한 인건비를 지급하여야 한다.

② 국가는 임신·출산 및 양육을 위하여 법률이나 노사협약 등으로 마련된 각종 유연근무의 시행에 필요한 비용 등을 지원하여야 한다.

③ 국가는 첨단기술을 활용하는 등 공교육을 혁신하고 사교육 의존도를 낮출 수 있는 정책을 수립·시행하여야 한다.

④ 국가는 가족생활을 위하여 주택이 필요한 모든 국민이 공공임대주택을 이용할 수 있도록 지원하여야 한다.

윤석열 정권이 남은 3년의 임기 동안 저출생 해결의 토대를 닦고, 다음 정권이 이를 훌륭히 꽃피우고, 그렇게 우리 앞에 닥친 이 절체절명의 난관을 헤쳐나갈 수 있다면…. 그렇게 된다면 성공한 정권으로 역사에 기록될 것이라고 확신한다. 이것이 내가 윤석열 대통령에게 전할 수 있는 유일한 조언일 것이다.

나는 정치 생활 막바지에 이 같은 과제를 해결하기 위해 최선을 다했다. 어떤 것은 입법으로 관철했고 어떤 것은 미완의 과제로 남아 있다. 그러나 나라를 나라답게 하기 위한 노력은 국가가 영속하는 한 계속될 것이다. 끝날 때까지 끝난 것이 아니다. 나의 열정과 의지가 남아 있는 한은 최선을 다해 봉사하고 싶다. 이 책은 그 다짐의 결과물이기도 하다.

대한민국의 지난 50년은 나라의 기본을 다하도록 끊임없이 투쟁하고 노력하고 발전해온 시간이었다. 먹고사는 것을 해결하고, 민주주의를 달성하고, 문화를 창달하고, 고루 잘사는 것을 넘어 국제사회에서 그 몫을 다하기 위한 노력이 여러 굴곡을 거듭하며 축적돼 지금에 다다른 것이다. 지난 50년간의 세월을 뒤로 하고 모든 공직에서 은퇴한 지금, 나는 우리가 다시 한 번 과거를 차분하게 돌아볼 것을 제안한다. 박정희 정권이 들어선 지난 1961년부터 윤석열 정권이 집권 3년 차를 맞이한 2024년까지, 대한민국은 산업화와 민주화를 동시에 성취하며 숨 가쁘게 달려왔고, 선진국의 대열에 진입했으며, 이제 다시 한 번 중대한 질문을 맞이했다. 우리가 꿈꾸는 나라는 어떤 것인가. 대한민국의 향후 50년과 100년, 그리고 앞으로 들어설 열 정권은 어떤 시간을 쌓아갈 것인가. 그 대답은 지금 이 순간, 이 나라가 과거에 무엇을 축적해왔는지를 깊이 성찰하는 우리 모두에게 달려 있다.

에필로그

김진표 X 정관용 대담

많은 것을 성취한 나라, 행복을 잃은 나라

정관용

국민대학교 교양대학 특임교수. 한국을 대표하는 방송 토론 진행자로 오랫동안 활동해 왔다. 1990년 방송계에 입문하여 지난 30여 년간 KBS 《생방송 심야토론》, MBC 《100분 토론》, EBS 《초대석》, CBS 《시사자키 정관용입니다》, JTBC 《정관용 라이브》 등을 진행했다. 『나는 당신의 말할 권리를 지지한다』, 『문제는 리더다』(공저), 『한국인을 읽는다』(공저) 등의 책을 쓰기도 했다.

정관용 의장님, 오랜만입니다. 이런 자리를 마련해주셔서 고맙습니다. 의장님의 지난 50여 년을 함께 되돌아볼 수 있어 기쁘네요. 대담을 위해 독자들보다 앞서 원고를 읽어보았는데, 아주 흥미로웠습니다. 대한민국의 지난 열 정권 아래서 있었던 여러 에피소드가 다양하게 담겨 있고, 그 일화 하나하나에 의장님의 시대를 읽는 눈, 경제철학, 정치철학이 일목요연하게 정리돼 있어서 시간 가는 줄 모르고 빠져들었습니다.

김진표 과찬의 말씀입니다. 정관용 교수님께서 잘 읽으셨다니 다행이네요. 오랫동안 벼려오신 날카로운 시각과 문제의식으로 제 책의 논의를 다뤄주시리라 믿습니다.

정 저는 2004년부터 각종 토론 프로그램에서 의장님을 뵈었습니다. 인연이 오래됐지요. 의장님께서 이 책에서 고백하셨듯, 저 역시 처음에는 의장님에게 재벌 편이고, 친미주의자이며, '좌회전 깜빡이 켜고 우회전한' 인물이라는 이미지가 없지 않았습니다. 그런데 의장님과 20년 가까이 각종 사안에 대해 토론하면서 점점 그런 생각이 깨지기 시작했고, 또 이번에 원고를 읽으면서도 제가 오해했던 게 많았다는 것을 새삼 깨달았습니다.

김 그렇게 읽어주셨다니 감사할 따름입니다. 저는 그저 현실을 있는 그대로 바라보려 노력하고, 우리 공동체가 나아갈 방향을 제시했을 뿐입니다. 그중에서도 제 정통 분야가 경제였으니 그 분야의 목소리를 많이 냈던 것이지요. 저는 우리나라의 1차, 2차 금융실명제 준비과정에 모두 참여한 거의 유일한 사람이고, 김대중 정권 때부터도 재벌개혁에 정말 힘을 많이 기울였는데 그것을 알아주는 사람이 조금 적었던 것 같아 아쉬울 때가 없진 않았습니다. 그리고 미국에 관해서라면, 사실 제가 친미를 할 이유가 하나도 없습니다. (웃음) 저는 세계 경제에서 미국이 차지하는 비중과 현실을 냉정하게 바라보고 그에 대응해야 한다는 의견을 고수했을 뿐입니다.

정 특히 노무현 정권 때 미국과의 관계가 왜 중요한지를 설파한 논리가 인상적이었습니다. 박정희 정권에서 부동산과 교육의 시장화를 지적하신 대목도 고개를 끄덕이며 읽었습니다. 실무진으로서

두 차례 금융실명제를 이끌고, 노태우 정권 때는 토지공개념 구현에 일조하셨다는 점도 주목할 수밖에 없었습니다. 어찌 보면 유럽식 사민주의자의 면모를 갖추신 분이라고 할 수 있는데요.

김 잘 봐주셨네요. 독일의 초대 총리를 지내면서 사회적 시장경제를 이끌었던 콘라트 아데나워는 제 인생에 큰 영향을 미친 것 같습니다. 시장의 역동성을 충분히 인정하되 우리는 사회 전체의 공공성을 한시도 잊지 말아야 합니다. 그게 '라인강의 기적'을 성취하면서도 독일 사회의 건강함과 선진성을 구축한 힘이니깐요.

치열한 경쟁은 한국사회에 무엇을 남겼는가

정 책을 덮은 뒤 의장님께 가장 먼저 묻고 싶었던 게 있습니다. 반세기 동안 한국은 그야말로 전 세계 누구라도 인정할 수밖에 없는 고도압축 성장을 일궜습니다. 우리나라 국민총소득GNI은 일본을 앞질렀고, 이번에 한-아프리카 정상회담에 참여한 아프리카 여러 국가 정상들은 입을 모아 한국을 롤모델로 꼽습니다. 1980년 광주를 비롯한 여러 아픈 기억이 있지만 사실 전 세계 어디를 둘러봐도 군사독재를 거친 나라 중 우리처럼 적은 희생으로 정치민주화를 달성한 나라도 없습니다. 어떻게 이런 일이 가능했던 것이라고 보십니까?

김 그 질문을 들으니, 싱가포르의 리셴룽李顯龍 총리가 생각나네요. 제가 경제부총리를 하던 2003년, 지금은 싱가포르 총리가 된 리셴룽 경제부총리를 만난 적이 있습니다. 그때 리셴룽이 이런 고민을 털어놓더군요. 자기 아버지인 리콴유李光耀 총리가 가부장적 경제 구조를 통해 싱가포르를 인구 50만 명에서 시작해 400만 명의 국가로 성장시켰는데, 2001~2002년 당시 IT버블이 꺼지며 경제성장률이 -17~-13%까지 떨어졌다고 해요. 문제는 싱가포르 젊은이들이 이 위기를 헤쳐 나갈 동력도 아이디어도 없었다는 겁니다. 순치된 양처럼 시키는 대로 움직이는데 이렇게 큰 위기에서는 시키는 사람도 뭘 어떻게 시킬지를 몰라서 자체 위기 극복 능력이 없다는 걸 깨달았다더군요. 반면 한국은 어떤 경제위기가 와도 잘 극복하더라는 게 그가 부러워하는 지점이었습니다. 수단과 방법을 가리지 않고 살아남으려는 치열하고 동물적인 경쟁력이 한국경제의 가장 중요한 힘이었다는 것이죠.

리셴룽 총리도 아버지에 이어 2004년부터 지금까지 20년간 총리를 지내고 있으니 정치적 민주화에 관해서는 직접 말하긴 힘들었겠지만, 그가 덧붙이던 말도 기억납니다. 본인이 아버지와 치열하게 논쟁해서 사람의 태형은 제발 하지 말자고 설득했다고 합니다. 싱가포르에선 길에 쓰레기를 버리다가 걸리면 태형을 했어요. 아무리 싱가포르 길거리가 깨끗한 것으로 유명해도, 그렇게 하면 안 된다고 말했다는 거예요. 또 자신의 아버지는 젊은이들에게 번지점프도 못 하게 하고, 록앤롤 음악을 즐기는 일도 금지했다고 해요. 그런 말도 안 되는 규제가 사람들의 모험심과 열정을 거꾸러뜨린다고 생각해서 본인도 개혁하기 위해 노력했지만, 인위적으로 한두 개 뭘 바꾼다고 달라지는 건 아니라는 점을 깨달았다는 거죠. 그런 면에서는 경제와 정치를 혁신하는 에너지가 상통하는 지점이 있는 것 같기도 합니다. 경쟁하는 마음은 곧 정치적 참여의 에너지, '사람 위에 사람 없고, 사람 밑에 사람 없다'는 의식과도 연결될 테니깐요. 역사의 큰 흐름에서 봤을 땐 우리 국민의 저력을 인정할 수밖에 없다고 봅니다.

정 동의합니다. 그 치열한 경쟁심으로 여러 고비마다 닥쳐왔던 위기를 잘 극복했던 것은 사실이죠.

김 그렇습니다. 우리나라가 믿을 수 없이 빠른 속도로 성장할 수 있었던 것, 우리의 저력을 국가경쟁력으로 쌓아올릴 수 있었던 것은 치열한 경쟁의 결과라고 생각해요. 그럼 왜 유독 우리는 이런 경쟁에 익숙할까요? 저는 우리 사회의 호모지니어티homogeneity, 즉 동질성에 근본 원인이 있다고 생각해요. '저 사람은 나와 달라'라거나 '태어날 때부터 귀족' 같은 개념이 한국에는 없죠. '너나 나나 다를 게 없는데 내가 너한테 질 이유가 무엇이냐. 내가 지금은 졌지만 내 자식은 다르리라' 같은 의식이 강하지 않겠어요? 국민 한 사람, 한 사람에게 스며 있던 동질성에 기초한 치열한 경쟁의식이 눈부신 성취를 이뤄냈습니다. 경제적으로든 정치적으로든요.

정 그러한 평등주의적 정서는 일제 식민통치와 분단 이후 일어난 전쟁 경험이 아주 큰 영향을 끼친 결과가 아닐까 싶습니다. 이 책에도 잘 나와 있듯, 국민 입장에서 생존 자체가 위태로운 시간이 바로 우리의 근현대사였다는 것이죠. 국가가 생존을 책임져주지 못한다는 '제로 베이스'의 기본 인식을 갖고 있었기 때문에 우리 가족의 생존을 위해서는 무엇이라도 해야 한다는 본능에서 치열한 경쟁의식이 싹텄다는 진단입니다.

김 정 교수님 말씀에 공감합니다. 한국전쟁으로 모든 것이 파괴됐고, 눈에 보이는 것뿐 아니라 보이지 않는 사회규범까지 다 무너졌지요. 국민 모두가 공감하고 지켜야 할 룰이라는 것이 사실상 다 없어진 셈입니다. 신분도 철저하게 파괴됐고요. 그런 면에서는 제가 말한 동질성과도 연결되는 부분이 있다고 생각합니다.

정 그렇다면 우리 역사의 경쟁이 지닌 이면에 대해서도 생각해봐야 할 텐데요. 이처럼 경제적으로 풍요롭고 정치적으로 자유롭다면 국민은 삶에 만족하고 행복을 구가하며 미래의 희망에 부풀어 있어야 정상일 텐데, 반대로 우리나라는 전 세계에서 유례를 찾아볼 수 없는 초저출생 국가입니다. 의장님도 이 부분에 대해서 오래전부터 심각한 문제의식을 지니고 계시지요. 저도 마찬가지입니다.

김 맞습니다. 경쟁이라는 것은 필연적으로 약육강식이에요. 승패를 나누자면 승자보다는 패자가 훨씬 많이 나오는 것이 경쟁이죠. 그 결과가 무엇입니까? 교수님이 지적하셨듯 젊은이들이 결혼도 하지 않고, 아이도 낳지 않아요. 미래에 계속 한국에서 살아갈 희망을 잃고 있는 것이죠. 2023년 말 기준 합계출산율은 0.72명이고, 이마저도 올해는 0.6명대에 진입할 것이 확실하죠. 경제협력개발기구 국가 중 0명대 출산율은 한국이 유일합니다. 이 치열한 경쟁사회에서 누군가와 관계를 맺고, 나 아닌 자식까지 돌보며 살아남을 수 없다는 판단을 한 거예요. 경쟁 덕분에 성장을 이뤘지만, 바로 그 경쟁 때문에 희망을 잃는 사회가 되었습니다.

외환위기 이후 우리가 놓친 것들

정 그 경쟁심 덕분에 우리는 이 위치까지 발전할 수 있었는데, 그럼에도 국가 차원에서 전개된 불균형 성장전략이 지금의 상황을 낳지 않았느냐는 비판에 대해선 어떻게 생각하십니까? 우리는 군사정부가 들어선 이후 정경유착에 기반해 재벌 대기업 중심의 빠른 성장을 추구해왔습니다. 대기업과 중소기업의 수직계열화, 부의 격차 확대, 노동시장 양극화, 수도권 집중 및 지역 불균형, 대학의 서열화와 사교육 팽창, 부동산 양극화…. 빠른 성장의 뒷면에는 이런 불균형과 양극화 현상이 있었던 건 부정할 수 없을 텐데요.

저는 성장의 속도를 높이기 위해서 몇몇 대기업에 힘을 몰아주는 방식의 성장전략까지는 인정할 수 있다고 생각합니다. 노동자와 농민이 그에 따른 고통의 대가를 치렀지만, 일정 부분 불가피한 측면이 있었다고 볼 수도 있습니다. 그나마 1990년대 중반까지는 빠른 성장의 결과가 낙수효과를 가져와서 노동자 임금도 올라가고, 중산층도 형성되고 그에 따라 정치적 민주화를 달성하는 힘이 됐죠. 그러다가 1990년대 말의 IMF 이후엔 많은 것이 바뀌어버렸습니다. 불균형 성장의 낙수효과도 사라지고, 사회경제적 양극화가 20여 년간 더욱 심각하게 진전되었으며, 우리 정치는 이에 대하여 완전히 손을 놓고 있었던 건 아닌가, 그래서 오늘날 젊은이들이 미래에 대한 희망을 버리게 된 것 아닌가 생각하는데요. 의장님은 이 쟁점을 어떻게 보십니까?

김 크게 보면 교수님의 진단에 공감합니다. 제가 1973년 관료생활을 시작해 지금까지 50여 년을 국가 정책에 관여하고, 또 전 세계 많은 국가를 둘러보면서 그 사회와 우리를 비교하는 과정에서 느낀 점이 있습니다. 많은 경제학자와 비평가들은 '균형 성장'을 권고합니다. 자원 배분의 최적화부터 시작한 단계적 발전을 이상적이라고 권하는데, 그런 경제정책을 운용한 나라 중 성공한 곳은 제가 볼 때 세계에서 대만이 유일합니다. 심지어는 최근 몇 년간은 대만의 정책가들이 한국을 부러워한다는 이야기도 참 많이 들었어요. 창의적으로 뭔가 꿰뚫고 만들고 세계 1위와 경쟁해서 이기는 풍토가 대만엔 없고, 한국엔 있다는 게 그들의 말이었어요. 대만은

TSMC나 엔비디아를 제외하곤 우리처럼 각 산업 분야마다 전 세계의 수위권을 다투는 기업은 아주 드물다고 봐야 하거든요. 심지어는 우리가 자주 부러워하는 북유럽 국가들의 경제 장관도 비슷한 이야기를 많이 합니다. 자신들의 나라는 기업 한두 개가 국가 전체의 명운을 좌우하는 측면이 큰데, 한국은 다르다고요.

다시 말해 현실 경제의 성장과 발전 과정에선, 학자들이 말하는 완전 균형성장을 달성하기 매우 힘이 든 것 같습니다. 왜 그럴까요? 경제학은 기본적으로 '폴리티컬 이코노미'이기 때문이에요. 기본적으로 정치권력과 경제권력은 어떤 식으로든 결합될 수밖에 없는 구조적 특성이 있다는 것이지요. 우리도 군사정부가 국가 주도의 불균형 성장 방식을 취한 탓에 IMF 사태 전까진 대기업들은 그 정치세력과 어떻게든 유착해서 특권을 받아 재벌이 되었죠. 그러다가 외환위기가 와서 모든 게 무너졌습니다. 금융과 재벌이 유착한 선단식 경영의 폐해가 한꺼번에 노출되었지요. 김대중 대통령이 그 수습을 상대적으로 잘해주었지만, 교수님이 지적하신 것처럼 그 이후 정권들에선 후속 조치가 충분치 않았던 게 사실이에요. 불균형 성장이나마 꾸준히 우상향을 꾀하며 개혁과 혁신을 통해 그 저변을 탄탄히 넓혀가는 과정이 필요했는데 우리 사회는 최근 20여 년간 그런 시도가 매우 부족했습니다. 여기엔 정부와 정치권 인사들의 변명이 들어설 여지가 별로 없다고 봅니다.

정 기업도 반성해야 할 지점이 많다고 생각합니다.

김 그렇습니다. 애플이든 인텔이든, 전 세계의 기업들은 내부에서부터 치열한 벤처형 구조로 바꿔서 자기들 안에서 경쟁을 하는 구조가 보편화되었지요. 수익성과 경쟁력이 없으면 주주 기반의 자본주의에 의해 팔아버리고 새로운 사업을 만드는 데 여념이 없습니다. 스스로를 치유해가면서 끊임없는 갱신이 이뤄지는데 우리 재벌들은 그런 게 많이 부족하지요. 미래 경제는 동물적 감각을 가진 기업들이 서로 앞다퉈 경쟁하며 새롭고 창의적인 영역을 찾도록 하는 방향으로 나아갈 수밖에 없다고 봅니다. 재벌과 대기업도 빠르게 변화해야 하는 부분이 있어요.

정 다시 아까 이야기를 나누었던 창조적이고 역동적인 경쟁심의 지점으로 연결되네요.

김 그래도 저는 낙관적입니다. 지금 수출 대기업의 내부 이야기를 종종 들으면서 제가 깜짝 놀라는 적이 많아요. 기업의 오너들이 실패를 해도, 그 밑의 젊은 실무진들이 최선을 다해서 다른 길을 찾아내는 사례를 많이 접했습니다. 예컨대 자동차 산업을 이야기한다면, 전기차 시장에서 실기를 해도, 배터리에서 가능성을 발견하고 다른 나라가 따라올 수 없는 배터리를 만들어냅니다. 그 안에 들어가는 IT와 소프트웨어 기술은 정말 놀라울 정도예요. 한국의 젊은 이들이 갖고 있는 창의성과 가능성은 굉장합니다. 그들을 찍어 누르는 구조가 아니라 창조적 경쟁으로 이끌어주는 기업 문화가 중요할 겁니다.

정 어쨌든 의장님께서 책의 곳곳에서 깊은 고민을 적어주신 것처럼, 지금 대한민국이 처한 상황은 비상하고 절박합니다. 적나라하게 표현해본다면, 의장님의 관료 생활 30년과 정치인 생활 20년이 눈부신 경제성취 성장의 '주역'이었던 것은 맞습니다. 동시에 제가 보기에는 젊은이들에게 미래를 앗아간 초저출생 현상을 나타낸 '주범'이기도 한 것이죠. (웃음) 이런 표현에 대해선 어떻게 생각하십니까?

김 맞습니다. 제가 죄인이지요. (웃음) 아니, 웃으면서 말을 했어도 대한민국을 이끌었던 기성세대로서 무거운 책임감을 느낄 때가 참 많아요. 사실 이렇게 제가 역대 정권의 축적을 논하고 싶었던 것도 그러한 반성의 마음이 컸습니다. 나름대로 최선을 다한다고 했는데 우리 사회에선 그간 무엇을 놓치고 있었는지를 차분하게 정리하고 싶었어요.

정 그 죄를 갚기 위해서라도 이제부터 재야에서 더 힘내주시면 좋겠습니다. (웃음) 다시 정리해보겠습니다. IMF 전까지는 압축성장을 이끌기 위해 불균형 성장을 일부러라도 조장했다면, 그 이후에는 정부와 정치권의 최우선 과제가 이 불균형을 어떻게 해소할 것이냐에 초점이 맞춰졌어야 했다는 아쉬움이 큽니다. 첨단 IT산업을 비롯한 여러 분야에 성장을 위한 투자를 소홀히 해도 괜찮았다는 게 아닙니다. 그와 동시에 양극화 해소에 정책역량을 집중해야 했는데, 그 시기를 다 놓친 것 같다는 게 제 생각입니다.

김 그렇습니다. 분명 외환위기 이후 우리 정권들에선 교육과 주택 분야에서 양극화를 해소할 수 있는 근본적인 대책을 제대로 마련하지 못했습니다. 그렇지만 한 가지 덧붙여두고 싶은 게 있어요. 새로운 성장동력과 관련해서는 역시 연구개발R&D이 중요한데, 그래도 여태까지는 우리가 세계에서 정부부문 R&D 투자 1위를 지켜왔습니다. 그런데 제가 작년에 위기의식을 느낀 것이, 윤석열 정부가 몇몇 비리 사례를 이유로 연속적이고 장기적인 투자가 중요한 R&D의 특성을 고려하지 않고 예산을 대폭 삭감했거든요. 저도 적잖게 충격을 받았습니다. 이러면 한국은 아무것도 남는 게 없어요. 늦었지만 우리가 할 수 있는 범위 내에서 이 문제를 꼭 고쳐나가야 한다고 생각합니다.

장기적 안목을 상실한 정치제도

정 부동산 이야기도 하지 않을 수 없습니다. 책에서도 쓰셨듯 유럽을 중심으로 한 선진국의 공공임대주택 비율은 20~50%에 이르는데, 우리는 지금도 한 자릿수에 머무르고 있습니다. 우리의 경제관료들이 의장님 같은 문제의식을 갖고 국가 주택정책의 기본을 국민의 주거권이라는 관점에 놓고, 공공주택 확충을 최우선으로 추진했어야 했는데, 정책의 우선순위가 완전히 뒤바뀌어서 부동산 정책은 그저 경기부양책으로 이용될 뿐이었습니다. 주택을 경기부양의 수단으로 보는 정치를 하면 시장에 필패합니다. 주거권은 점점 취약해지고, 그 결과 주택 문제가 비결혼·비출산의 원인 1위가 되는 것이지요.

김 저 역시 한 사람의 관료이자 정치인으로서 이 문제를 해결하지 못한 안타까움이 있고, 면목이 없습니다. 그렇지만 우리가 한번 더 생각해보아야 할 점이 있습니다. 왜 우리는 선진 사회에 반드시 수반되어야 할 공공주택 정책을 추진하지 못했을까요? 이런 문제는 정치인 한 사람이나 관료 몇몇의 힘으로 되는 게 아니라 최고지도자의 판단이 필요합니다. 판단도 그냥 판단이 아니라, 아주 장기적인 관점에서 투철하게 밀고 나갈 꾸준한 의사결정이 필요해요. 여기에서 제도의 문제가 등장합니다. 우리는 87년 헌법 이후 사실상 개정이 불가능한 헌법을 만들었어요. 세계에서 가장 고치기 어려운 헌법구조를 지녔거든요. 이 헌법에서 5년 단임제를 규정해놓았는데, 저는 사실상 5년 단임 대통령제가 주택문제를 포함한 저출생 문제를 만들었다고 해도 과언이 아니라는 입장입니다.

정 어떤 면에서 그러합니까?

김 우리가 2006년부터 2023년까지 저출생 예산으로만 약 380조 원을 썼습니다. 이렇게 천문학적인 돈을 쓰고도 왜 문제가 더 심화했느냐고 비판하는데, 김영미 전 저출산고령화위원회 위원장의 분석을 보면 이 돈이 많은 돈이 아니에요. 유럽의 성공한 국가들에 비하면 3분의 1 수준입니다. 막대한 규모가 필요한 주택예산, 교육예산 등을 다 포함해서 380조 원인 거예요. 이게 무슨 뜻이냐면, 결국 역대 대통령과 정권이 저출생처럼 10~20년 꾸준히 투자해야 할 문제에 전혀 투자하지 않았다는 뜻입니다. 그럼 뭘 했을까요? 다들 5년 내에 당장 성과에 나오는 일에만 집착했습니다.

정 장기적인 안목이 필요한 정책에 상대적으로 소홀했다는 뜻이군요.

김 제가 기재부 예산실 관료를 개인적으로 만날 때마다 "자네들이 역대 대통령을 잘못 보필했다."라고 한 소리 합니다. 5년 내로 성과가 나오는 부문에 예산을 집중하는 경향이 없다고 할 수 없거든요. 우리가 이승만과 박정희 대통령을 거치며 다시는 그런 역사를 반복하지 않기 위해서 헌법 개정을 어렵게 만들고 5년 단임제를 못박은 것인데, 모든 대통령이 5년 시계時界로 정치를 하다 보니 우리 미래를 준비하지 못했다는 것이지요.

정 이런 5년 단임제도가 지독한 양당정치와 결합하고 여기에 팬덤정치까지 가속화하다 보니 장기정책을 추진하지 못하고 단기 인기

영합정책에 머무른다는 말씀이지요. 이에 더해 정치권이 서로 권력투쟁에 몰두하다 보니 한국 사회 구조를 근본적으로 변화시키는 일에 소홀한 것 아닌가 합니다. 구조 변화를 위해서는 각 분야 기득권과 싸워야 하잖아요. 기득권과 싸우려는 정치 전반의 의지가 없고, 권력투쟁에 유리하면 얼마든지 기득권과 손잡는 탓에 한국정치 전반이 시대적 과제를 자꾸만 뒤로 미루는 거 같아요. 대표적인 것이 연금개혁, 노동개혁, 의료개혁입니다. 모두가 하겠다고 말하지만 아무도 움직이지 못합니다. 정치가 민주화는 됐으나 선진화는 되지 못한 상태예요.

김 이 책에도 썼지만, 8명의 국회의장 선배분이 입을 모아 '왜 정치인들이 작아졌느냐'고 개탄하셨지요. 나라의 미래를 위해 통 크게 결단하고 양보하는 정치인은 눈을 씻고 찾아봐도 없다는 거예요. 왜 그런 현상이 벌어지고 있을까요? 저는 노태우 정권 파트의 말미에서 이에 관해 정치인들이 서로를 인정하고 신뢰하는 근본선의 마음가짐을 되새길 것을 주문했지만, 좀 더 현실적으로는 5년 단임 정치의 폐해가 극단적으로 나타났기 때문이라고도 봅니다. 승자독식의 소선거구제, 5년마다 바뀌는 정권, 북한의 위협, 다이내믹한 사회적 분위기…. 양대 정당 말고는 성립할 수 없는 지정학적 조건이 만들어진 거예요. 소위 다당제가 되려면 진보정당이 여럿 나와야 합니다. 필연적으로 존재할 수밖에 없는 급진적인 정당은 항상 이 나라에서 빨갱이 취급을 받고 사라졌어요. 그렇게 소거되고 나면 거대 양당만 남을 수밖에 없죠. 이 환경을 바꿀 수 없다면 어떻게 양대 정당이 상대방을 신뢰하며 대화와 타협의 정치를 이룰까 고민해야 하는데, 그런 철학이 부족했던 겁니다.

정 완전히 공감합니다. 저는 15년 전에 쓴 제 책에서도 너무나 심각한 노인빈곤율과 자살률 등 우리 사회에 산적한 여러 문제를 해결하기 위해서 구조개혁이 필요하다고 주장했습니다. 구조개혁이 없으면 해결이 안 되는데, 이를 위해서는 권력다툼이 아니라 공동체의 미래를 고민하며 여야가 투쟁이 아닌 소통을 해야 합니다. 서로의 주장과 방법론을 중간 정도에서 절충해 한 걸음은 못 가더라도 반걸음씩 계속 앞으로 나아가야 한다고 봤는데요. 지난 15년 동안 우리 정치는 정반대 방향으로 전력 질주하고 역주행해버렸습니다.

김 전임 국회의장으로서 무척 부끄러운 일입니다. 제가 국회의장으로 2년 동안 일할 때 늘 주장했던 게 바로 그겁니다. 노동개혁을 예로 들어볼게요. 이른바 「노란봉투법」으로 불리는 노조법 2·3조 개정이에요. 민주당은 반드시 동시에 개정해야 한다고 주장하고, 국민의힘은 절대로 둘 다 안 된다고 맞섰어요. 제가 안타까워서 이걸 어떻게든 중재하려고 했습니다. 노조법은 꼭 고쳐야 해요. 특히 노조법 3조 같은 경우는 전全 노조원에게 연대책임을 지워서 구상권을 행사하는 건데 이건 이미 대법원에서 구상권을 행사할 수 없다고 열 번 이상 똑같은 판결을 받아 사실상 법적으로 의미가 없는 상태예요. 이런 건 고쳐서 노동부 규칙으로 만들어 소송을 걸지 말고 노조원들이 자기 이익을 찾을 수 있도록 해줘야지요. 경영자 입장에서도 에너지 낭비 아니에요? 노사 대립만 강해질 뿐이잖아요. 그러니 문제가 확실한 3조만 일단 고치자, 이렇게 여야를 설득했어요. 국민의힘 의원 하나하나 불러서 설득하니 그들도 인정은 해요. 그런데도 받아들이지 않아요. 나중에는 우리 비서실 보좌진들이 중재하지 말라고 나를 설득했어요. 결과적으로 되지도 않는데 양쪽으로 욕만 먹는다고. 도대체 왜 '전부 아니면 전무'인 정치를 하는지 이해가 안 됩니다. 그 결과가 뭡니까? 법안의 일방 통과에 따른 거부권 행사로 결국 정쟁만 남고 아무 일도 일어나지 않았잖아요. 이건 독재정부 때나 하던 짓이지요. 제가 이 생각을 할 때마다 밤에 잠이 안 왔어요.

협치의 제도화, 그리고 개헌의 필요성

정 이 문제를 해결하고 다당제와 협치 의무화를 이루고자 10여 년 전부터 선거제도를 바꾸기 위해 오랫동안 논의하고 노력했죠. 그 결과 부족하나마 연동형 비례대표제를 도입했는데 우리 양당은 전 세계에서 유례가 없는 위성정당을 만들어서 다 망쳐버렸습니다. 개인적으로는 이 문제가 너무도 개탄스럽습니다. 이런 나라가 도

대체 어디 있습니까?

김 저로서는 부채의식을 느낄 수밖에 없습니다. 늘 정치인 후배들에게 진영정치와 팬덤정치의 노예가 되면 안 된다, 그저 다음번 공천을 받기 위해 당 지도부 눈에 들면서 팬덤에게 욕을 먹지 않으려 애쓰는 사람은 정치인이라 할 수 없다, 이렇게 강조합니다. 위성정당 문제도 기성 정치인이라면 크게 반성해야 할 부분이지요.

정 협치를 제도화할 수 있도록 정당 구조와 정치 구조를 바꾸는 것이 절실합니다. 위성정당 같은 꼼수가 나오지 않도록 말이지요.

김 그렇습니다. 제가 의장에 취임하면서부터 주장한 것이 바로 협치의 제도화입니다. 어떻게 하면 대화와 타협의 정치를 제도적으로 구현할 것인가. 그것이 선거제 개편이에요. 우선 우리 현실에는 소선거구제보다 중대선거구제가 맞다고 봤고, 두 번째로는 5년 단임제가 갖고 있는 여러 문제가 크니 이걸 개헌으로 바꾸자고 제안했어요. 개헌특별위원회를 꾸려서 전문가 30여 명과 꾸준히 토론한 결과가 바로 최소개헌론이었습니다. 이것저것 다 건드리지 말고 5년 단임제 하나만 바꾸자는 것이지요. 만약 하나 더 한다면 정부와 국회와의 관계를 재정립하도록 총리임명제청권을 도입하는 겁니다. 지금 100% 대통령이 전권을 행사하는 총리임명을 국회가 2명을 추천해 대통령이 선택한다든지, 대통령이 2명을 추천해 국회가 표결로 결정하는 식으로 바꾸는 거죠. 이 두 가지라면 국민을 설득할 수 있지 않겠냐는 의견이었어요.

정 그 두 가지는 내용이 복잡하지 않고 직관적이라 대국민 이해도가 높은 사항이네요.

김 그렇습니다. 이 내용으로 여론조사를 다각도로 해봤어요. 그런데 여론조사를 몇 번을 해봐도 개헌의 필요성에 동의하는 비율이 70%를 넘지 못해요. 항상 60%대에 머물러요. 이걸 어떻게 해서든 80~90%로 만들어야겠는데 왜 오르지 않을까? 그래서 집단심층면접FGI을 해봤습니다. 이유가 나왔어요. 바로 정치 불신, 국회 불신입니다. 당장 국회의원들이 하는 정치를 믿을 수 없는데 대통령 권한을 빼어서 국회에 준다는 게 말이 안 된다는 거예요. 제도가 나쁜 게 아니라, 사람을 잘 뽑고 지금 제도를 잘 운영하면 된다는 국민이 30%가 된다는 것이죠. 국민여론이 90%에 수렴하지 않으면 개헌에 필요한 국회의원 300명 중 200명을 움직일 수가 없어요.

정 비슷한 사례가 있습니다. 정치 관련 전문가 그룹은 이구동성으로 '민주정치는 다당제와 의원내각제가 좋다'고 말합니다. 그런데 국민여론조사를 하면 내각제도 다당제도 절대 반대해요. 이게 다 정치 불신에서 비롯된 것이지요. 이 불균형을 우리가 넘지 못하고 있습니다.

김 그래도 추구해야 할 가치이지요.

정 그런 점에서 의장님께서 책의 마지막에서 주장하신 저출생 개헌, 저는 좋다고 생각합니다.

김 다행입니다. 권력구조 개편을 위한 개헌에 여론이 모이지 않으면 먼저 저출생 해결 방법을 헌법에 명시하는 개헌을 해보자는 게 제 아이디어입니다.

초저출생 현상을 극복하기 위한 제언

정 개헌에 뒤따르는 정책적 아이디어도 조금 더 구체적으로 설명해주시겠습니까?

김 크게 저출생 대응과 축소사회 대응 두 가지로 나뉩니다. 저출생의 경우 보육·교육·주거 세 가지 분야를 국가가 책임지는 겁니다. 유보통합 흐름에 맞춰 어린이집 보육교사의 급여를 국가가 지급하고 재교육을 통해 교사 자질을 강화합니다. 지금도 유치원 교사나 사립학교 교사 급여는 나라가 주잖아요. 어린이집 선생님도 마찬가지로 해야죠. 어린이집 교사 처우와 자질이 더 나아지면 부모들이 안심하고 맡길 수 있지 않겠어요? 어린이집 확충도 훨씬 더 적극적으로 필요합니다. 지금 저출생 현상 때문에 민간이나 가정 어린이집이 줄어들고 있는데, 반대로 부모 대다수가 선호하는 국공립 어린이집은 대기가 수백 명이에요. 결국 '믿을 수 있는' 어린이집이 늘어나는 게 중요한데, 접근성·비영리성·기존 시설 활용 측면에서 가정이나 직장 근처 종교시설에 어린이집을 더 많이 설치해야 합니다.

그러나 근본적으로 가장 중요한 것은 결국 일과 가정의 양립이죠. 세상 어느 부모가 남의 손에 아이를 맡기고 싶어 하겠어요. 그러려면 근무환경이 달라져야 해요. 성별이나 결혼 여부와 상관없이 재택근무, 유연근무 등 선택에 따른 완전 탄력근무제를 도입해야 합니다. 이런 게 기본이 되어야 누구든 눈치를 보지 않고 탄력적인 근무제를 활용할 수 있거든요. 그에 따른 기업의 손해가 있다면, 중견기업 이하의 경우 재정으로 비용을 부담해주는 방안도 필요하지요. 책 안에서도 재정 건전성에 관한 제 생각을 담아보았지만, 우리 기재부도 바뀌어야 합니다. 정치권은 재정을 풀지 않으려는 경제 테크노크라트들을 설득해낼 수 있는 논리를 개발해야 하고요. 예컨대 주거 문제만 봐도 그렇죠. 공공임대주택의 성공적인 보급, 주거의 공공성 제고를 위해 우리는 정부의 현명하고도 과감한 투자가 필요합니다.

정 공감합니다. 축소사회에 대응하기 위해서도 국가가 앞장서서 해결해야 할 일이 많겠군요.

김 그렇습니다. 현재 진행되고 있는 초저출생 현상은 단기간 내에 바꾸기 어렵습니다. 이건 장기과제예요. 보육·교육·주거의 국가 책임제를 꾸준히 시행하되, 당장 눈앞에 닥친 축소사회에 어떻게 연착륙할 것인지를 고민하는 일도 필요합니다. 축소사회의 첫 번째 문제는 노동 시장이라고 봐야 해요. 우리 경제의 바이탈리티Vitality를 유지하기 위해 해외 우수 인력을 확보해야 합니다. 해외동포 복수국적 연령을 40세로 낮추고, 공적개발원조ODA 시 노동력 확보 연계 방안을 고려해야 합니다.

우리나라의 인구 대비 이민자 비중은 3.5%로 OECD 평균인 14%에 비하면 매우 낮아요. 이미 2017년 이후 OECD 국가의 인구 증가는 자연증감보다는 이민이 더 큰 영향을 끼치고 있는 만큼, 외국 인재를 받는 것은 피할 수 없는 흐름입니다. 그렇다면 '어떻게 좋은 인재를 확보하느냐'가 중요한 질문이 되는 거예요. 저는 ODA공적개발원조 예산이 지속적으로 확대되고 있는 만큼 이 예산을 수원국受援國의 교육 인프라에 투자해야 한다고 주장합니다. 수원국 직업훈련 수요를 발굴해 여기에 투자하면, 그 나라 경제성장에 기여하는 인재를 양성할 뿐 아니라 이들이 한국에 와서 일할 수 있도록 지원하는 방안도 마련할 수 있습니다.

축소사회의 두 번째 문제는 국방입니다. 우리 군의 과학기술군화가 필요해요. 이 역시 제가 「국방첨단과학기술사관학교 설치법」을 대표발의 했습니다. 고등학교 졸업 시 우수 인재를 선발해 카이스트에서 국방 관련 과학·기술 교육을 실시, 임관 후 국방과학연구소ADD 등 국방연구기관, 첨단무기 다루는 야전부대, 등에 복무하도록 하는 거지요. 제대 후에는 이들이 벤처·스타트업을 창업할 수 있도록 지원합니다. 제가 이스라엘의 '탈피오트Talpiot' 제도를 본 따서 이런 구상을 했습니다. 탈피오트는 고졸 이공계 영재 50명을 뽑아 히브리대에서 교육해 과학기술 전문 장교를 양성하는 제도인데, 이스라엘의 주요 벤처기업가 80%가 탈피오트 출신이고 이들이 만든 기업 100여 곳이 미국 나스닥에 상장돼 있어요. 국방력 강화는 물론 미래세대 성장 동력을 육성하는 요람이 될 것이라고 자신합니다. 이 책에서 밝힌 박정희 정권의 중요한 축적 사항, 카이스트와 KDI의 논의와도 연결되는 지점이라 할 수 있겠고요.

정 교육에 대해선 어떻게 생각하십니까?

김 AI 공교육 교과서를 포함한 인공지능 공교육을 도입해야 해요. 이를 위해서 제가 「디지털 기반 공교육 혁신에 관한 특별법」과 「지방교육재정교부금법 개정안」을 발의했습니다. 공교육이 단순한 지식전달에서 벗어나 인공지능을 선도적으로 활용해 맞춤형·창의교육을 할 수 있다면 사교육에 비해 경쟁력을 가질 수 있다고 봐요. 특별법에 따르면 AI 공교육으로 모은 학생들의 데이터는 공교육 외 다른 영역에서는 활용할 수도, 확인할 수도 없도록 되어 있거든요. 이때 가장 중요한 것은 교사의 역할입니다. 책에서도 말했지만, 교육의 질은 교사의 질을 뛰어넘을 수 없어요. 어떤 교육을 하든 교사의 역량이 중요합니다. 이제는 교사가 '가르치는 자'가 아니라 '학습 디자이너'의 역할을 해야 해요. 답을 알려주는 것이 아니라 어떤 질문을 하는 것이 좋은가, 어떤 질문이 더 좋은 질문인가를 가이드하는 역할입니다. AI 공교육으로 단번에 사람들이 공교육에 대한 신뢰가 생기지는 않겠지만, 어쨌든 이 시스템에 따르면 사교육이 학생들의 방대한 정보를 활용할 수 없으니 공교육에는 큰 무기가 생기는 셈입니다. 학교 선생님들과 잘 협의해 우리 아이들을 가르칠 수 있다면 공교육은 올바른 방향으로 사교육을 극복할 수 있으리라 확신합니다. 우리는 공교육의 붕괴를 더 이상 지켜보기만 해서는 안 됩니다.

정 국가의 역할과 교육의 역할을 강조하시고, 이를 위해 과학기술을 적극적으로 활용해야 한다는 말씀에 전적으로 동의합니다. 저는 예전부터 대한민국의 교육에 관해선 '온 국민이 일치단결해 낭비하는 나라'라고 생각해왔습니다. 우리는 너나없이 사교육에 올인합니다. 아이도 부모도 누구하나 행복하지 않은 길로 달려가면서 돈까지 씁니다. 그렇게 해서 만든 것이 84%에 달하는 대학진학률입니다. 지금은 70%대 중반으로 떨어졌지만, 대한민국이라는 국가를 운영하는데 고등교육을 받은 이들의 70%나 필요합니까? 필요 없다는 것은 대학에 진학한 이들 가운데 80~90%가 전공과 무관한 일로 밥벌이를 한다는 것만 봐도 증명돼요. 이게 낭비가 아니고 뭡니까. 저는 사교육을 교육이라고 부르지 않아요. 그건 학원업입니다. 학원업을 몰아내고 척결하는 공교육 개혁을 진작에 했어야 하는 거죠. 저는 이러한 교육적 낭비가 1990년대 중반 이후 우리나라 중앙정부와 지방자치단체, 그리고 시민들 모두가 합심해서 만든 시스템이라고 생각합니다. 그렇다면 우리나라의 학원업 성행을 어떻게 극복할 것인가? 현실적으로 봤을 때도, 의장님의 AI 공교육이 유력한 대안이 될 수 있다고 봅니다. 저는 공교육의 기본 인프라를 AI 공교육으로 갖추고, 마이스터고 같은 학교는 지금보다 열 배, 아니, 스무 배는 많아져야 한다고 봐요. 그런 면에서 의장님께서 교육부총리 시절 마이스터 고등학교를 적극 추진했다는 내용도 정말 인상적이었습니다. 직업계 학교를 졸업하고 회사에 다니다가 필요하면 그때 원하는 분야를 공부할 수 있는 시스템. 이런 시스템으로 가야 사교육 의존도를 낮추고 동시에 교육과 경제활동의 불일치도 극복할 수 있는 것 아니겠습니까?

김 결국 성공에는 한 가지 길만 있는 것이 아니라는 것, 인생의 진정한 성공은 행복한 삶이라는 것, 그런 선택을 하는 이들이 많이 나오는 게 중요하다고 봅니다. 그런 면에서 희망이 있다고 봐요. 요즘 자기가 원하는 일을 하며 성공한 사람들이 계속 나오잖아요. 명문대 나와서 대기업 들어가는 것만이 성공이고 행복이 아니라는 거죠. 우리 젊은이들은 점점 더 다양한 라이프 스타일을 추구하는 것 같아서 보기 좋습니다.

정 저도 오늘 의장님과 대담을 나누며, '아 희망이 있는 거구나'라는 생각을 했어요. 380조 원을 쓰고도 출산율이 0.6~0.7명에 그쳤다고 말하면 '백약이 무효이다'라고 생각하기 십상이지만 그게 아니거든요. 우리가 정말 '백약'을 다 썼는지 생각해봐야 합니다. 의장님께서 말씀하신 보육국가책임제, 공공임대주택국가책임제, 사교육방지국가책임제, 일과 가정의 균형을 국가가 보장해주는 것, 이런 정책이 실천된다면 저는 분명히 효과가 있을 거라고 봅니다. 지금 이 상황을 만든 '주범'이시니 해결하시길 바랍니다. (웃음)

김 그래서 제 남은 인생은 이 일에 아주 전력투구를 하려고 합니다. (웃음) 예전에 강경식 부총리가 그런 이야길 하신 적이 있어요. 실제 현실 문제를 해결할 수 있는 능력을 지닌 공무원과 시니어그룹이 중심이 되는 정당이 있다면 어떨까? 우리가 모여 뭘 현실정치에 참여하는 게 아니라, 하나의 '도네이션 정당'으로서 사회의 필수적인 의제를 공론화하고, 현실 정치가 움직이도록 여론을 압박하는 일에 힘을 기울이는 세력이 되는 거죠. 그럼 사회의 많은 문제를 해결할 수 있지 않을까 하는 게 그분의 얘기였지요. 저도 요즘 그런 생각이 많이 떠오르라요. 이제 은퇴할 나이가 됐으니 행동하는 것은 후배들에게 물려줘야겠지만, 이제 다 90살까지 사는 이 시대에 시니어들이 유유자적 세계여행만 할 게 아니라 우리 사회를 위해 백업 역할을 하는 것도 필요하고, 또 그런 사회적 조직을 만들고 싶다는 생각을 합니다.

정 이번에 만드신 연구원이 그런 역할을 하는 것인가요?

김 그렇습니다. 제 주변에도 현직에서 물러나셨지만 여전히 축적된 경험과 비상한 인사이트를 가진 시니어들이 많이 있습니다. 이분들과 함께 '글로벌혁신연구원'을 사랑방 삼아 저출생 문제 해결을 위한 여론 환기 작업을 꾸준히 이어나갈 계획입니다.

정 벌써 많은 이야기를 나누었네요. 대담의 첫머리에서 지나친 경쟁에 대해 말씀해주신 것으로 돌아가자면, 우리 사회 경쟁의 바탕에는 성공 신화라는 것이 있습니다. 이명박 정권을 대표하는 정신이 바로 성공 신화였죠. 저는 이 관점을 바꿔야 한다고 예전부터 생각해왔습니다. 성공 신화의 핵심은 '성공하면 행복하다'는 것입니다. 이제는 이것을 '삶이 행복한 것이 성공이다'로 바꿔야 합니다. 이런 사회적 코드의 변화 없이는 지금의 각박함을 변화시키기 어렵다고 생각합니다.

김 공감합니다. 우리는 숨 가쁘게 달려 G10까지 도달했습니다. 여기서 계속 앞으로 나아가려면 우리에게 무엇이 필요한가, 이제부터 우리가 경쟁할 상대가 누구인가를 살펴야 합니다. 우리의 경쟁상대는 수백 년 동안 천천히 자체적인 축적을 달성해온 선진국들입니다. 이런 나라들은 정치가 국민 한 사람 한 사람이 행복을 추구하는 일을 적극적으로 장려하고, 국민들의 행복을 어떻게 집대성할 것인가를 목표로 삼습니다. 그 목표를 달성하기 위해 다양성과 창의성이 중심을 이루는 사회로 나아온 탄탄한 경험이 있어요. 반면 우리 사회의 지도자들은 '행복'이라는 개념에 대한 철학과 미래 비전이 너무도 빈곤합니다. 저 역시 남은 시간 동안 이 문제에 대해서 숙고하겠습니다.

정 의장님의 숙고에 저도 동참하겠습니다. 마무리로 오늘 대담을 나름대로 정리해보겠습니다. 대한민국은 정치적 민주화와 함께 고도압축 성장이라는 눈부신 성취를 거뒀습니다. 문제는 이것이 불가피한 불균형 성장이었다는 점입니다. 낙수효과가 작동하지 않는 2000년대 중반부터는 구조개혁을 통해 이 불균형을 해소해야 했는데, 정치가 제대로 작동하지 않아 복지와 성장 양 측면에서 구조개혁이 미진했습니다. 그 결과가 지금의 초저출생입니다. 이제라도 정치를 복원하고 보육·교육·주택 등 구조개혁을 단행해야 합니다. 그 수단으로 의장님은 개헌을 제시하셨고요. 대한민국이 지난 반세기 동안 축적해온 것이 무엇인지 살펴보고, 앞으로의 반세기는 무엇을 쌓아나가야 할지를 고민하는 분들께서 이번 책을 잘 읽어주시리라 믿습니다. 그 독자분들께 오늘 대담이 조금이나마 도움이 되었기길 바랍니다.

김 감사합니다.

대한민국은 무엇을 축적해왔는가

1961-2024, 이 나라의 열 정권을 돌아보며

발행일 2024년 7월 5일 초판 1쇄

지은이 김진표
편집 이현진, 이옥란
디자인 박은정
사진 이정수 (본문 대담)·《시사저널》 박은숙 (띠지 전면)
인쇄 민언프린텍
제본 라정문화사

발행인 박성열
발행처 도서출판 사이드웨이
출판등록 2017년 4월 4일 제406-2017-000041호
주소 서울시 영등포구 당산동3가 522-2, 304호
전화 031)935-4027 팩스 031)935-4028
이메일 sideway.books@gmail.com

ISBN 979-11-91998-32-0 (03300)